适应新型电力系统的市场化集控技术研究与应用

李乐颖 延肖何 李伟 等 编著

中国三峡出版社

图书在版编目（CIP）数据

适应新型电力系统的市场化集控技术研究与应用 / 李乐颖等编著. --北京：中国三峡出版社，2024.12.
ISBN 978-7-5206-0332-4

Ⅰ. F407.61

中国国家版本馆 CIP 数据核字第 2024G2E753 号

中国三峡出版社出版发行
（北京市通州区粮市街 2 号院　101100）
电话：（010）59401531　59401529
http://media.ctg.com.cn

北京世纪恒宇印刷有限公司印刷　新华书店经销
2024 年 12 月第 1 版　2024 年 12 月第 1 次印刷
开本：787 毫米×1092 毫米　1/16　印张：9.75
字数：256 千字
ISBN 978-7-5206-0332-4　定价：70.00 元

《适应新型电力系统的市场化集控技术研究与应用》编著委员会

主　任：李乐颖　延肖何　李　伟

副主任：刘　念　姚维为　刘瑞阔　孙　勇

委　员：谷昱君　吴海飞　王　凯　于运东

前　言

2020年9月22日，在第七十五届联合国大会一般性辩论上，国家主席习近平向全世界郑重宣布："中国将提高国家自主贡献力度，采取更加有力的政策和措施，二氧化碳排放力争于2030年前达到峰值，努力争取2060年前实现碳中和。"2020年12月12日，在气候雄心峰会上，国家主席习近平进一步宣布："到2030年，中国单位国内生产总值二氧化碳排放将比2005年下降65%以上，非化石能源占一次能源消费比重将达到25%左右，森林蓄积量将比2005年增加60亿立方米，风电、太阳能发电总装机容量将达到12亿千瓦以上。"这些目标体现了中国积极应对全球气候变化的决心，也为中国实现绿色低碳发展指明方向。为了实现这些目标，中国政府制定了多项政策措施。在产业结构调整和能源结构优化方面，将大力发展清洁能源和新能源，逐步减少对传统化石能源的依赖。同时，还将加快推进电力市场改革，建立更加市场化的电力运行机制，为新能源发电企业提供更加公平、公正的市场竞争环境。此外，还将加强能源消耗和碳排放的总量控制，推动经济社会发展全面绿色转型。

电力市场改革是中国政府推进能源转型和应对气候变化的重要举措之一。自2017年起，中国已在南方（以广东起步）、蒙西、浙江、山西、山东、福建、四川和甘肃等地启动了电力现货市场试点工作，旨在通过市场化的手段推动电力行业的转型和升级。电力现货市场建设涉及多个方面，包括发电、调度、营销、计量、电价机制、用户用电行为、行业和市场监管、电力系统规划投资等，是对整个电力行业的系统变革。通过电力市场机制、运行机制、价格机制的不断完善，可以进一步加快建设适应新能源快速发展的统一开放、竞争有序的电力市场体系。以现货等电能量市场和调频等辅助服务市场为主的电力市场发展将是今后我国电力行业进一步市场化的重点。

中国长江三峡集团有限公司（简称三峡集团）作为国内领先的清洁能源企业，积极开拓新能源市场。随着可再生能源发电逐渐成为主流，建设运营更具竞争力的大规模多源发电基地的需求也更加迫切。同时，随着电力市场的不断发展和完善，电力系统的运行和调度也面临着新的挑战和机遇。因此，研究多源协同场站在新型电力系统中的优化集控方法具有重要的现实意义。火电等传统能源、风光等可再生能源、储能等灵活性资源是多源协同场站的重要组成部分，可再生能源自身固有的间歇性、波动性等特点，给电力系统的稳定运行和可靠供电带来了一定负面影响，也为对多源参与多元市场服务时的优化集控研究带来了不小的挑战。

我国现阶段，以现货等电能量市场和调频等辅助服务市场为主的电力市场逐步进入快速发展阶段。然而，无论是发展成熟度较高的国外电力市场，还是刚刚起步的国内电力市场，对于风光等新能源及储能等灵活性资源的市场定位均较为模糊。且多源协同场站参与不同服务的动态性能和预期效益未得到准确评估，使得传统的单纯依靠某一系统服务获利的商业模式存在收益下降风险。多源协同场站在单一市场内获得的经济激励不足，导致建设多源协同场站在现有环境下获取的收益难以弥补高昂的建设成本，严重制约了其进一步的发展。此外，对于大规模多源协同场站，新能源出力和不同市场价格的波动性以及多元市场之间的耦合性对于多源协同场站在现有市场环境下参与多元市场服务时的优化集控带来了较高的风险性。多源协同场站最终决策的最优性和准确性也将受到极大的影响。因此，亟须研究市场模式下以多源协同场站为代表的适应新型电力系统的优化集控方法。在考虑上述不确定性以及精细化建模的基础上，研究多源协同场站参与多元市场服务的最优决策，为在大规模新能源配合储能并网之后提高多源协同场站整体经济性提供理论支撑。

  本书总结了电力市场基本理论与国内外主流电力市场发展现状，提出了大规模多源协同联合电站集群参与电力市场的运行模式以及市场模式下规模化多源协同一体化电站最优集控技术，最后，呈现了该技术在乌兰察布大规模多源协同联合电站落地应用的实施案例。全书共分为7章：第1章讲述电力市场的基本概念及国内外电力市场发展历程；第2、3章从定义准入原则、交易规则、出清规则3个方面对国内外主流电力市场的运行特点进行了分析；第4章讲述大规模多源协同场站在主流电力现货市场和调频辅助服务市场中的建模与集控技术；第5章讲述大规模多源协同场站集控策略在市场模式下的测试与分析；第6章介绍电力市场模式下大规模多源协同场站集控技术的模块开发和高级应用设计；第7章进行总结与展望。

  本书编写过程中，得到了三峡集团科学技术研究院各级领导的亲切关怀和华北电力大学老师们的大力支持，以及编写组成员的全力配合，在此一并致谢。

  由于编者的经验和水平有限，书中难免存在遗漏和不妥之处，诚望读者批评指正。

目 录

前 言
第1章 电力市场及多源协同集控技术概述 ········· 1
  1.1 电力市场基本概念和发展电力市场的意义 ········· 1
    1.1.1 电力市场基本概念 ········· 1
    1.1.2 发展电力市场的意义 ········· 4
  1.2 电力市场发展历程 ········· 5
    1.2.1 国内电力市场发展历程 ········· 5
    1.2.2 国外电力市场发展历程 ········· 6
  1.3 市场模式下多源协同集控技术现状 ········· 14
    1.3.1 多源协同场站参与现货市场的集控策略研究现状 ········· 14
    1.3.2 多源协同场站参与调频市场的集控策略研究现状 ········· 16

第2章 国外电力市场规则与现状 ········· 18
  2.1 美国PJM电力市场规则与现状 ········· 18
    2.1.1 美国PJM电力现货市场 ········· 18
    2.1.2 美国PJM调频辅助服务市场 ········· 20
  2.2 澳大利亚电力市场规则与现状 ········· 22
    2.2.1 澳大利亚电力现货市场 ········· 22
    2.2.2 澳大利亚调频辅助服务市场 ········· 24
  2.3 北欧电力市场规则与现状 ········· 26
    2.3.1 北欧电力现货市场 ········· 26
    2.3.2 北欧调频辅助服务市场 ········· 28
  2.4 英国电力市场规则与现状 ········· 30
    2.4.1 英国电力现货市场 ········· 30
    2.4.2 英国调频辅助服务市场 ········· 32

第3章 国内电力市场规则与现状 ········· 34
  3.1 广东电力市场规则与现状 ········· 34
    3.1.1 广东电力现货市场 ········· 34
    3.1.2 广东调频辅助服务市场 ········· 37
  3.2 浙江电力市场规则与现状 ········· 39
    3.2.1 浙江电力现货市场 ········· 39
    3.2.2 浙江调频辅助服务市场 ········· 42

3.3 内蒙古电力市场规则与现状 …………………………………………… 43
　　3.3.1 内蒙古电力现货市场 …………………………………………… 44
　　3.3.2 内蒙古调频辅助服务市场 ……………………………………… 47

第 4 章　市场模式下规模化多源协同场站的建模和集控技术 ……………… 49
4.1 市场模式下多源协同场站建模的必要性 ……………………………… 49
　　4.1.1 现货市场模式下多源协同场站建模的必要性 ………………… 49
　　4.1.2 调频市场模式下多源协同场站建模的必要性 ………………… 50
4.2 现货市场模式下多源协同场站的建模技术 …………………………… 51
　　4.2.1 多源协同场站参与现货市场出清模型 ………………………… 51
　　4.2.2 多源协同场站参与现货市场收益模型 ………………………… 53
　　4.2.3 多源协同场站参与现货市场风险评估模型 …………………… 54
4.3 调频辅助服务市场模式下多源协同场站的建模技术 ………………… 55
　　4.3.1 多源协同场站参与调频市场出清模型 ………………………… 56
　　4.3.2 多源协同场站参与调频市场收益模型 ………………………… 57
　　4.3.3 多源协同场站参与调频市场风险评估模型 …………………… 58

第 5 章　市场模式下规模化多源协同场站集控技术的测试与分析 ………… 59
5.1 测试案例 ………………………………………………………………… 59
5.2 现货市场模式下多源协同场站集控策略与案例分析 ………………… 64
　　5.2.1 多源协同场站参与现货市场的场景划分 ……………………… 64
　　5.2.2 多源协同场站参与现货市场的算例分析 ……………………… 65
5.3 调频市场模式下多源协同场站集控策略与案例分析 ………………… 85
　　5.3.1 多源协同场站参与调频市场的场景划分 ……………………… 85
　　5.3.2 多源协同场站参与调频市场的算例分析 ……………………… 87

第 6 章　市场模式下规模化风光储电站集控策略高级应用模块开发与应用 … 130
6.1 三峡乌兰察布新一代电网友好绿色电站 ……………………………… 130
6.2 电力市场高级应用基础支撑平台设计 ………………………………… 131
6.3 电力市场高级应用模块设计及应用 …………………………………… 133

第 7 章　总结和展望 …………………………………………………………… 142

参考文献 …………………………………………………………………………… 145

第1章　电力市场及多源协同集控技术概述

本章主要介绍了电力市场及多源协同集控技术的基本概念和发展电力市场的意义，同时还详细阐述了国内外电力市场发展历程。此外，还针对多源协同场站分别参与调频市场与现货市场的集控技术的现状进行了深入研究和分析。

1.1　电力市场基本概念和发展电力市场的意义

本节介绍了电力市场的基本概念和发展电力市场的意义：首先，介绍了电力作为商品所具有的属性，电力市场采用"电能量市场＋辅助服务市场"的市场架构，其中，电能量市场分为中长期市场和现货市场两类，辅助服务市场分为有功平衡服务、无功平衡服务和事故应急及恢复服务；其次，依据国家相关政策，分析了发展电力市场的重要意义。

1.1.1　电力市场基本概念

电力市场有广义和狭义两种含义。广义的电力市场是电力生产、传输、使用和销售关系的总和。广义的电力市场是指电力工业发电、输电、配电、供电各环节形成的市场，包括电力现货市场、电力中长期交易市场、辅助服务市场、容量市场以及金融市场。它以电能作为交易对象，通过市场竞争和协议等机制，实现电能资源的优化配置和利用。狭义的电力市场是指电力现货市场和电力中长期交易市场，是电能生产者和使用者通过协商、竞价等方式就电能及其相关产品进行交易，通过市场竞争确定价格和数量的机制。

电力作为一种商品，具有一般商品交易的特征，如供求关系、价格波动等。但电力还拥有与普通商品不同的特性，如不可大规模存储、生产与消费同时发生等。这些特性决定了电力市场的特殊性和复杂性。电力市场是采取法律、经济等手段，本着"公平、公正、公开"的市场竞争原则，对电力系统中发电、输电、供电、用电等环节组织协调运行的管理机制和执行系统的总和。它以市场为导向，通过市场竞争来优化资源配置，提高电力系统的效率和效益。电力市场的建设和运营需要依靠政府部门的监管和支持，需要建立完善的法律法规和监管机制。同时，也需要各类市场主体的参与和竞争，通过市场竞争推动电力市场的健康发展。电力市场的建设和发展是推动能源转型和实现可持续发展的重要一环，也是实现资源优化配置和发挥市场机制作用的重要途径之一。

现阶段，电力市场采用"电能量市场＋辅助服务市场"的市场架构。

1. 电能量市场

电能量市场包括基于差价合约的日以上周期的中长期电能量市场和全电量竞价的现货电能量市场。在电力市场中，主要的电力交易产品是电能量。根据交易周期，电力交易类型可分为中长期交易、短期交易和实时交易。根据《中共中央 国务院关于进一步深化电力体制改革的若干意见》（中发〔2015〕9 号文）制定的电力体制改革配套文件《关于推进电力市场建设的实施意见》中指出：电力市场主要由中长期市场和现货市场构成；中长期市场主要开展多年、年、季、月、周等日以上电能量交易和可中断负荷、调压等辅助服务交易，现货市场主要开展日前、日内、实时电能量交易和备用、调频等辅助服务交易；条件成熟时，探索开展容量市场、电力期货和衍生品等交易。

1）中长期电能量市场

中长期电能量市场采用场外双边协商交易和场内集中竞争交易相结合、常用曲线合约和自定义曲线合约相结合的交易方式，通过多次组织的年、月、周交易品种，灵活实现差价合约的签订和调整。电力中长期交易可以采取双边协商、集中竞价、挂牌等方式进行。

（1）双边协商交易：是指市场主体之间自主协商交易电量（电力）、电价，形成双边协商交易初步意向后，经安全校核和相关方确认后形成交易结果。双边协商交易应当作为主要的交易方式。

（2）集中竞价交易：是指市场主体通过电力交易平台申报电量、电价，电力交易机构考虑安全约束进行市场出清，经电力调度机构安全校核后，确定最终的成交对象、成交电量（辅助服务）与成交价格等。鼓励按峰、平、谷段电量（或按标准负荷曲线）进行集中竞价。

（3）挂牌交易：是指市场主体通过电力交易平台，将需求电量或可供电量的数量和价格等信息对外发布要约，由符合资格要求的另一方提出接受该要约的申请，经安全校核和相关方确认后形成交易结果。

2）现货电能量市场

现货电能量市场包括日前电能量市场（简称日前市场）和实时电能量市场（简称实时市场），采用全电量申报、集中优化出清的方式开展，通过集中优化计算，得到机组开机组合、分时发电出力曲线以及分时现货电能量市场价格。主要步骤为：

（1）综合考虑未来三日电网运行条件，制定次日机组组合，机组出清计划仅作为日前调度运行计划，不进行财务结算。

（2）根据发电侧日前封存的申报信息，综合考虑最新的电力平衡和其他约束条件，优化出清得到实时发电计划及节点价格。

2. 辅助服务市场

一个成熟的电力市场，不仅需要有合理的电能量市场的建设来实现电能的交易，更要有配套的辅助服务市场来帮助规避电能量市场交易的风险、保持电能量市场合理的供需比例、提供维持安全运行的服务来保障电能量市场的稳定运行。

电能从发电侧输送到用户侧的过程中，除了正常使用、输送外，还需要保证用户用电质量、用电安全性和可靠性等，为了满足用户的这些用电需求而采取措施，这些措施被称为电力市场辅助服务。电力市场辅助服务的提供方一般来说是发电侧，也可以是电网侧和用户侧。无论是哪方提供，目的都是让电力系统更加完善。电力市场辅助服务大类可分为有功平衡服务、无功平衡服务和事故应急及恢复服务，如图 1-1 所示。

```
┌─────────────┐ ┌─────────────┐ ┌─────────────────┐
│ 有功平衡服务 │ │ 无功平衡服务 │ │ 事故应急及恢复服务 │
│ 调频、调峰  │ │ 自动电压控制 │ │   稳定切机      │
│ 备用、爬坡  │ │  调相运行   │ │   稳定切负荷    │
│ 转动惯量    │ │  无功调节   │ │   黑启动        │
└─────────────┘ └─────────────┘ └─────────────────┘
```

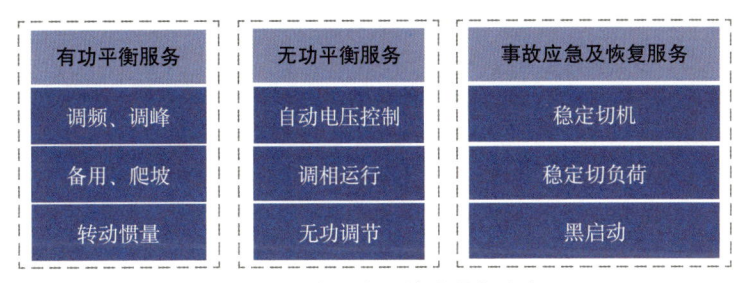

图 1-1 电力市场辅助服务分类

1）有功平衡服务

有功平衡服务包括调频、调峰、备用、转动惯量、爬坡等电力辅助服务。

(1) 调频：是指电力系统频率偏离目标频率时，并网主体通过调速系统、自动功率控制等方式，调整有功出力减少频率偏差所提供的服务。调频分为一次调频和二次调频。一次调频是指当电力系统频率偏离目标频率时，常规机组通过调速系统的自动反应、新能源和储能等并网主体通过快速频率响应，调整有功出力减少频率偏差所提供的服务。二次调频是指并网主体通过自动功率控制技术，包括自动发电控制（AGC）、自动功率控制（APC）等，跟踪电力调度机构下达的指令，按照一定调节速率实时调整发用电功率，以满足电力系统频率、联络线功率控制要求的服务。

(2) 调峰：是指为跟踪系统负荷的峰谷变化及可再生能源出力变化，并网主体根据调度指令进行的发用电功率调整或设备启停所提供的服务。调峰分为深度调峰和启停调峰。深度调峰具体是指有功出力在其额定容量50%以下的调峰运行方式；核电机组深度调峰是指有功功率在并网调度协议规定的最小技术出力以下的调峰运行方式；抽水蓄能机组深度调峰是指机组处于抽水工况的调峰运行方式。启停调峰是指因系统调峰需要而停运（因自身原因停机除外），且在72h内再次启动本机组或同一电厂内其他机组的调峰方式。对因自身原因影响出力至有偿调峰基准以下的不作为有偿调峰。

(3) 备用：是指为保证电力系统可靠供电，在调度需求指令下，并网主体通过预留调节能力，并在规定的时间内响应调度指令所提供的服务。备用分为旋转备用和冷备用。旋转备用是指为了保证可靠供电，由电力调度机构指定发电侧并网主体（火电、核电、水电、光热发电，以及处于发电工况的抽水蓄能机组）通过预留发电容量所提供的服务，旋转备用必须在10min内能够调用。冷备用是指并网火电、核电由于电网运行安排、可再生能源消纳等需要，按电力调度指令停运，到接到电力调度指令再次启动前的备用状态，冷备用时间自停机72h后开始计算。因并网主体自身原因停机的不统计冷备用时间，自检修完成后并报备用开始计算冷备用时间。

(4) 转动惯量：是指在系统经受扰动时，并网主体根据自身惯量特性提供响应系统频率变化率的快速正阻尼，以阻止系统频率突变所提供的服务。

(5) 爬坡：是指为应对可再生能源发电波动等不确定因素带来的系统净负荷短时大幅变化，具备较强负荷调节速率的并网主体根据调度指令调整出力，以维持系统功率平衡所提供的服务。

2）无功平衡服务

无功平衡服务即电压控制服务，是指为保障电力系统电压稳定，并网主体根据调度下达的电压、无功出力等控制调节指令，通过自动电压控制（AVC）、调相运行等方式，向电网注入、吸收无功功率，或调整无功功率分布所提供的服务。

（1）自动电压控制（AVC）：是指利用计算机系统、通信网络和可集控设备，根据电网实时运行工况在线计算控制策略，自动闭环控制无功和电压调节设备，以实现合理的无功电压分布。

（2）调相运行：是指发电机不发出有功功率，只向电网输送感性无功功率的运行状态，起到调节系统无功、维持系统电压水平的作用。

3）事故应急及恢复服务

事故应急及恢复服务包括稳定切机、稳定切负荷和黑启动服务。

（1）稳定切机：是指电力系统发生故障时，稳控装置正确动作后，发电机组自动与电网解列所提供的服务。

（2）稳定切负荷（含抽水蓄能电站切泵）：是指电网发生故障时，安全自动装置正确动作切除部分用户负荷，用户在规定响应时间及条件下以损失负荷来确保电力系统安全稳定所提供的服务。

（3）黑启动：是指电力系统大面积停电后，在无外界电源支持的情况下，由具备自启动、自维持或快速切负荷（FCB）能力的发电机组［FCB是指并网机组在高于某一负荷定值运行时，因内部或外部电网故障与电网解列，瞬间甩掉全部对外供电负荷，但未发生锅炉主燃料跳闸（MFT）的情况下，用以维持发电机解列带厂用电或停机不停炉的自动控制功能］或抽水蓄能、新型储能等所提供的恢复系统供电的服务。

1.1.2　发展电力市场的意义

近些年来，随着全球能源转型的推进，电力系统也正在向具有"双高"形态（高比例可再生能源接入和高比例电力电子设备应用）、"双新"特征（新技术、新设备）广泛应用的新一代电力系统快速发展。在这个过程中，各大发电集团为了响应中央号召、完成国家重点任务，势必全力发展新能源业务，争抢具备度电成本优势的大规模新能源发电资源，开发建设具备并网友好特性的多源协同联合电站，提升电站智慧化生产运维技术水平，追求高质量发展。

同时，电力市场的发展也是至关重要的。随着风电、光伏等新能源电站的度电成本持续下行，新能源电站快速走上规模化发展道路。在这个过程中，电力市场建设是关键。从根本上改变电力行业的生产运行方式，是对发电生产、调度计划、营销计量、电价机制、用户用电行为、行业和市场监管、电力系统规划投资方式等方面的系统变革，是构建有效竞争的电力市场的核心内容，是关系到电力体制改革能否更进一步的关键。

此外，电力辅助服务在维持电力系统安全稳定运行中起到重要作用。随着我国可再生清洁能源市场快速发展，电力辅助服务行业发展的重要性日益凸显。不断完善电力辅助服务补偿机制，持续推动电力辅助服务市场建设，是国家能源局深化电力体制改革、推进电力市场建设方面的重要工作之一。电力市场的发展对于激发可再生能源与新型发电形式的经济潜力，进而激励投资者进一步建设发展新能源，从而实现"双碳"目标意义重大。因此，在今后我国电力行业进一步市场化的过程中，以现货等电能量市场和调频等辅助服务市场为主的电力市场发展将是重点。

1.2 电力市场发展历程

本节总结了国内外电力市场的发展历程:"国内电力市场发展历程"一节介绍了1985年至2023年间我国电力体制改革和电力市场化改革的推动进程,展现了我国电力市场的发展速度和成果;国外电力市场发展历程"一节呈现了美国、北欧、英国、澳大利亚4个典型区域电力市场的发展历程。

1.2.1 国内电力市场发展历程

在我国电力工业的发展历程中,长期存在着由电力部单独管理的局面,这种高度集中的管理体制一直持续到1985年。在此期间,电价受到大量补贴以确保制造业的顺利运营,所有的销售收入都归中央财政所有。然而,随着经济的快速增长,电力需求不断增加,中央财政资源无法满足发电投资需求,电力短缺和限电现象开始频繁发生。因此,这个阶段的主要矛盾是电力短缺。为缓解这一矛盾,国务院于1985年颁布了《关于鼓励集资办电和实行多种电价的暂行规定》,标志着国家全面垄断电力经营管理的结束和中国电力体制改革的开始。这项政策结束了"一家办电,大家用电"的模式,鼓励社会各界共同参与电力建设,推动了电力行业的发展。此后,"集资办电"模式在全国范围内迅速展开,电力管理的权力被下放到各省,包括工业规划、投资和项目审批等。在接下来的十年里,全国总发电装机容量得到了快速增长,电力工业呈现出快速发展的态势。在这个阶段,电力行业的结构为纵向一体化结构,即发电、输电、配电和售电等环节都由同一企业负责。这种结构有利于提高电力供应的效率和可靠性,降低运营成本。在管理体制方面,政企合一的垂直垄断管理体制在电力行业中占据主导地位。在这种体制下,政府对电力行业实行直接管理,对电力企业的生产、销售和价格等环节进行严格控制。这种管理体制的优点是有利于保障电力供应的安全和稳定,缺点是限制了市场竞争,抑制了企业的活力和创新性。

1997年以后,我国有意识地将电力行业融入市场经济,实现政企分开,1996年底,撤销电力部,组建国家电力公司。但独立运作后很快发现国家电力公司由部级事业单位转变而来,本身没有实际资产,于是对国家电力公司所属的企业收权、收钱、收资产。由此国家电力公司成了拥有全国60%以上发电装机、80%以上电网的超级垄断性集团公司,虽然这一阶段的行业结构仍为纵向一体化结构,但在管理体制上实现了政企分开。但到了20世纪90年代中后期,电力开始供过于求,此时的矛盾由"缺电,电力企业与用户之间的矛盾"过渡到"电力多了,电力企业与电力企业之间的矛盾",尤其是中央企业和地方企业间的矛盾凸显。特别是由于国家电力公司的垄断地位,导致其拥有的发电厂获得很多优待,这导致了发电行业普遍效率低下,地方企业通常让位给中央企业。最终,二滩水电站弃水,让位给国家电力公司拥有的燃煤电厂这一事件成为导火索,促使中央政府进一步改革电力行业。

现在来看,1985年至2001年期间,中国电力体制改革主要解决政企合一问题。由此先后提出过"政企分开,省为实体,联合电网,统一调度,集资办电"的"二十字方针"和"因地因网制宜"的电力改革与发展方针。

2002年,国务院作出了重组中国电力行业的决定,颁布了《电力体制改革方案》(又称电改"5号文"),标志着这轮电改的开启。国务院将国家电力公司拆分为两大电网公司、五大发电集团和四大辅业集团。在发电侧引入竞争，实行厂网分开，竞价上网，以提高市场效率，并探索电价改革，构建区域电力市场（比如：东北电网和华东电网探索区域电力市场，实行竞价上网）。但这些改革并未取得成功，主要原因是电价传导机制不顺，特别是燃煤成本上涨时，发电企业出现大量亏空，因此在2007年前后，改革陷入停滞，发电企业继续执行规制电价，电网费没有单独分离出来，所有用户都从本地垄断的电网企业购电。这一阶段的行业结构为输、配售纵向一体化。此外，电力行业的重组拆分也带来了一些问题：第一，发电装机的严重过剩。五大发电集团成立之后，都开始抢资源，抢市场，装机规模迅速扩大造成了电力过剩，对煤电的过分依赖等问题。第二，造就了电网的垄断性地位。这并未很好地提高市场效率，同时也继续实行规制电价（标杆上网电价和目录定价）。因此，为理顺电价的形成机理，我国在2009年开启电力直接交易改革，这是我国构建中长期市场交易的开端，是引入市场机制比较成功的实践。

2015年，中共中央、国务院下发《关于进一步深化电力体制改革的若干意见》及相关配套文件，标志着我国电力市场以"逐步建立以中长期交易规避风险，以现货市场发现价格，交易品种齐全、功能完善的电力市场，在全国范围内逐步形成竞争充分、开放有序、健康发展的市场体系"为目标向成熟市场化迈进。该文件再次推动建立竞争性电力批发和零售市场，尤其是针对工业用户，这得到许多目前正在开展的市场试点项目的支持（包括现货市场试点，推动工业用户全部入市等改革）。同时，新电改下发后，电力行业又经历一次兼并重组，比如中国电力投资集团公司和国家核电技术有限公司合并为国家电力投资集团有限公司，中国国电集团公司与神华集团有限责任公司合并为国家能源投资集团等，这些重组带来了积极的因素，比如有利于提高其在国际市场的竞争力，有助于降低相关大型国企之间的恶性竞争。

我国电力市场在引入市场机制的过程中，首先破除体制上的垄断，然后再从发电端到售电端逐步引入市场机制，相比于"双轨制"的边缘性改革路径，更能体现出我国经济机制改革渐进的思路。

2016年12月29日，国家发展改革委、国家能源局印发《电力中长期交易基本规则（暂行）》，计划即日起在全国范围内开展电力中长期市场交易。2017年8月28日，国家发展改革委、国家能源局印发《关于开展电力现货市场建设试点工作的通知》，选择南方（以广东起步）、蒙西、浙江、山西、山东、福建、四川、甘肃等8个地区作为第一批电力现货市场建设试点。目前，全国8个电力现货市场建设试点已全部启动包括单日、多日、周、双周、整月甚至多月的结算试运行工作。

从2015年至2023年，我国电力市场化改革跑出"加速度"。基本构建了跨区跨省与省内协同运作的中长期交易机制，基本完成了电力现货试点建设，基本建成了以"区域调频+省级调峰"为主的电力辅助服务市场体系。电力交易模式、交易品种、交易频次推陈出新。

1.2.2　国外电力市场发展历程

1. 美国

美国电力市场的发展经历了几个重要阶段。在20世纪初，美国电力产业呈现出高度垄断和集中的特征，由少数大型公用事业公司垄断运营。美国的电力行业普遍采用垂直一体化的组织模式，侧重于发电、输电和配电的就地平衡。这种模式包括私有投资者所有的公用事业公司（IOU），它们通过自然扩张和兼并形成，拥有占比最大的售电量，主要运营大中型规模的电力设施，并由政府定价和垄断经营。此外，还包括规模较小且数量众多的市镇所属公用事业单位（Muni）和农村电力合作社（Rural Electric Cooperative），以及联邦政府拥有的几家联邦电力营销机构（Federal Power Marketing Agency）。最初，由于零售市场缺乏竞争，私有公司同意接受州级监管机构的监管，并被授予独家服务区域的特许经营权。州级监管机构审批公用事业公司在发电和配电设施方面的投资，这些审批可以在设施建设前或投产后的成本回收时进行。一些州甚至制定了详细的综合能源规划（IRP）过程，以确定需要建设哪些设施。扩大供电区域使公用事业公司能够获得发电技术的规模经济效益。随着发电厂规模的增大，单位生产成本逐步下降。随着发电厂数量的增加和发电技术的多样化，公用事业公司开始利用数学算法来优化其发电机组的启停组合，并采用经济调度方法来优化这些机组的运行，以最小化实时供电成本，实现短期运行效率最大化。在制定综合资源规划时，公用事业公司依据其零售定价和盈利模式，以最小化终端用户平均电费的长期期望值为目标，同时确保中长期电力供需平衡和可靠性，制定系统扩展规划。在此传统模式下的短期和长期效率最优方案，是仅局限于单个企业控制区域内的效率最优，使得电力价格高且服务质量不稳定，对竞争和创新形成了严重的限制。

为了解决这个问题，20世纪90年代初，美国政府开始进行电力市场改革。从1927年到1971年，美国发电机组逐步大型化的趋势导致了自备备用容量成本增加。为了降低备用成本，相邻的电力公司开始共享备用容量。他们建立了联络线路，以确保在发生紧急事故时能够提供充足的备用容量。然而，事实上紧急事故很少发生，因此导致电力系统在平时拥有过剩的输电容量，这便进一步促使了电力公司可以利用这些线路进行电力交易。在某些情况下，大型公用事业电力公司的边际发电成本可能高于或低于其他企业。当有可用的输电线路容量时，电力公司可以根据需要购买电力以降低成本，或向边际发电成本更高的电力公司出售电力。这在美国被称为经济电能交易（Economy Energy Trading），最初由各个电力公司的调度中心负责协商价格并在联络线路上执行。这种最原始的电力交易从一开始就涵盖了小时级的现货交易和带曲线的中长期交易。因为机组可用性和电价因季节和地区而异，这促使双边交易市场变得活跃起来。通过价格差套利的方式，参与交易的双方都提高了各自的运营效率。共享备用容量协议的价值也催生了电力库的产生，而电力库也是现今区域输电组织（RTO）的前身。电力库是一种多边协议，其成员将自身发电机组或输电设施的运营权交给统一的系统运营机构进行管理。成员向运营机构提交自身机组的增量成本数据和系统状态数据。通过运行能量管理系统，系统运营机构可以利用机组成本数据对机组启停组合和经济调度进行多方面的优化，从而提高整个电力库区域的短期运行效率。优化生成的电力交换计划也是小时级的现货交易。为了让公用事业电力公司共享其发电资源，PJM电力市场（宾夕法尼亚－新泽西－马里兰联合电力市场）于1927年成立，成为全球首个电力库。在1941年至1971年期间，得克萨斯州、西南、纽约和新英格兰这四个电力库相继成立。

同期，《1978年公用事业监管政策法案》（Public Utility Regulatory Policies Act of 1978，PURPA）建立了一项由美国联邦能源监管委员会监察、由各州实施的计划，该计划旨在促进废热发电和小型可再生能源发电（Qualifying Facility，QF）。各州制定补偿价格来补偿这些发电设施，其中加利福尼亚州、得克萨斯州和马萨诸塞州的补偿政策非常慷慨，导致这些地区的QF出现了过剩产能。当QF行业迅速发展并逐渐扩大规模后，联邦能源监管委员会在

1988年颁布了一项法案，使各州可以通过竞价方式来确定可避免成本的电价。各州可以通过竞标来确定给定所需容量的电价，而不是按照预设电价接受全部容量。该委员会还建议将不符合QF标准的独立发电厂（IPP）纳入可避免成本的竞价中。因此，发电竞争市场逐渐活跃起来。在原先受监管的垄断模式下，公用事业电力公司拥有输电线路产权和运营权，未向其他机构提供开放输电线路。这对独立发电行业的发展造成了很大的阻碍。《1992年能源政策法案》（Energy Policy Act of 1992）的通过授权了联邦能源管理委员会（FERC）监督电力市场，并要求输电企业开放其输电网供其他厂商使用。这为市场竞争和进一步改革奠定了基础。随后，FERC通过其第888号令（Order 888）强制要求所有输电企业开放其输电网络，以促进竞争和降低电力价格。这一决定开创了美国电力市场的新时代。888号令颁布不久，1996年，FERC进一步颁布了889号令。为了配合输电网络开放以及为了监控市场并确保公平竞争，889号令要求电力市场参与者遵守信息公开要求，并对信息公开进行了具体量化规定，建立了基于互联网的开放实时信息系统（Open Access Same-Time Information System，OASIS），以公布小时级的可用输电容量和预留输电容量，用于服务短期现货交易和中长期交易的小时级曲线分解执行。为了进一步推动市场竞争和提高效率，FERC于1999年颁布了具有重大意义的2000号令（Order 2000）。该法令明确了独立系统运营商（Independent System Operator，ISO）和地区输电组织（Regional Transmission Organization，RTO）的职责，并推行了全国范围内的统一实时运行模式。这些措施极大地促进了电力市场的发展和竞争性。

在以双边合同或电力库存协议为基础的电力行业交易模式下，联邦能源监管委员会在20世纪末至21世纪初推行了第888号令和第2000号令。第2000号令的主要目标之一是促进竞争、降低电力价格，并鼓励新能源和更清洁的发电方式的发展。该号令引入了一系列改革措施，如开放电力市场、建立自愿性的独立系统运营机构和区域输电组织，以及建立透明、公平的市场机制。这进一步使美国电力市场更加规范和统一。在各州政府及其电力工业的支持下，许多州迅速建立起自己的独立系统运营机构和区域输电组织，每个独立系统运营机构和区域输电组织随后都建立了完整的现货电能量市场和辅助服务市场，买卖双方均可以在市场中提交申购和竞卖发电。独立系统运营机构和区域输电组织利用基于竞标的市场机制来决定经济调度，其交易撮合算法原理与单一企业的经济调度优化算法一致，只是由于地理范围更广、市场参与主体更多，因此计算更为复杂。

通过这些改革，美国电力市场实现了更大的竞争性和市场参与度。市场参与者的数量和多样性不断增加，不仅包括传统的发电公司和零售商，还包括新能源开发商、可再生能源项目和能源消费者。不同的发电商和购电者可以更自由地在市场中进行交易，并根据市场需求和供应情况确定电力价格。这使得电力行业更加高效和灵活，为消费者提供更多选择，并促进了清洁能源的增长。此外，新技术的应用也推动了美国电力市场的发展。智能电网、能源储存技术和分布式发电等创新技术正在改变电力行业的格局，提供了更可靠、可持续和灵活的电力解决方案。

自此以后，美国电力市场持续发展，不断引入创新技术和市场机制，逐步形成了加利福尼亚州、中西部、新英格兰、纽约、西北、PJM、东南、西南、SPP、得克萨斯州10个区域电力市场。不同的州和地区也采取了各种方式来推动可再生能源的发展和减少排放。总体而言，美国电力市场经历了从垄断到竞争的转变，并通过市场改革促进了效率提升和可持续发展，同时也为消费者提供了更好的服务和更清洁的能源选择。

2. 北欧

北欧地区包括挪威、瑞典、芬兰、丹麦和冰岛5个国家,除冰岛外,其他4个国家(北欧四国)均已实现电网互联,形成统一运行的北欧电力市场。北欧四国的发电构成具有以下特点:在丹麦和芬兰的装机容量与发电量中,火电所占比重较大;挪威几乎完全依靠水力发电;而瑞典的水电、火电和核电的装机容量与发电量均占一定比重。因此从电源结构上看北欧四国间具有一定的互补性,国与国之间存在电力交换的潜在需要。

20世纪90年代初,北欧国家开始进行电力市场改革,旨在推动电力市场的自由化和市场化。这些国家的政府采取了一系列措施,包括成立独立的能源监管机构、制定透明的市场规则、推动跨国电力交易以及建立跨国电力输送网等。这些举措为北欧电力市场的发展奠定了基础。北欧电力市场改革主要分为以下4个阶段:

北欧电力市场改革始于挪威。早在1971年挪威就成立了电力交易所,但当时市场主体仅限于发电商,主要目的是为优化国内的水电资源。北欧四国之间存在少量交易,均通过双边谈判完成。1991年挪威颁布能源法率先进行了电力市场化改革,1992年进行厂网分开,国家电力公司分为发电公司和电网公司(Statnett)。1993年挪威成立真正的电力商品交易所,此即为北欧电力库的前身。

瑞典基本与挪威同时施行改革,于1992年进行厂网分开,成立瑞典国家电网公司(Svenska Kraftnat)。1996年瑞典加入挪威电力市场,二者联合成立了挪威-瑞典联合电力交易所(Nord Pool)。Nord Pool成为北欧电力市场的核心,提供电力交易和价格形成等功能。通过Nord Pool,电力公司可以在北欧跨国市场上进行电力交易,从而增加了市场竞争,降低了电力成本。

芬兰于1995年开始建立竞争性的电力市场,1996年成立电力交易所EL-EX,1998年加入挪威和瑞典共同的电力市场,1999年芬兰和瑞典开设了电力平衡调节市场,由二者同时拥有EL-EX电力交易所并负责运作该平衡市场。

丹麦在1996年实施新的能源法,拉开电力改革的序幕。但丹麦西部和东部分属于两个不同的电网公司,二者分别于1999年和2000年加入电力市场。至此,北欧四国全部加入一个共同的电力市场之中,最终形成了一个以Nord Pool为主体的电力市场交易体系。进入21世纪以来,波罗的海沿岸国家拉脱维亚(Latvia)、立陶宛(Lithuania)、爱沙尼亚(Estonia)也纷纷加入北欧电力市场,同时北欧四国与英国、德国、波兰等欧洲周边国家存在交易,形成了当时世界上最大的跨国界电力交易市场。

随着时间的推移,北欧电力市场不断发展壮大,逐步形成了一个统一的电力市场区域,实现了共享备用容量和跨国电力输送。此外,各国还建立了联络线路,以确保在紧急情况下能够提供充足的备用电力。

北欧电力市场主要由金融市场、现货市场、实时市场及零售市场构成,其中金融市场中主要进行远期合同(Forward)、期货(Futures)、期权(Option)、价区差价合约(Electricity Price Area Differential, EPAD)和双边合同等产品的交易,远期合同、期货期权和价区差价合约在纳斯达克交易所中进行;现货市场由Nord Pool运行,其股东为各国的输电系统运营商(Transmission System Operator, TSO),现货市场分为日前市场(Elspot)和日内市场(Elbas);实时市场则由各国TSO组织运营,在北欧又称为调节市场(Regulation Power Marke, RPM);零售市场则面向广大终端用户,使其可以自由选择供电商或者零售商。这样的市场机制为电力公司提供了更大的灵活性和选择空间，同时也促进了市场的竞争。

北欧电力市场业务发展并未停滞。2002 年，Nord Pool 的现货市场业务被独立为单独的公司，命名为 Nord Pool Spot AS，并且与其期货市场分离。2005 年，Nord Pool Spot 在德国开设了第一个价区，该价区使得德国北部控制的电网区域能够进入到北欧市场。2006 年，Nord Pool Spot 在德国实行 Elbas。2007 年丹麦西部加入 Elbas 实时平衡市场，新的现货交易系统 SESAM 投入使用。

2008 年，该年度的交易换手率和市场占有率都达到了新高，北欧现货市场的 Elspot 交易量占市场电量的 70%。在欧洲大多数地区还在主打中长期合约的时候，北欧现货已经成为主流。2009 年，挪威加入日内市场平衡。欧洲电力市场耦合公司于 11 月 9 日重新启动丹麦－德国之间的联络线交易。当年度 Nord Pool Spot 还在 Elspot 现货市场规定了负电价的底线。2010 年，Nord Pool Spot 和纳斯达克 OMX Commodities 推出英国电力交易所，被称为 N2EX。Nord Pool Spot 在爱沙尼亚开设竞价区，为立陶宛新电力市场提供技术解决方案。波罗的海四国开始正式向 Nord Pool 靠近。

2011 年，Elbas 被 APX 和 Belpex 市场授权为荷兰和比利时的日内市场。2012 年，Nord Pool Spot 在立陶宛开设竞价区。2013 年，Elspot 正式在拉脱维亚开展业务。同年 Elbas 的日内市场在拉脱维亚和立陶宛同步推出。

2014 年，Nord Pool Spot 独家拥有整个英国市场。西北欧电力市场通过区域价格耦合（PCR）项目进行耦合。同年，Nord Pool Consulting 成立，为其他多个国家的电力市场建设提供技术支持。2015 年，Nord Pool Spot 推出了新的日前市场和日内市场的网站。Nord Pool Spot 被指定为奥地利、丹麦、爱沙尼亚、芬兰、法国、英国、拉脱维亚、立陶宛、荷兰和瑞典 10 个欧洲电力市场的认证电力市场运营商（NEMO）。2016 年，Nord Pool 被指定为比利时、德国、卢森堡和波兰的认证电力市场运营商（NEMO）。Nord Pool 与 IBEX 一起开设了保加利亚电力市场，并与 Cropex 一起开设了克罗地亚电力市场。2017 年，Nord Pool 宣布计划将电力市场引入爱尔兰，并推出了新的清算和结算系统（CASS），以帮助简化欧洲区域的电力交易结算。IBEX 和 Nord Pool 宣布计划为保加利亚推出日内市场。同年，Nord Pool 承诺为创业公司提供免费市场数据。

除了市场改革，北欧国家还致力于推动清洁能源发展。这些国家是可再生能源的重要生产和消费地区，特别是在水力发电和风力发电方面有着巨大优势。北欧国家积极鼓励可再生能源的发展，并制定了一系列政策和措施，如提供津贴和优惠政策，以推动清洁能源的使用。

综上所述，北欧电力市场的发展经验值得借鉴和学习。通过市场化、自由化和跨国合作，北欧国家成功建立了一个高效、可持续和创新的电力市场，为经济发展和环境保护做出了积极贡献。

3. 英国

在 20 世纪 80 年代初，英国电力行业一直由国有垄断机构英国电力公司（CEGB）控制。然而，随着时间的推移，政府认识到国有垄断不能有效促进电力行业的发展，且存在效率低下和创新能力不足等问题。因此，在 1989 年，英国政府通过电力法案（Electricity Act）将电力行业私有化。并在 1990 年至 1998 年持续聚焦于电力私有化改革，主要将输电网和配电网进行拆分并私有化，并推进发电侧电力市场建设。在此期间，14 家配电公司根据市场情况直接合并为6家,并逐步使垂直一体化电力公司的发电、输电、配电、售电等环节逐步分离。根据这项法案,英国电力公司(Electricity of England and Wales,EEW)被拆分为4个独立的发电公司(英国电力发电公司),以及英国电力输电公司(National Grid)和供应公司。随后,这些公司的股份被出售给私人投资者。

电力私有化改革的核心目标是引入竞争和市场机制,以促进电力行业的效率和创新。通过私有化,英国政府希望加强市场竞争,降低电力价格,并增加供应的选择性。此外,私有化还鼓励投资者注入资金,推动电力行业的现代化和技术创新。

这一改革过程中还包括了一些重要措施,如建立独立的能源监管机构——英国能源监管机构(Ofgem),以监管电力市场的竞争和行为;引入披露制度,增加了市场的透明度;推动建立电力交易所,为电力交易提供公平和竞争的平台。

英国的电力私有化为英国输电环节带来一系列有利影响:一是通过出售电力资产,政府获得一笔丰厚的收入,以在其他部门加大投入;二是输电网成本显著降低,相较20世纪90年代中期降低17%;三是供电可靠性提高,相较2001年停电次数减少48%,停电时间缩短了58%;四是投资增加,使更多用户接入电网,自2010年起新增入网用户140万户,同时也使用户满意度提高,客户得到了更好的服务。

除此之外,私有化以后,电网设备利用率提升,应急响应依旧可靠,设备管理更为灵活,经济效率显著提升,效益评估更为清晰,工作方式更为灵活,电网激励机制更为显著,新鲜思想和理念引入更为及时。但从发电、售电环节来看,相对于欧洲同期水平,电力私有化后英国电力行业效率提高和成本降低并没有比较优势,同时英国能源价格还在持续增长。目前从整个英国电力行业各环节成本构成看,发电环节虽然只占到33.5%,但是17.2%的碳减排成本用于发电侧,发电环节的实际成本并不低。

随着电力私有化推进,英国同步实施电力市场化改革,具体可分为3个阶段:拆分垄断阶段、引入竞争阶段和推动可再生能源发展阶段。改革始于20世纪80年代,当时英国政府决定通过引入竞争机制来改善国内电力供应状况。1989年,英国议会通过了电力工业法案,宣布将英国电力系统拆分为竞争性的电力发电公司和单一的电力输配网公司。

1)拆分垄断阶段

20世纪90年代初,英国政府开始逐步推行电力市场改革计划。1990年,英国电力市场授权管理机构(Electricity Market Operator,EMO)成立,负责电力交易和市场监管。1994年,英国政府推出电力市场混合模式,引入滚动竞标(Rolling Auction)机制,使电力发电公司以市场价格向电力分销商出售电力,从而增加市场竞争程度。1998年,英国电力市场进一步改革,推出电力市场不平等议价(Market Power Mitigation)规定,以防止市场主导企业操纵价格。

从1990年至2001年的10年间,英国电力市场采用的是电力库(Pool)模式。Pool模式是一种集中式的电力市场交易模式,采用全电量竞价上网的方式。日前市场出清价格包括3个组成部分:系统边际价格、容量价格和上调费用(为解决输电阻塞、系统备用等问题而产生的费用)。Pool模式下的出清价格波动较大,为了规避风险,交易双方通常通过差价合同进行交易,该方式可以帮助他们锁定价格,以保护双方的利益。在Pool模式下,所有发电商只能向电力库销售电能,这也是他们唯一的收入来源,而电力用户只能从电力库购买电能。系统运营商负责维持电力的平衡,因此他们的平衡行为会对价格产生影响。Pool模式在英格兰和威尔士地区被应用。

2）引入竞争阶段

2001年，英国电力市场再次改革，引入重大电力用户市场（the Non-Domestic Customers）的竞争机制。这一改革使得大型工商业用户可以选择他们的电力供应商，从而增强市场竞争力。2002年，英国政府设立了一个独立的市场监管机构——能源市场管理局（Office of Gas and Electricity Markets，OFGEM），负责监管和促进电力市场的健康发展。2003年，英国政府完全开放了家庭和小型商业用户的电力市场，使他们也可以自由选择电力供应商。

从2001年至2005年的5年间，英国电力市场改用双边交易模式（NETA）。在NETA模式中，大部分电能交易是通过中长期双边合约进行的，而基于集中竞价的日前市场和实时平衡调整则被用于调节系统平衡和管理输电阻塞。这是英国最初设计的电力批发市场模式，然而出于当时迫切实现市场竞争的考虑，并且因为全电量集中竞价更为简单易行，因此最初采用了Pool模式。在NETA模式下，电能交易主要由市场成员自主协商签订双边合约来实现，不平衡电量则通过平衡机制进行解决。NETA模式在英格兰和威尔士地区得到应用。同时，英国还实行了发电商的拆分重组，并引入了新的独立发电商，以进一步降低市场的集中程度，使市场竞争更加充分。

3）推动可再生能源发展阶段

2010年，英国政府提出了一项电力市场改革计划，旨在促进可再生能源的发展和降低碳排放。这一计划将以补贴形式支持可再生能源项目，并通过发行长期收益确认合同（Contracts for Difference，CfD）来鼓励投资者参与可再生能源市场。2013年，英国政府通过了一项能源法案，进一步推进电力市场改革。该法案减少了碳排放量上限的数量，强迫发电公司采用低碳和清洁技术，提高能源效率。

自2005年以后，英国电力市场经历了进一步的改革，形成了BETTA市场模式。在BETTA模式下，英国将NETA模式从仅适用于英格兰和威尔士地区扩展到了苏格兰地区，实现了三个地区的电力交易、平衡结算和定价机制的统一。在引入BETTA模式之前，苏格兰地区的输电网与英格兰和威尔士地区的输电网是分开调度的。然而，引入BETTA模式后，苏格兰地区正式纳入了英国电力市场，其输电网也开始由英国国家电网统一调度。尽管如此，两家输电公司在输电资产的归属和运营维护责任上仍然保持分隔。具体而言，苏格兰南部电力公司（SSE）拥有并运营着苏格兰地区的输电网，而英格兰和威尔士地区的输电网则归属于英国国家电网公司。此外，从2013年起，英国执行了RIIO监管框架。从2017年起，英国还研究制定了新的价格上限机制，旨在抑制消费者价格不断上涨。计划使用更为严格的RIIO-2输电定价模型，并于2021年4月正式实施该模型。

经过近20年的改革，英国电力市场发展旨在增加市场竞争、促进可再生能源的发展，并提供更多的选择权和灵活性给消费者。目前英国市场电能交易以双边交易为主，实时平衡机制为辅，双边交易合同是电网调度的重要依据，都是需要执行的物理合同，占比达到95%，平衡机制电量占比很小。因此，可以认为英国市场采用市场成员分散决策、分散平衡为主的一种市场决策方式，突出的是电能的普通商品属性，提倡电能的自由买卖交易。按照市场的组织形式与功能的角度，英国的电力市场主要由以下四类市场组成：中长期双边交易市场、日前集中交易市场、平衡机制及辅助服务市场。

近年来，英国天然气与电力市场办公室（Ofgem）启动了智能电力零售市场计划。该计划依托智能计量技术,充分考虑能源系统的一系列变化,旨在建立一个更加高效、动态、具有竞争力的市场,并为消费者带来更好使用体验和经济效益。智能市场计划包含 4 个方面内容:供电商切换,电力结算,需求侧灵活性,消费者权益与保护。

4. 澳大利亚

澳大利亚电力市场改革历程可以追溯到 20 世纪 90 年代初。在此之前,澳大利亚电力行业主要由垄断性的公共事业公司垄断运营,政府直接参与监管和管理。然而,为了提高效率、降低成本并引入竞争,澳大利亚政府开始推动对电力市场进行改革。以下是澳大利亚电力市场改革的主要历程。

1991 年 7 月,澳大利亚联邦和州总理会议共同决定在澳大利亚南部和东部创建一个统一的竞争性的国家电力市场。为加速改革进程,专门设立了临时性的政府顾问机构——国家电网管理委员会(NGMC),该委员会于 1997 年 2 月解散。在澳大利亚政府的主导作用下,新南威尔士、维多利亚、昆士兰、南澳等州进行电力工业结构重组,为建立跨行政区的批发电力市场创造了条件。1992 年,国家能源政策委员会成立,开始研究推动电力市场改革的方法。

1994 年,澳大利亚开始以州为基础在电力批发和零售方面引入市场竞争,并于同年和 1996 年,在维多利亚和新南威尔士先后进行批发电力市场试点。1996 年,国家电力市场管理公司(NEMMCO)成立。同期,澳大利亚联邦政府通过《国家电力市场法》,开启电力市场的全面改革。该法案鼓励私人投资者参与电力生产和供应,推动市场竞争。

1998 年 12 月,澳大利亚东南部地区建立了全国第一个全面竞争的电力市场,即国家电力市场(NEM),由 NEMMCO 负责国家电力市场的运营。国家电力市场最初涵盖了 5 个行政区域,即维多利亚、新南威尔士、昆士兰、南澳和首都特区。2002 年,针对电力市场交易和竞争问题,澳大利亚联邦政府成立了澳大利亚能源市场操作有限公司(Australian Energy Market Operator,AEMO),负责监管电力市场运营。2005 年,澳大利亚政府通过《全国能源市场法》,建立了全国性的电力市场,通过竞争、市场交易和竞价来决定电力价格。同年,塔斯马尼亚地区加入国家电力市场。2006 年,澳大利亚东海岸的电力市场实现全面的竞争,各州和领地的电力市场整合为一个统一的市场。同年,塔斯马尼亚与维多利亚通过海底电缆互联,从而实现了塔斯马尼亚与国家电力市场的物理互联。2010 年,澳大利亚政府通过《洛克哈特河报告》提出了进一步改革电力市场的建议,以解决市场竞争不充分和电力供应不稳定的问题。

澳大利亚国家电力市场于 1998 年 12 月 13 日投入运行,但在改革初期并没有成立全国性电力监管机构,而是由各州政府建立独立的监管机构。2004 年底,澳大利亚对电力市场监管体系进行了国家层面的整合。2005 年 7 月,根据 2004 年澳大利亚能源市场议定书,全国的电力监管职能整合到两个新的机构——澳大利亚能源市场委员会(AEMC)和澳大利亚能源监管机构(AER)。2009 年,澳大利亚能源市场运营机构成立,负责国家电力市场范围内电力和天然气市场运营,涵盖了原国家电力市场管理公司(NEMMCO)的职能。

近年来,澳大利亚电力市场继续进行改革,包括推动可再生能源发展、提高市场透明度和竞争性,并实施更环保的能源政策。总体来说,澳大利亚电力市场的改革旨在引入竞争机制,提高效率、降低成本,并促进可再生能源的发展。这些改革举措使澳大利亚的电力市场更加自由化、市场化和竞争化,最终使消费者受益于更低的电力价格和更多的选择。

澳大利亚国家电力市场目前涵盖了昆士兰、新南威尔士、澳大利亚首都地区、维多利亚、南澳和塔斯马尼亚6个行政区域,仅西澳和北部特区尚未加入国家电力市场。NEMMCO中有200多家大型发电企业、5个州的输电网和14个主要配电网,为900余万用户提供电力服务,约占全国总电量的89%。

澳大利亚国家电力市场分为电力批发市场和电力金融市场。电力批发市场采取电力库(Pool)模式,澳大利亚能源市场运营机构(AEMO)负责集中调度和交易,对于受AEMO调度的机组,所有电能交易都必须通过AEMO的集中交易平台进行交易,AEMO每半小时公布一次电力市场现货价格。市场的主要购电方是零售商,终端用户也可直接从中购电,但是这种情况比较少见。2011—2012年,澳大利亚国家电力市场的交易电量约1830亿kW·h,成交额为57亿澳元。除现货市场外,发电商和零售商还可参与电力金融市场。发电商与购电商可根据双方协商确定的履约价格签订长期或短期的双边交易合同(差价合约),也可以在政府批准的证券期货交易所,比如澳大利亚股票交易所进行电力期货交易。目前,期货市场涵盖了维多利亚、新南威尔士、昆士兰和南澳,交易电量规模约为现货市场的2倍。

1.3 市场模式下多源协同集控技术现状

本节分别介绍了多源协同场站参与现货市场和调频市场的集控策略研究现状。电力现货市场的主要组成部分包括日前市场和实时市场,调频辅助服务市场的调频辅助服务大都是以AGC调频辅助服务为主的二次调频,基于以上产生的相关问题,总结国内外在多源协同场站参与下的集控最优策略的研究现状。

1.3.1 多源协同场站参与现货市场的集控策略研究现状

日前市场和实时市场是电力现货市场的主要组成部分[1],其中日前市场是主要的功率交易平台,实时平衡市场旨在根据最新的负荷和电源变化对日前交易计划进行适量调整。目前大多数风光电商根据其次日出力预测,参与日前市场竞争是主要的获益方式[2]。由于风光电边际成本低,为了避免弃风弃光,风光电商可以报零价以确保中标。风光电商日前中标的电量在实时运行时由于其出力的不确定性(日前预测误差),在实时市场中会面临不平衡惩罚。因此,寻求降低实时出力不确定性的运行模式是风光电商参与现货市场的关键。风光电商减少实时不平衡主要有两种途径:一是尽可能提升自身出力预测精度,减少实时出力偏差;二是联合储能等具有灵活调节能力的市场主体协同降低实时出力与日前值的偏差。针对途径一有研究指出风光电场的集群效应可以显著降低整体出力的不确定性和波动性[3],即多个风光电场联合参与现货市场,利用多风光电厂的时空互补平滑效应减少整体出力预测误差,联合参与现货市场。针对途径二,储能系统由于其灵活调节特性,与风光电场联合不仅可以最大限度弥补风光电场的实时出力偏差,还可以将多余的电能存储后套利出售,实现储能商业价值最大化。其中以技术相对成熟、成本较低且能实现大规模存储的抽水蓄能电站与风电的联合最有代表性[4]。可见多风光电场、风-光-储构建有效联盟参与现货市场运行,不仅可以实现联盟收益最大化,为风光和储能参与现货市场提供有效解决方案;对整个市场运营来讲,也有利于减少系统平衡成本,提升系统消纳新能源能力以及运行经济性,其中,制定联盟日前竞标策略时如何充分考虑风电实时出力不确定性和由此带来的平衡成本及收益风险是该过程研究的关键。

针对电能量市场模式下多源协同联合系统的优化集控，国外方面，文献［5］分析了电力市场中风电和储能系统的联合规划运行，根据预测价格提出了一种方法来确定风储联合系统的每小时生产概况。文献［6］提出了一种将光伏和ESS（储能系统）相结合的可调度技术，以平滑生产曲线并实现在现货能源市场上的利润最大化。文献［7］提出了风电场和抽水蓄能的集成运营策略，以增加日前能源市场和辅助服务市场的收益。文献［8］提出了在日前能源市场中ESS与风电场联合运行的基于风险度量的稳健投标策略。国内方面，王杰等进行了风储联合系统参与能量市场协同优化的探索，建立了风储联合系统参与能量市场和调频服务市场联合收益模型[9]。高政南等提出一种基于区块链技术的含风光储等新增实体的电力市场多方交易模型，该模型采用区块链技术将电力市场进行去中心化管理，并综合考虑新增实体的低碳环保价值，能够保证市场多方交易的安全、可靠[10]。武昭原等人针对多风场与抽水蓄能电站联合参与现货市场的日前竞标策略及由此带来的收益合理分配问题开展研究，采取多风电与抽水蓄能电站联合参与日前和实时平衡市场的市场模式，着重考虑风电实时出力不确定性的平衡成本，提出兼顾实时平衡收益风险的多风电与储能联盟的日前最优竞标策略[11]。黄明远等人在考虑了风-储系统的技术特性以及运行约束的基础上，针对带储能的风电场参与直接交易的模式，融合中长期-现货市场物理交割原理，建立了相应的中长期-现货市场联合出清的带安全约束机组组合模型，提出了基于典型日序列机组组合的快速简化算法，不仅有效解决了中长期电力市场运行中不同负荷曲线日期的机组爬坡衔接问题，而且大幅度提高了计算效率[12]。

在上述研究中，多源协同调度模型都建立在确定性优化的基础上，假设多源协同场站参与实时市场时被隔离，并且可再生资源的预测误差被忽略。然而，可再生能源的不确定性是多源协同经济和安全运行的重要问题。出于这个原因，有些研究人员最近提出了随机优化和鲁棒优化，它们可以在考虑这些不确定性的情况下做出明智的决策[13-15]。在文献［16］中，提出了由间歇性分布式能源、储能设施和可调度电厂组成的虚拟电厂（VPP）日前市场投标模型，投标问题被表述为一个两阶段随机MILP模型，该模型通过在日前和平衡市场上销售和购买电力来最大化VPP的预期利润。不确定参数，包括间歇性电源的功率输出和市场价格，并通过基于历史数据的场景建模。文献［17］中燃料电池的可靠性考虑在通过引入随机编程来调度微电网。文献［18］中，在电力现货市场中结合风电场和储能，提出了一种基于鲁棒优化的投标策略，该策略考虑了风电预测和电价预测的不确定性。国内方面，赵宗政等人考虑储能系统运行约束以及电能量-备用市场的耦合关系，在风储电站日前投标范围内生成电量-备用的可行投标组合，基于神经网络预测计算对应的市场出清电价，提出了电能量和备用市场中剩余需求曲线的联合建模方法，以风储电站收益期望最大为目标调整储能系统的日前出力计划和备用容量，同时考虑实时市场的不确定性，通过调用储能系统的备用容量降低风储电站的实时偏差惩罚[19]。德格吉日夫等人针对风储电站参与电力现货市场竞价与运行计划制定的问题建立了两阶段模型：第一阶段优化计及风储电站收益以及运维成本和不平衡功率惩罚费用，以风储电站利润最大化建立其目标函数，考虑系统功率平衡约束、储能运行相关约束等约束条件，采用随机机会约束规划理论建立其模型，得到风储电站竞价策略以及基于该策略的期望运行计划；第二阶段基于中标信息，采用相同原理对风储电站日前运行计划进行制定，针对模型的不确定性，采用不确定函数模拟来计算概率形式目标函数和约束条件的置信度[20]。

由以上分析可知，对于光储或者风储联合系统参与电能量市场的优化集控，国内外分别已经有了相关方面的研究。但在其模型中大多数的市场参与主体均为储能，鲜有涉及风光打包参与电能量市场的可能性，且在其优化模型中考虑的成本较为简单，说明现阶段风光参与电能量市场尚有困难。因此对于大规模的多源协同一体化电站，亟须在建立合适的电能量市场模型的基础上探究多源协同一体化参与电能量市场的集控策略，并对多源协同场站参与电能量市场的成本收益进行精细化建模。在考虑风光出力及市场价格等各种不确定性及风险性的基础上进行优化，得出多源协同场站参与电能量市场的最优集控策略。

1.3.2 多源协同场站参与调频市场的集控策略研究现状

目前调频辅助服务市场的调频辅助服务大都是以 AGC 调频辅助服务为主的二次调频，风光由于其自身出力的不确定性，通常不被认为是参与调频辅助服务市场的优质资源[21]。然而，通过与储能组成联合电站，光储联合系统在国外被认为在参与调频辅助服务市场方面具有巨大的潜力[22-24]。因为现有的调频辅助服务的规则并不适合光储联合系统参与进行获利，R. D'hulst 等提出了一种适合光储联合系统参与的调频辅助服务市场模型，其中设定调频辅助服务的时间为 $15\min$ [23]。但此市场模型和蒙西等国内调频辅助市场并不相同，此市场的价格及容量申报操作时间在日前的前一天，而国内大部分调频辅助服务的上报时间在日前。此外，光伏出力的不确定性以及调频容量、里程价格的不确定性对光储联合系统参与调频辅助服务市场的优化策略的影响也是需要考虑的重要因素，因此，G. He 等[22]和 J. Wang[24] 使用了随机鲁棒优化，在最坏的情况下考虑到光伏和市场价格的不确定性研究了光储联合系统和含有光伏以及储能的微电网在调频市场的最佳投标策略。国内方面，光储联合系统参与调频辅助服务市场的市场较少，较有代表性的为谢云云等提出的光储系统参与实时能量-调频市场的优化集控策略[25]。他提出光储联合系统参与能量-调频市场，不仅可以缓解高比例光伏接入带来的调频压力，还可以为光储系统带来更高的经济效益。在考虑到光伏发电的出力及实时市场价格的不确定性的情况下得出了光储系统参与实时能量-调频市场的优化策略。

风储联合系统参与调频辅助服务市场同样被认为具有巨大的潜力[26-28]，在国外得到了广泛的研究[29-32]。其中，F. Teng 等明确提出了风储联合系统可以通过跟随 AGC 信号来提供二次调频服务，并分析了由风储联合系统来提供二次调频服务的优点[30]。T. Rodrigues 等提出了一种风储联合系统参与调频辅助服务市场的联合投标策略，并详细分析了风储联合系统在调频辅助服务市场中可获取的经济收益及相关惩罚[29]。但其提出的策略中只有储能作为主体参与调频辅助服务，并未涉及风参与调频辅助服务市场的可能性。E. Saiz-Marin 等和 J. Liang 等提出了一种经济折中策略，使得风储联合系统中的风机以非满发状态与储能装置一起参与调频辅助服务市场[21-22]。国内对于风储联合系统进行调频的研究多侧重于储能辅助风能进行一次调频时整个系统的频率维持稳定的研究，针对风储联合系统参与调频辅助服务市场的研究相对较少，较为代表性的有文献 [9]、[33]~[35]。毕素玲等提出储能能够快速跟踪风电出力等短时间尺度的功率波动，减小系统倾率偏差[33]。以此为前提，建立了参与 AGC 服务的风储联合系统模型，研究如何合理利用储能电源装机容量使其更好地参与电力系统调频，一方面能够提高电力系统整体的调频能力，另一方面可有效提高储能参与调频的经济性，使电网调频控制更加准确、迅速，满足系统调频需求。但其研究中对调频辅助服务市场的建模较为粗糙。然而合理的调频辅助服务市场建模是研究风光储参与调频辅助服务市场的优化集控的基础。马美婷等建立了风储联合系统经济性模型，进行了储能参与风电辅助服务综合经济效益分析[34]，结果表明，在现有的市场环境下，风电辅助服务需求量相对于储能电站的容量很小，且储能与其他常规机组竞价上网，限制了储能的放电电价，因此，现有市场环境下，参与调频辅助服务尚不足以使其盈利，可见合适的市场规则对于多源协同场站的获利十分重要。王杰等将风储联合系统作为价格接受者，建立了风储联合系统参与能量市场和调频服务市场联合收益模型[9]。得出风电的随机性会导致运营商在实时市场的收益受损，通过配置储能可以拓展收益来源。然而，在其建立的优化模型中对储能的寿命并未进行合适建模，这影响了其优化结果的准确度。匡生重点考虑不同荷电状态下的储能寿命损耗和储能参与调频时向上调频电量与向下调频电量的平衡，以风储联合运行的总收益最大为目标，考虑储能系统跟踪风电计划出力与参与电网二次调频服务，建立了风储联合运行的优化模型[35]。结果表明，考虑储能寿命损耗和储能调频电量水平，不仅可以合理衡量储能参与各项服务所带来的收益，还可以充分发挥储能的作用并提高风储联合的收益。

由以上分析可知，对于光储或者风储联合系统参与调频辅助服务市场的优化集控，国内外分别已经有了相关方面的研究。但在其模型中大多数的市场参与主体均为储能，鲜有涉及风光参与调频辅助服务市场的可能性，且在其优化模型中考虑的成本较为简单，说明现阶段风光参与调频辅助服务市场尚有困难。因此对于大规模的多源协同一体化电站，亟须在建立合适的调频辅助服务市场模型的基础上探究多源协同一体化参与调频辅助服务市场的集控策略，并对多源协同场站参与调频辅助服务市场的成本进行精细化建模。在考虑风光及市场价格等各种不确定性及风险性的基础上进行优化，得出多源协同场站参与调频辅助服务市场的最优集控策略。

第 2 章 国外电力市场规则与现状

在市场模式下多源协同场站要追求更高的收益,需要考虑在不同交易类型下的电力市场规则与现状。电力市场可以分为调频市场和现货市场,本章内容首先介绍了美国、澳大利亚、北欧和英国的电力市场规则,然后分别针对各地的不同市场详细解释了每个市场的定义、准入原则、市场交易规则和出清原则。

2.1 美国 PJM 电力市场规则与现状

美国电力市场包括 PJM、加利福尼亚州、得克萨斯州、纽约、新英格兰和中西部 6 个市场区域。PJM 是经美国联邦能源管制委员会(FERC)批准,于 1997 年 3 月 31 日成立的一个非股份制有限责任公司,它实际上是一个独立系统运营商(ISO)。PJM 目前负责美国 13 个州以及哥伦比亚特区电力系统的运行与管理。作为区域性 ISO,PJM 负责集中调度美国目前最大、最复杂的电力控制区,其规模在世界上处于第三位。PJM 控制区人口占全美总人口的 8.7%(约 2300 万人),负荷占 7.5%,装机容量占 8%(约 58 698MW),输电线路长达 12 800 多公里。PJM 运行的电力市场包括电力现货市场、容量市场、调频市场、备用市场和金融输电权市场。中长期双边交易由市场成员自行协商确定。电力金融交易则主要在纽约商业交易所和美国洲际交易所进行。

2.1.1 美国 PJM 电力现货市场

1. 美国 PJM 电力现货市场定义与准入原则

美国 PJM 电力市场是一个覆盖 13 个州的大型地区性电力市场,由 PJM 互联系统操作公司负责管理。其主要目标是确保电力供应的可靠性和效率,促进市场竞争和创新。美国 PJM 电力市场根据其功能和运营方式通常可以划分为以下几类:实时市场、日前市场、容量市场、配电服务市场、可再生能源市场。这些不同类别的市场相互配合、共同运行,形成了 PJM 电力市场的多层级结构,以确保供需平衡、市场效率和电力系统的可靠运行。其中电力现货市场包含日前电力市场和实时电力市场。日前市场是用于预测和计划未来一天电力需求和供应的市场;参与日前市场的实体可以提前进行交易和调整,以确保电力系统的充足性和经济性。实时市场是 PJM 电力市场中最重要的市场之一,用于满足短期和即时的电力需求;在实时市场中,电力供需将根据当时的情况进行调节和匹配,以保障电力系统的稳定运行。

PJM 电力市场的准入原则通常包括参与者资格、市场规则、注册流程、遵从标准等方面的内容。任何符合资格的实体都可以申请成为 PJM 电力市场的参与者，如发电商、负荷服务商、交易商等。参与者需遵守 PJM 制定的规则和标准，确保市场的公平竞争和有效运行。参与 PJM 电力市场的实体需遵守市场规则，包括竞价、结算、交易等方面的规定。参与者应遵循市场规则进行行为，如非歧视性、诚信交易等原则。愿意参与 PJM 电力市场的实体需按照规定程序和标准进行注册，包括提交相关资料、合规性审查等。注册成功后，参与者可以参与市场交易、竞价等活动。参与者需遵循 PJM 制定的运行计划和市场标准，以确保市场的顺利运行和资源的协调分配。参与者需要遵守相关法规、环保标准、市场监管等方面的要求。通过制定明确的准入原则，PJM 电力市场能够确保市场的公平、透明和高效运行，吸引更多符合条件的参与者，促进市场的竞争和可持续发展。

在美国 PJM 电力市场有 3 种重要的市场成员，即发电商、负荷服务商、电力交易商。发电商（Generation Companies）实际进行发电操作，是电力市场的供应方。它们提供电力供应，通过竞标等方式在电力市场上销售电力。负荷服务商（Load Serving Entities，LSEs）实际进行供电操作，通常是电力供应商或分销商，负责为终端用户提供电力服务，是电力市场的需求方。它们代表电力消费者购买电力，它们有责任管理客户的用电需求，确保电力供应的稳定性、可靠性和安全性。电力交易商（Power Traders）可以没有任何电力设施，仅仅通过从事电力相关产品的买卖而赚取利润。它们一般是实力雄厚的银行等财团，其电力产品的交易量非常大。它们在电力市场中买卖电力产品，通常拥有大量的交易量和交易经验。美国电力产品交易额排名靠前的，很多都属于电力交易商。

2. 美国 PJM 电力现货市场交易规则

美国 PJM 电力现货市场交易流程可归纳如下，此流程确保了 PJM 电力现货市场的高效、公平和透明运行，为电力市场的参与者提供了清晰的交易框架和规则。

1）市场准备阶段

（1）市场成员注册与审核：具有现货市场参与资格的成员须完成市场成员的注册，经过审核后方可入市。

（2）外部数据接入：接入中长期市场等外部系统的数据，用于进行出清工作的前期准备。

（3）中长期计划分解：按照中长期交易合同形成次日发电计划曲线。

2）次日电力市场交易流程

（1）D-1 日 8:00~12:00：市场成员（发电商和负荷服务商）向 PJM 提交第二天的投标计划，包括发电量和电价。

（2）D-1 日 12:00~14:00：PJM 根据系统信息（如预期用户需求、气候条件、输电线路状况、发电机组状态等）对各成员的投标计划进行评估，并与全网的负荷需求进行匹配。

（3）D-1 日 14:00~16:00：基于投标，PJM 计算节点边际电价（LMP），形成次日电力市场的出清结果，并向市场成员发布。成员可根据评估结果调整其投标计划。

（4）D-1 日 16:00 至 D 日 8:00：交易计划调整。PJM 可根据系统经济性、可靠性等要求，对交易计划进行最终调整。

3）实时电力市场交易流程

（1）D 日实时进行：PJM 每 5min 根据实际负荷和电网潮流情况，计算各节点的 LMP。发电商和负荷服务商根据实时 LMP 进行电力交易。PJM 负责实时监控和平衡市场供需，确保电力系统的稳定运行。（2）结算与清算：PJM根据各节点的LMP和交易量，对发电商、负荷服务商和电力交易商进行结算。结算包括日前市场的预结算和实时市场的最终结算：实时市场上的交易电量（QRT）与实时LMP（PRT）相乘，得到实时交易费用［对负荷服务商为购电费用（CRT），对发电商为售电收入（IRT）］；电力交易商在日前市场和实时市场上的总收入（I）是基于其日前市场和实时市场上的电量（QDA）和价格（PDA，PRT）的差异来计算的。

3. 美国PJM电力现货市场出清原则

美国PJM电力现货市场的出清原则主要基于全电量竞价模式、节点边际电价法、市场出清电价、出清机制、电量平衡以及供给曲线与需求曲线的分析来确定电力交易的价格和数量，以满足市场需求并保持电网的稳定运行。

PJM电力现货市场包括日前和实时两个市场，均采用全电量竞价模式，这意味着发电商需要申报其所有的发电资源与交易意愿，市场将其与全网的负荷需求进行匹配。市场出清均采用节点边际电价法（LMP）出清，也就是以电网中特定节点上新增单位负荷所产生的新增供电成本为基础来核定电价。LMP包括系统电能价格（MEC）、输电阻塞价格（MCC）和网损价格（MLC）。

在日前市场上，发电商需要申报其所有的发电资源与交易意愿，市场将其与全网的负荷需求进行匹配，通过出清计算形成发电商的日前交易计划，并按照日前的节点边际电价进行全额结算。此时可以对双边交易和自供应合约进行标识，这部分电量将在出清时保证交易。日前市场本质上是考虑系统安全约束的机组组合问题，每小时出清。

实时市场是现货市场，按照实际电网操作条件的实时节点边际电价每5min出清一次，并同步公布在PJM官网上。之后每小时进行一次买卖双方的结算，每周为市场参与者开具发票。实时市场本质上是考虑系统安全约束的经济调度问题。

2.1.2 美国PJM调频辅助服务市场

PJM电力辅助服务市场主要包含调频、备用、黑启动、无功电压控制和不平衡电量5个品种，市场化运营的辅助服务产品主要包含调频、初级备用（Primary Reserve）、黑启动3类，其中调频与初级备用（包含同步备用和非同步备用）采用集中式市场化交易，与电能量市场联合优化运行。

PJM将调频、备用辅助服务义务按照在实时市场的负荷比例分配给负荷服务商（Load Serving Entity，LSE）作为其调频、备用义务。LSE可以利用自己的发电资源或通过与第三方签订合同来履行自己的调频、备用义务。若仍然无法完全履行其责任，可以从PJM辅助服务市场上购买调频、备用服务。

2012年11月，PJM将调频资源分为两类：慢响应调节A（RegA）和快速响应调节D（RegD）。前者对应传统的调频资源，比如燃气轮机联合循环（CCGT）机组，能够持续较长时间维持出力，但调节速率较慢；而RegD则是针对新的市场参与主体，比如储能、可控负荷等，能够快速调节功率，但长时间保持能力不足。

在该政策的刺激下，PJM区域涌现了大量储能调频项目。截至2016年8月，PJM区域投运电网级储能占全美比例达到46%。从市场效果上看，2017年，在所有资源中（包括煤电、水电、天然气、需求侧等），储能设备提供了PJM 46.5%的调频需求。

1. 美国 PJM 调频辅助服市场定义与准入原则

美国 PJM 调频辅助服务市场中的调频服务主要目的是维持系统的频率。提供调频服务的发电机组必须能够在 5min 内增加或减少其出力，以响应自动控制信号。它们分为传统的速度较慢的 RegA 和新型的快速响应的 RegD；RegA 要求资源在 5min 达到指定出力即可，调节性能相对较差，适用于蒸汽机组、燃气轮机、水电机组等；RegD 要求资源在几秒内开始响应，并能在 1~2min 内达到指定出力，适合于快速调节资源如电化学储能、飞轮储能等。

可以在 5min 内响应的发电和用户侧的调频资源都可以参与调频市场，并根据其性能表现获得收益。PJM 采用双向的调频服务，调频需求量以容量衡量，分为峰时需求和谷时需求，调频需求是确定值峰段 800MW，谷段 525MW。发电资源和需求资源必须能够提供 0.1MW 的调节能力才能参与市场。其中，发电资源必须具有能够进行自动发电控制（AGC）的调控器。

2. 美国 PJM 调频辅助服市场交易规则

1）收益规则

美国 PJM 调频辅助服务市场中的收益也分为调频容量收益和调频里程收益，分别通过调频容量价格（Regulation Market Capability Clearing Price，RMCCP）和调频里程收益（Regulation Market Performance Clearing Price，RMPCP）计算。具体计算公式如下：

$$\text{Pay}^{\text{cap}} = \pi^{\text{cap}} \cdot K^{\text{perf}} \cdot b^{\text{reg}} \quad (2-1)$$

$$\text{Pay}^{\text{perf}} = \pi^{\text{perf}} \cdot R \cdot K^{\text{perf}} \cdot b^{\text{reg}} \quad (2-2)$$

式中：Pay^{cap}、Pay^{perf} 分别为调频容量收益和调频里程收益；π^{cap}、π^{perf} 分别为调频容量价格和调频里程价格；K^{perf} 为综合调频性能评分；b^{reg} 为申报的调频容量。

2）申报规则

参与调频辅助服务的成员必须通过市场网关系统提供以下信息：资源调节状态（可用、不可用、自调度）；调节能力（高于和低于调节中点，MW）；调节最大值和最小值（MW）；所参加的服务种类（RegA 或者 RegD）；成本报价 [美元/（MW·h）] 以及容量报价 [美元/（MW·h）]，最大值为 100 [美元/（MW·h）]。未提交成本价格的任何参与者，其成本报价上限为 12 [美元/（MW·h）]。

提供辅助服务的机组的报价和相关数据必须在运行日前一天 14:15 之前上报，辅助服务市场在实时运行前 1h 关闭，在此之前机组可以修改报价信息。PJM 每小时执行辅助服务优化器（Ancillary Service Optimizer，ASO）一次，根据预测的系统条件为下一个运行小时确定一组经济的资源组合。

3. 美国 PJM 调频辅助服务市场出清原则

PJM 调频市场和能量市场是顺次出清的，即调频市场在能量市场出清完成后，以能量市场决定的机组组合和能量价格作为输入进行调频市场的出清。调频市场的出清价格分为两部分：里程价格和容量价格。里程价格是根据机组的报价通过调频里程和历史性能指标等参数调整得到的，调频市场出清价格减去里程价格即为容量价格。

实时运行前 1h，PJM 根据预测的实时市场节点边际电价（LMP）和调频资源的运行成本曲线，统一计算出每个机组的机会成本。进入实时调度以后，每 5min 进行一次电能量出清，并确定该调度时段的 LMP。PJM 根据每 5min 的 LMP 重新计算已中标调频资源的机会成本，在容量报价和里程报价不变的基础上，将机会成本改为实时出清的机会成本，里程调用率由历史值改为实际值，从而得到新的排序价格。PJM 按照调频资源的排序价格由低到高排序并出清，直到中标的容量（实际可提供容量）满足总的调频容量需求。

2.2 澳大利亚电力市场规则与现状

澳大利亚电力市场分为国家电力市场（National Electricity Market，NEM）和批发电力市场（Wholesale Electricity Market，WEM）。国家电力市场为主要地区的电力市场，主要覆盖澳大利亚东海岸地区（包括昆士兰、新南威尔士、维多利亚和南澳大利亚），这个市场采用竞争性定价机制，鼓励自由竞争和市场参与者之间的交易。国家电力市场主要由三个市场操作机构组成：澳大利亚能源市场运营商（Australian Energy Market Operator，AEMO）、澳大利亚能源市场委员会（Australian Energy Market Commission，AEMC）和澳大利亚能源管制委员会（Australian Energy Regulator，AER）。这些机构负责监管市场操作、政策制定和监管执行等工作。除了国家电力市场外，西澳大利亚、北领地和塔斯马尼亚等地区也有各自的地区性电力市场。

2.2.1 澳大利亚电力现货市场

1. 澳大利亚电力现货市场定义与准入原则

澳大利亚发电侧现货市场为全电量池交易市场（Gross Pool Market），所有发电主体——包括传统能源发电和可再生能源发电都需要到电力市场上竞价上网。即使一个大型电力企业同时拥有发电业务和电力零售业务，也需要将所有所发电力交付到电力市场进行统一结算，然后再结算零售业务消耗的电能。这种方式可以清楚地反映电力市场上的整体供需关系。在用电需求高的时候现货结算电价就会上升，用电需求小的时候结算电价就较低。

澳大利亚能源市场运营公司根据国家电力交易管理规则，负责 NEM 区域内的电力交易。澳大利亚的电力市场为 ISO 形式，调度交易为一体，均在 AEMO 的平台上进行。AEMO 主要职责如下：①按照发电机组的申报价格，每 5min 平衡一次电力生产与需求，并根据发电方的报价确定该 5min 的调度价格。②每 5min 一个调度价格，半小时即为 6 个调度价格。每半小时平均一次 6 个调度价格，从而决定每个地区每半个小时的电力现货价格。每 5min 的调度价格不是真正用于结算的电价。每半小时内 6 个 5min 出清价格的平均值才是半小时电量的结算价格。按半小时结算一次的技术原因是多数分时电表是 30min 读一次表数。

市场成员在规定的时间内进行有效报价。对于竞价机组而言，机组必须与 NEMMCO 保持一定同步运行时间，如果退役，必须至少提前 1h 申请，并在并网和退役前 5min 更新申请。快速启动机组不能自行安排计划，即意味着报价曲线第一段电价非负。所有发电机组都须满足最小并网时间，如果有机组发现自身不能满足 NEMMCO 发布的时间，则须立即提出。因此，快速启动机组如果有电力电量中标，可以低于区域参考节点电价的价格选择重新报价。

2. 澳大利亚电力现货市场交易规则

澳大利亚对电力市场交易主体的分类遵循国际惯例，产业链上、下游依次分为发电、输电、配电、零售及终端用户 5 个环节。在物理层面上，发电厂是电能生产者，因采用的发电技术和燃料的不同而具有不同的成本曲线和供应特性；输电网利用高电压来远距离输送电能；配电网则将输电网的高电压电能降低为低电压，然后送入终端用户。

电力公司根据自身的发电能力参与到电网的电力供应中，根据自身的成本向电网运营机构提前申报 24h（4:00—第二天 4:00）以每 5min 为一个间隔的电量及相应价格。运营机构 AEMO 根据实时电力需求与各个发电商的报价及电量进行匹配，以 30min 实际成交的平均值作为实际结算价格。目前现货价格的上限为 14 700 澳元/(MW·h)，下限为 1000 澳元/(MW·h)。自作者关注澳大利亚电力市场以来，已经多次发生现货实际交易价格达最高限价（MPC）的情况，这给中小零售公司带来了很大的运营风险。

在现货市场中，所有的发电厂和部分负荷需要提交未来 24h 的报价方案，以 5min 为一个时段，明确 24h 中每个时段要申报的电价、出力和其他相关参数（如机组的爬坡速率等）。现货市场采取 24h 滚动出清的方式实现市场内的供需平衡，能源市场运营中心根据发电厂和负荷的竞价，在一套复杂的市场运行软件系统的支撑下，确定系统的调度方案及市场价格。

发电厂在现货市场中有 3 种竞价方式：日竞价（Daily Bids）、重竞价（Re-bids）和默认竞价（Default Bids）。日竞价是在每日的中午 12:30 前，给出次日全天的竞价方案。日竞价方案提交之后，在实时系统调度之前，竞价方案中的价格不可以再修改。但随着系统的运行状态和供需情况的不断变化，发电厂在提交日竞价方案后，还可以随时修改竞价方案中的出力，前提条件是能够对修改进行合理的说明，这称为重竞价。最后，默认竞价是指在发电厂没有提交日竞价的情形下，运营中心基于发电厂之前提交的默认竞价策略进行市场出清。

3. 澳大利亚电力现货市场出清原则

澳大利亚电力市场在出清时，每台发电机组必须提前 24h 向调度中心提供第二天的上网竞价。该竞价由 3 组数据组成：10 个不同的价位、每个价位上机组愿意供应的有功容量、机组在该容量范围内的变负荷率。这些数据汇总后，按价位由低到高排列就可以形成一个堆栈序列。该堆栈即是调度区域内的总供应曲线。调度系统遵从经济调度策略，自动按照报价从低到高依次调用所有发电容量，直至整个区域内电力需求平衡。该策略使整个调度区域在动态上总是处于相对成本最低的运行状态。全系统的可靠性和响应速率依靠三点来确保：足够的总系统容量、不同发电技术类型的匹配、专设调频机组。这三点都在电力监管当局的密切关注之下。

发电侧竞价实际上是个博弈的过程，反映的是发电厂争抢市场的行为。为了最大限度地促进发电侧竞争，调度系统允许各发电机组随时修改其当日的竞价表。由于竞价变动会改变机组在调度堆栈中的次序排位，为了确保系统的技术稳定性，所有发电机组修改后的竞价参数只能延迟一个调度周期之后才能进入系统。

基于最新的电力负荷预测及电力系统的运行状态，能源市场运营中心将不断重复一个滚动更新的预调度（pre-dispatch）过程，调整系统的运行方案，并将结果及时发布。预调度的结果将帮助市场参与者及时了解系统的最新运行状态和供需平衡情况，从而帮助市场参与者及时调整其竞价。需要注意预调度产生的价格信息并不作为实际结算的依据。预调度步骤如下：

(1) 将有效的重新报价数据自动上载到 MMS 中央数据库。

(2) MMS 触发器每半小时自动触发预调度计划计算。

(3) 将从 MMS 中央数据库中的现阶段预调度计划的所有最新的预调度计划输入数据和市场成员报价数据拷贝到 SPD 输入数据转换表中，其中市场成员报价数据包括 FCAS 的报价/重新报价数据。

(4) MMS 预调度数据自动更新软件将触发一些并行的 SPD 计算，并对每个计算流程进行编号。

(5) 其中某一个 SPD 程序从 SCADA 中获取系统初始状态并填入输入数据转换表中,该数据可被所有的 SPD 读取。

(6) 根据输入数据和从 SCADA 获取的系统初始状态,SPD 首先建立某交易时段的各种线性约束条件,运行线性规划优化程序,再逐个时段进行计算,直至返回到现交易时段为止。

(7) 每个 SPD 程序将计算结果写进各自的结果文本文件中,完整的结果文本文件将自动上载到 SPD 输出数据转换表中,市场成员可获得电价有关信息。

(8) 结果数据一旦被刷新,将自动传到 MMS 中央数据库。

(9) MMS 将根据中央数据库数据信息自动编写市场出清报告,分别送各市场成员和 NEMMCO。

(10) 将预调度输入数据和结果自动复制到信息服务器,以便市场成员查询。

2.2.2 澳大利亚调频辅助服务市场

澳大利亚调频辅助服务包括修正用调频服务和恢复用调频服务。提供修正用调频服务的机组,反应时间不得超过 4s,它们由市场调度中心使用自动发电控制(AGC)集中调节发电出力,修正发电-用电平衡偏差,保证频率在 49.85Hz 到 50.15Hz 的正常运行范围内(电力系统频率标准由澳大利亚能源市场委员会下设的可靠性专家委员会制定)。恢复用调频服务是当发电机组或输电线路突然出现故障,频率跳出正常运行范围时在事发地启动,分为快速、慢速、延迟 3 种,反应时间分别不超过 6s、60s 和 5min。快速调频服务用于减缓频率偏移,慢速调频服务保证频率偏差控制在 2Hz 幅度内,而延迟调频服务将频率在 5min 内恢复到正常运行范围。而无论修正用调频还是恢复用调频都以兆瓦计量,都有上调或下调的区别。总之,调频辅助服务共计 8 种,分别是向上修正,向下修正,快速向上恢复,快速向下恢复,慢速向上恢复,慢速向下恢复,延迟向上恢复,延迟向下恢复。

1. 澳大利亚调频市场定义与准入原则

调频辅助服务是澳大利亚电力市场中的一种重要辅助服务,旨在通过调节发电侧或用电侧的关键技术指标来维持电网中的发用电平衡。调频辅助服务分为应急调频和调节调频两大类。应急调频对主要应急事件(如发电机组/主要工业负载或大型输电设备损失)引起的发电/需求偏差进行校正,而调节调频则通过微调来维持电网频率在正常运行范围内。调频辅助服务市场具体产品类型见表 2-1。调频辅助服务市场与实时电力市场高度相似且紧密相连。市场主体提交提供调频辅助服务的报价。市场调度中心在运行实时电力市场的同时也负责调频辅助服务市场的运行,并根据报价和电网需求确定调频辅助服务的供应商和价格。实时电力市场与调频辅助服务市场是共同出清的。

表 2-1 澳大利亚调频辅助服务市场产品类型

类型	市场	作用	响应时间	需求量
调节调频	向上修正(Regulation Raise)	修正频率的轻微下降	4s	根据日前预调度计划计算,无固定值
调节调频	向下修正(Regulation Lower)	修正频率的轻微上升	4s	根据日前预调度计划计算,无固定值

续表

类型	市场	作用	响应时间	需求量
应急调频	快速向上恢复（Fast Raise）	应急事件发生后，阻止频率大幅度下降	6s	根据日前预调度计划计算，无固定值
	快速向下恢复（Fast Lower）	应急事件发生后，阻止频率大幅度上升	6s	
	慢速向上恢复（Slow Raise）	频率大幅度下降后，稳定频率	60s	
	慢速向下恢复（Slow Lower）	频率大幅度上升后，稳定频率	60s	
	延迟向上恢复（Delayed Raise）	频率大幅度下降后，恢复频率至正常范围	5min	
	延迟向下恢复（Delayed Lower）	频率大幅度下降后，恢复频率至正常范围	5min	

已向 AEMO 注册的参与者必须参加每个不同的 FCAS 市场，通过提交适当的报价来参与市场。澳大利亚实时电力市场技术支持系统联合调度机组的发电出力与各种调频辅助服务，以实现最低的购电与调频成本之和。而 AEMO 对 5MW 及以上的储能参与市场注册，对于独立储能，可注册为可调度机组或可调度负荷，分别向市场报价，接受调度指令。对于储能与可再生能源联合系统，可再生能源注册为半可调度机组，储能注册为独立机组，分别报价，接受调度指令，或者可再生能源和储能作为联合系统，提供统一报价，共同接受一个调度指令。

2. 澳大利亚调频市场交易规则

1) FCAS 市场

AEMO 利用 FCAS 使系统频率维持在接近 50Hz 的标准上，分为调节调频（Regulation）和应急调频（Contingency）。调节调频通过响应负载或发电的微小偏差来维持发电/需求平衡；应急调频是指对主要应急事件（如发电机组/主要工业负载的损失）或大型输电元件引起的发电/需求偏差进行校正。FCAS 的收益来自于容量和里程两部分。FCAS 报价与实时电力报价基本相同，分价格和容量两部分，报价方案有 10 个价位，每个价位对应可提供调频辅助服务容量数，报价从高到低排序。发电容量由调频辅助服务梯形图决定，梯形图通过启用限制（Enablement Limits）和断点（Breakpoints）定义。

2) NSCAS 和 SRAS 市场

NSCAS 分为 3 个种类：电压控制辅助服务（Voltage Control Ancillary Service，VCAS）、网络负荷控制辅助服务（Network Loading Control Ancillary Service，NLCAS）、暂态和振荡稳定性辅助服务（Transient and Oscillatory Stability Ancillary Service，TOSAS）。AEMO 通过 VCAS 将电网上的电压控制在规定的公差范围内；使用 NLCAS 来控制短期内的连接器间的流量；当系统因短路或设备故障导致功率流中出现瞬态"尖峰"时，TOSAS 控制和快速调节网络电压。

3) WEM

澳大利亚国家电力规则中要求 WEM 辅助服务交易以高效率为目标通过市场竞价决定，

当竞价安排不可行时，AEMO 与服务提供商之间应优先使用双边谈判，签订具有竞争力的商业合同。

3. 澳大利亚调频市场出清原则

澳大利亚 FCAS 市场同能量市场联合出清，市场出清分为预出清和实时出清。预出清分为全日报价及滚动调整，全日报价即一次性报下个交易日的价格；滚动调整每 5min 更新一次未来 1h 内每 5min 节点上预出清和发电安排，整点和半点更新未来 1h 后每 30min 节点上预出清和发电安排。实时出清将基于实时供需情况和预出清的预测进行调整，以确保市场的实时平衡。各个价区主辅市场电力价格在市场出清时同步公布。

2.3 北欧电力市场规则与现状

北欧电力市场经过多年的完善，目前已形成现货市场为基础，辅助服务市场和金融市场为补充的市场机制。各市场之间互相协调运行、有机结合，共同构建一个体系完备、功能完善的市场交易体系。现货市场为各类市场参与者提供电力交易的场所，形成实时反映系统供需状况的价格，为金融市场提供一个合理的价格信号；辅助服务市场为修正现货市场出清结果与实际运行之间的偏差提供一个保障，确保电力系统安全稳定运行；金融市场为各市场成员规避现货市场价格波动风险提供了多样化的合约，合约的结算最终也以现货市场的价格作为依据。

2.3.1 北欧电力现货市场

1. 北欧电力市场定义与准入原则

北欧的现货市场（Elspot）类似于 PJM 的日前市场，以 1h 为一个交易时段。市场成员在交易日前一天 12 时向北欧电力现货交易所提交报价信息，即包括最低技术出力和最高技术出力在内的最多 64 个价格/电量数据对。北欧电力现货交易所汇总报价信息，由售电曲线和购电曲线的交点计算各个交易时段系统发用电平衡点和系统电价。若联络线超出传输容量限制，则采用对消交易调整成交电量，形成分区电价。现货市场使用统一出清价格结算。

目前，欧盟各成员国的发电环节都已全部开放，实现了竞争，制定了关于发电设施建设、运营的审批和发电设施接入电网相关规定。

在欧盟各国输电都属于垄断业务，必须由监管机构实施监管。欧盟指令要求：电网对电厂、配电企业和用户必须无歧视公平开放。有关监管机构对上网条件、过网费、系统服务等实行事前监管；对线路阻塞管理、互联、新电厂入网、避免交叉补贴等事项实行事后监管。监管的相关内容有：关于输电系统运营机构（TSOs）、关于输电网建设和运营资格、关于输电网的接入和输电价格、关于输电可靠性监管。

售电侧市场的逐步开放被视为促进欧盟各成员国实现灵活有序的行业调整以及兼顾各成员国电力系统特点的关键。售电侧改革的主要目标是允许电力用户自由选择是向本地配、售电企业购电还是向发电企业或其他售电企业购电，即开放用户的购电选择权。这一工作的核心是确定可自由选择售电企业的用户群体，即所谓"合格用户"，并逐步扩大拥有购电选择权电力用户的范围。

2. 北欧电力市场交易规则

北欧电力现货交易所的市场设计有很大包容性，已经被北欧大部分国家所接受。日前市场和日内市场由北欧电力现货交易所负责。日前市场和日内市场所要达到的目的不同，交易组织也就不同：

（1）日前市场追求的是达到最大的流动性，要涵盖整个市场最大的信息量，因此是一次性的竞价市场，每日正午竞价，全年无休，能够交易细分为每个小时的产品，日前市场的竞价出清价格是大部分电力金融衍生品的对标指数。

（2）日内市场是为了给市场主体最后一个机会来纠正日前与日内预测的偏差，因此交易量比较少，且需要关闸时间离发/用电时间越近越好。从而日内市场设计为连续交易，可以交易比一个小时更细分的交易产品，产品的细分是市场灵活性和交易成本之间的妥协。

以上的设计对于北欧每个国家都几乎一样，但细到关闸时间、交易产品细分、平衡机制和不平衡分摊又各有不同。一般国家规模比较大或者用电量比较高的国家，日内交易量比较高，这也说明了日内交易市场需要一个分区比较大（以电量来衡量大小）的市场才能激发其流动性。每个北欧国家都希望和德国连接在一起，因为德国是电力流动性最高的国家。

北欧电力市场的大致交易流程如下：

（1）交易所组织交易和操作市场。电力交易所为其市场主体提供交易平台，成员连接到该平台并提交用于购买或销售电力的订单。这些订单反映了特定时间段内特定市场区域的供求情况。电力交易所根据订单簿计算市场价格，由于电力交易是由市场主体的订单在开放和透明的竞争中产生的，反映了当时在市场条件下可获得的最佳信息，因此，它们是短期交易中可靠的电价。通过匹配供需，电力交易所可确保透明而可靠的价格形成，并确保交易的电力得以交付和支付。电力交易机构组织的市场是可选的、匿名的，所有满足准入要求的参与者均可进入。与称为场外交易（OTC）的直接交易相反，由交易所运营的有组织的市场具有多种优势，例如集中流动性，透明性，统一参考价格的出现，付款和交付的安全性，匿名性，以及市场规则的应用。

（2）清算和结算。在交易平台上完成交易后，交易将被清算并结算。清算可确保正确履行在交易所签订或登记的每份合同。作为中央交易对手，结算所在交易结束后介入，成为买卖双方的合同合作伙伴。这样做使电力交易所确保了每笔电力交易的完成（付款和交割）并减轻了交易对手的风险。电力现货交易所上的所有交易均由 ECC（北欧领先的能源和大宗商品清算所）进行清算和结算。ECC 负责买卖双方之间的所有付款流程财务结算，并保证交付交易的电力实物结算。作为专门从事有形商品市场的交易所，ECC 与传输系统运营商（TSO）和注册管理机构网络合作，支持各种连接北欧能源市场的市场耦合项目。

（3）日前和日内市场。全天候市场通过盲注拍卖来运作，该拍卖会全年无休，第二天的所有时间都在这次拍卖中交易。在订单簿于 12:00 关闭之前，市场参与者会登录订单，然后启动算法。根据买单建立需求曲线，根据卖单建立供应曲线，称为汇总曲线，都针对第二天的每个小时，反映供求的市场清算价格（MCP）位于两条曲线的交点处。

（4）汇总曲线。作为该订单匹配的结果，电力交易所确定具有法律约束力的协议的交易，以匹配（或"结算"）价格向确定的交付区域购买或出售确定数量的电力。此价格永远不会高于买方确定的购买价格或低于卖方提供的销售价格。拍卖的优势是可以在某个时间点收集流动性，同时提供交易市场清算量（MCV）的完全透明性并创造一个公平的竞争环境。交易所成员使用拍卖来出售和购买所产生/所需电力的最大部分。在当日市场上，市场参与者每天 24h 连续交易，并在同一天交货。一旦买入和卖出匹配，交易即被执行。电力可以在交货前最多 5min 进行交易，并且可以按每小时、半小时或每季度一次的合同进行交易。由于提供了高度的灵活性，因此市场主体可以使用当日市场进行最后的调整，并使其仓位更接近实时。跨境交易在日内交易中至关重要，北欧日内市场通过 XBID 解决方案相互连接。

（5）批发市场和可再生能源。EPEX SPOT 耦合的日前市场是限制可再生能源潜在价格影响的关键工具。通过充分优化互连器的使用，可以减少耦合市场中的国家盈余和赤字，从而更有效地抵御供需扰动。区域之间可抵消可再生能源生产的每日或季节性变化，并且不断趋同的价格使正峰值和负峰值均趋于平滑。能源可以在交货前 5min 进行交易，这为交易可再生能源和传统能源的市场参与者提供了一定程度的灵活性。

3. 北欧电力市场出清原则

目前，PCR 项目只完成对日前电力市场的耦合，其关键成果之一是构建了统一的电价联合出清算法来计算潮流和电价，该算法名为 Euphemia。过去，不同的交易所采用过好几种算法，如 COSMOS、SESAM、SIOM 和 UPPO 等，这些算法只能满足相应电力交易所的产品和交易的需求。为了能够将各电力市场耦合到一起，必须研究出一种能够满足所有要求的算法，不管针对哪一家电力交易所，都能提供合适的出清价格。Euphemia 算法的开发从 2011 年 7 月起就开始进行了，在 COSMOS 算法的基础上进行开发。一年后第一个稳定的版本出台，并进行不断的调试修正和改进，直到 2014 年 2 月，Euphemia 第一次将西北欧的交易所和西南欧的交易所耦合起来，并逐渐完成了对 GME、中西欧和东欧的耦合。使用 Euphemia 计算北欧的能源配置和电价，最大限度提高了整体福利，提高了价格和电力系统潮流计算的透明度。

（1）在耦合的电力市场中，各市场成员在其所属的交易所报价，然后由 PCR 统一出清。出清的基本原则不变，仍然是按供给曲线和需求曲线的交点出清。

（2）输入报价数据、拓扑数据和网络数据。其中，报价数据主要包括小时报价、复杂报价、打包报价等不同类别的报价信息，并且在形成供需曲线时可以采用阶梯、分段线性和混合三种模式；拓扑数据主要是指物理电网的节点信息和各价区的报价上下限；网络数据则主要包括物理电网的各种约束条件，如净出力位置爬坡约束、联络线容量约束、商业联络线收益约束、传输线爬坡约束、平衡约束、网损约束等。

（3）在进行市场耦合之前，每个交易所就会运行若干个竞价区，在市场耦合之后，这些竞价区仍然存在，所有竞价区同时出清，但是每个价区的出清价格可能不同，并且各价区的出清价格必须满足该价区的价格上下限。

（4）在形成供需曲线时，阶梯模型和分段线性模型都会用到，这是因为原本各交易所采用的模型不同，为了避免给市场成员造成额外负担，在市场耦合后，这些模型都被保留下来。

（5）对于阶梯模型而言，在出现特殊交点时的处理原则如下：当供需曲线的交点位于一段价格区间时，市场出清价为卖方报价和买方报价的中点；当市场出清价对应一段电量时，出清量取符合条件的最大值。

2.3.2 北欧调频辅助服务市场

北欧辅助服务（Transmission System Operator，TSO）根据提供给运营商的信息来平衡系统。每个 TSO 都有自己的实时监控系统（SCADA）和规划系统。平衡过程中的重要部分是比较计划数据与实时测量数据，为平衡操作提供有价值且即时的信息。北欧运营平衡过程可以视为长期过程,从多年前开始与备用供应商签订长期容量合同,然后制订长期到短期停电计划,进行互连能力规划,最终达到电力预测平衡和动态稳定性。

1. 北欧调频辅助服务市场定义与准入原则

北欧调频辅助服务分为一级备用(基本控制)、二级备用和三级备用(平衡服务)。

(1) 一级备用(基本控制):包括频率控制的正常运行备用、频率控制的干扰备用、电压控制的干扰备用等。瑞典和挪威主要由水电提供一级备用;丹麦东部由火电提供,丹麦西部由风电参与;而芬兰则利用水电和火电联合及直流联络线共同参与。

(2) 二级备用:即自动发电控制(AGC),作为二级调节不适用于北欧电网(Nordel),仅适用于丹麦西部电网。

(3) 三级备用(平衡服务):包括频率控制备用(Frequency Containment Reserve,FCR)和频率恢复备用(Frequency Restoration Reserve,FRR)。其中,FCR 主要为自动产品,分为频率干扰控制备用(Frequency Containment Reserve Disturbance,FCR-D)和频率普通控制备用(Frequency Containment Reserve Normal,FCR-N)。FCR-D 用于系统受到干扰,频率低于 49.9Hz 的情况下稳定频率,要求在 5s 内实现 50% 的有功功率输出,在 30s 内实现 100% 的有功功率输出;FCR-N 是一种特定的北欧电力市场辅助服务产品,用于在正常频段内(49.9~50.1Hz)保持系统平衡,要求响应时间小于 3min。

FRR 分为自动频率恢复备用(Automatic FRR,AFRR)和手动频率恢复备用(Manual FRR,MFRR)。AFRR 主要通过 AGC 实现,响应时间小于 5min;MFRR 是北欧最主要的平衡资源,响应时间小于 15min。

北欧调频辅助服务所规定的调频资源包括水电、太阳能热、光伏等发电机组和负荷侧资源。

2. 北欧调频辅助服务市场交易规则

北欧调频辅助服务市场收益规则与申报规则具体见表 2-2。

表 2-2 北欧调频辅助服务市场收益规则与申报规则

国别或区域	服务类型	补偿	申报内容
挪威	一级备用	协商容量价格补偿	容量+价格
	平衡服务	协商容量补偿及通过电力调整市场进行能量补偿	容量+价格
瑞典	一级备用	基于成本容量补偿	容量+价格
	平衡服务	年度补偿和利用率补偿,以及通过双不平衡价格进行能量补偿	容量+价格
丹麦东	一级备用	协商容量价格补偿	容量+价格
	平衡服务	协商容量补偿及通过电力调整市场进行能量补偿	容量+价格
丹麦西	一级备用	协商容量价格补偿	容量+价格
	平衡服务	采用能量价或通过电力调整市场进行能量补偿	容量+价格
芬兰	一级备用	协商容量价格补偿	容量+价格
	平衡服务	容量和能量补偿,以及通过单一不平衡价格进行能量补偿	容量+价格

3. 北欧调频辅助服务市场出清原则

北欧调频辅助服务市场采用"辅助服务市场+物理调节电能市场（Regulating Power Market，RPM）"的模式，辅助服务市场独立于电能量市场，由系统运营商（System Operator，SO）单独组织，不与电力市场进行联合出清。为保证 MFRR 的充分有效供应，在辅助服务市场之外还需要 RPM 作为支撑。在平衡资源的调用策略上，AFRR 和 MFRR 分别按照平行调用法和排队法进行调用。当价区发生阻塞时，需启用特殊调节机制，并由 2 个价区的 SO 一同决定是否分开原有的报价队列。

2.4 英国电力市场规则与现状

英国的电力市场是一个运行模式成熟、市场体系健全的全国性市场，其市场主体主要包括系统运行方 ESO、电力生产商、电力服务交易商和市场用户，调频辅助服务市场由 ESO 维护运行，通过招投标方式购买长期期权和长期合同下的容量平衡服务以保证系统实时平衡。平衡机制中产生的不平衡电价将为市场成员的不平衡电量提供结算价格。而英国电力现货市场形成了以日前现货市场和日内现货市场为核心的市场体系。英国电力市场在调频辅助服务市场和现货市场的发展中，确保了系统的安全和高效运行，同时为市场参与者提供了多种交易机会和灵活性。

2.4.1 英国电力现货市场

1. 英国电力现货市场定义与准入原则

目前，英国的电力现货市场服务已经形成了以日前现货市场和日内现货市场为核心的市场体系。英国市场双边交易包括场外（Over the Counter，OTC）交易和场内标准合约交易，其中场内标准合约交易在电力交易机构进行。双边交易没有固定的交易周期，市场成员可以灵活签订各类合同，合同签订截止时间可以一直持续到关闸（Gate Closure）时间，即实时前 1h。

英国电力现货市场主要有两个主体：电力供应商和电力交易商。其准入规则如下：

（1）电力供应商：在英国电力现货市场中，电力供应商需要持有有效的电力生产许可证或者电力贸易许可证，同时需要向市场管理机构注册并获得市场参与资格。

（2）电力交易商：在英国电力现货市场中，电力交易商需要获得市场管理机构颁发的电力交易许可证，同时也需要向市场管理机构注册并获得市场参与资格。

2. 英国电力现货服务市场交易规则

日前市场采用集中竞价方式，日前小时拍卖市场的订单簿提前 14 个工作日开放并于运行日前一天的 11:00 之前关闭，市场成员在此期间提交买卖报价，报价类型包括单一小时报价和块报价，其中块报价最大功率上限为 500MW，小时拍卖市场出清结果最早于运行日前一天 12:50 发布；日前半小时拍卖市场于运行日前一天 15:30 开始，市场成员在该市场中交易半小时合约以优化其发电组合，半小时拍卖结果最早于运行日前一天 15:45 发布。日内市场包括日内半小时拍卖市场和日内连续竞价市场。日内半小时拍卖市场仅接受单一合同报价，分别于运行日前一天的 17:30 和运行日当天的 8:00 截止报价。日内连续竞价市场采用高低匹配的组织方式，市场成员从运行日前一天 0:00 开始可提交半小时报价，于实际运行时段前 15min 停止。

英国现货电力市场的交易流程可分为以下几个步骤：

（1）需求预测与市场分析：在交易开始之前，市场参与者（发电厂、发电商、电力分销商、零售商等）需要对未来的电力需求进行预测。预测通常基于历史数据、天气预报、季节性因素和经济活动等多个因素。同时，市场分析师也会关注政策变化、市场价格趋势和供应链状况等因素，以便为参与者提供更准确的市场信息。

（2）提交报价和出价：在需求预测和市场分析的基础上，发电厂和发电商需要向市场运营商提交报价。报价包括他们愿意出售的电力量和价格。同样，电力分销商、零售商和大型工业用户需要提交出价，表明他们愿意购买的电力量和价格。

（3）编制报价和出价曲线：市场运营商根据收到的报价和出价，编制报价曲线和出价曲线。报价曲线表示发电厂和发电商愿意以不同价格出售的电力量，而出价曲线表示电力分销商、零售商和大型工业用户愿意以不同价格购买的电力量。

（4）确定市场均衡价格和成交量：市场运营商通过报价和出价曲线确定市场均衡价格和成交量。市场均衡价格是报价曲线和出价曲线相交的价格，市场均衡成交量是在这个价格下的交易电力量。

（5）匹配买卖双方：在确定市场均衡价格和成交量后，市场运营商需要将买卖双方进行匹配。匹配过程通常是根据价格优先原则进行的，即最低报价与最高出价优先匹配。在匹配过程中，市场运营商还需要考虑电力网的物理约束、发电厂的最小技术产量和最大产能等因素。

（6）发布交易结果：市场运营商将匹配结果公布给市场参与者。公布的信息包括市场均衡价格、成交量、买卖双方等。公布交易结果有助于提高市场的透明度和公平性。

（7）确认交易和调度计划：在收到交易结果后，买卖双方需要在规定时间内确认交易。确认交易后，市场运营商将根据匹配结果制定电力调度计划。调度计划包括发电厂的发电计划、电力分销商的购电计划及电网的输电计划。这些计划需要考虑电力系统的稳定性、可靠性和安全性。

（8）实时市场交易：除了日前市场交易外，英国电力市场还设有实时市场，以应对实际运行过程中的电力供需不平衡。实时市场交易通常在交易日当天进行，市场参与者可以根据实际电力需求和供应情况进行买卖。实时市场价格通常比日前市场价格更加波动，反映了市场对突发事件和不确定因素的反应。

（9）交割和结算：在交易完成后，发电厂需要按照约定的时间和电力量向电网输送电力。电力分销商和零售商需要根据购买的电力量支付相应的费用。市场运营商负责对交易进行结算，确保买卖双方按照约定履行合同。结算过程还包括对违约行为的监管和处罚。

3. 英国现货服务市场出清原则

英国电力交易所的出清原则较为简约，未涉及机组运行约束和电网安全约束。尽管这种方式使得电力交易显得简单，但英国电力交易所仍具有丰富的交易品种和灵活的报价方式，紧密契合电力负荷特性和电力生产运行特点，充分反映了电力商品的独特属性。

值得关注的是，英国电力交易所的各类交易和场外双边合同均未考虑电网运行约束。实时运行中可能发生的阻塞等问题由调度机构通过平衡机制予以解决。英国电网结构较为稳固，阻塞较少。然而，近年来，由于北部苏格兰地区风电装机快速增长，苏格兰与英格兰、威尔士地区的阻塞问题日益显现,阻塞管理成本显著上升。

对于平衡机制交易产品,调度中心为了实施全网的平衡调度与阻塞管理,需要对市场成员提交的发用电计划曲线进行调整,即接收竞价和出价。为保证实时运行的安全稳定,调度中心需根据系统实际运行情况,通过平衡机制调整市场成员的发用电计划。同时,调度中心根据市场成员的竞价和出价信息,确定最优的调度方案,确保电力系统的安全稳定运行。

总之,英国现货市场的市场出清规则旨在保持电力系统的平衡和稳定,满足不同类型市场参与者的需求。这些规则体现了电力市场的独特性,使得电力交易过程更为高效、公平和透明。然而,随着可再生能源快速发展和电网阻塞问题日益严重,市场出清规则可能需要进一步调整以适应新的挑战和需求。

2.4.2 英国调频辅助服务市场

1. 英国调频辅助服务市场定义与准入原则

辅助服务是事先签订的一个中长期合同,合同要求服务提供者在运行期内根据系统平衡的需要,瞬时地增加出力/减少负荷,或者减少出力/增加负荷,无论服务提供者是否提供了机组增减出力服务,系统运营商都必须支付相应的服务费,而提供辅助服务产生的累计电量,将在不平衡电费中结算。英国的辅助服务市场是为解决系统低效率运行的问题而设立的平衡机制,该机制是英国ESO(Electricity System Operator)用来保证每秒钟电力供需平衡的系统。设立平衡机制的意义在于:一是为调度部门提供了在实时调度前1h阶段,调整发电与负荷预测偏差的手段和依据;二是平衡机制中产生的不平衡电价(系统买入价和系统卖出价)将为市场成员的不平衡电量提供结算价格。

平衡机制下,ESO作为系统运行方(System Operator,SO)通过招投标方式购买长期期权和长期合同下的容量平衡服务以保证系统实时平衡。同时,ESO也可提前(有时提前1年以上)与一些辅助服务机构签订合同以保证系统能安全和高效地运行,这些辅助性服务包括无功功率、热备用、频率控制和黑启动等。

2. 英国调频辅助服务市场交易规则

英国电力市场中基于双边合约模式的辅助服务市场机制与我国现行的中长期电量合约模式存在一定的相似之处。英国电力市场要求发用电侧在提前一天的中午11:00前,提交初步的物理发用电计划曲线和增减出力、负荷的报价数据,鼓励发用电双方自行递交并尽可能兑现发用电曲线,最终计划量与实际量的差值由国家电网实现平衡,不平衡电量约占总电量的2%[36]。英国调频辅助服务通过投标或签订合同的方式获取,辅助服务市场以中长期竞价开展,以成本最小化为目标出清市场,且与能量市场保持解耦状态。

辅助服务的内容:①自动发电控制(AGC);②10min旋转备用(TMSR);③10min非旋转备用(TMNSR);④30min运行备用(TMOR);⑤可用容量和装机容量。

提供方式:AGC、备用服务都是根据提供者向新英格兰ISO提交的报价,然后通过竞价招投标的形式来确定服务的提供者。可用容量和装机容量服务是由新英格兰ISO根据系统内不同区域的情况要求LSE提供[37]。

3. 英国调频辅助服务市场出清原则

英国调频辅助服务市场的市场出清规则旨在确定市场均衡价格和成交量,以便在保持电力系统稳定的同时,保证市场参与者的公平竞争。以下是英国调频辅助服务市场的市场出清规则的主要步骤：

（1）提交报价：参与市场的各方（如发电厂、电力存储设备提供商和需求侧响应提供商等）需要向英国电力系统运营商（ESO）提交报价。报价应包括所提供服务的类型、容量、价格和响应时间等信息。

（2）报价排序：ESO 将根据报价中的价格和响应时间对报价进行排序。一般而言，价格较低和响应时间较短的报价将被优先考虑。

（3）确定市场需求：ESO 根据电力系统的稳定性需求和预测数据，确定市场对辅助服务的需求量。

（4）市场出清：ESO 根据报价排序和市场需求从低到高选择报价，直到市场需求得到满足。最后一个被选中的报价确定为市场出清价格。在此价格下，所有报价低于或等于出清价格的参与者将被视为中标者。

（5）确定成交量：根据市场出清价格，ESO 将为每个中标参与者分配成交量。成交量应当满足市场需求，并考虑到各参与者的报价容量。

（6）发布出清结果：ESO 会公布市场出清价格、成交量和中标者的信息，以增加市场透明度。

（7）合同签订与执行：中标者需要与 ESO 签订辅助服务合同，并按照合同约定提供服务。ESO 将监督合同执行情况，确保电力系统稳定运行。

第3章 国内电力市场规则与现状

本章内容承接第2章的国外电力市场规则，按照相似的方式介绍了国内的广东、浙江、内蒙古三地的电力市场规则，分别针对各地的不同市场详细解释了每个市场的定义、市场成员准入、市场交易流程和出清规则。

3.1 广东电力市场规则与现状

广东电力市场走在了全国的前列，在全国首个推出了系统的现货市场交易规则体系《南方（广东起步）区域电力市场运营规则体系（征求意见稿）》（简称《规则体系》）。《规则体系》主要借鉴美国PJM市场规则，并结合我国南方地区特别是广东的政治、经济、行业特性及电力市场的发展阶段做了一些变化。其意义为首次系统性地建立了适合我国国情和行业发展需求的电力市场规则体系。《规则体系》在2018年8月30日发布以后，结合模拟试运行、结算试运行的情况陆续进行了一些修改，不断完善相关规则。《规则体系》结合当前的技术条件建立了适合我国电力行业运行特点的日前市场建设的发展路径，提出了"用户侧报量不报价"与"用户侧报量报价"两个发展阶段，给出了两个阶段的市场出清、结算模型。调频辅助服务市场建立了现货市场下的调频辅助服务市场规则。调频辅助服务市场以调频里程和调频容量为交易标的，采取"日前预出清+日内正式出清"的模式，市场出清中对里程报价按归一化的调频性能指标进行折算。

3.1.1 广东电力现货市场

1. 广东电力现货市场定义与准入原则

广东现货电能量市场包括日前电能量市场（简称日前市场）和实时电能量市场（简称实时市场），采用全电量申报、集中优化出清的方式开展，通过集中优化计算，得到机组开机组合、分时发电出力曲线以及分时现货电能量市场价格。

发电企业市场准入条件：满足国家和行业有关发电企业并网规范、电网调度运行技术标准要求。参与电能量市场的发电企业（机组），须符合国家有关准入条件。并网自备电厂参与市场化交易，须公平承担社会责任、承担国家依法合规设立的政府性基金，以及与产业政策相符合的政策性交叉补贴和系统备用费。具备电量分时计量与数据传送条件，数据准确性与可靠性应能满足交易要求。批发用户准入条件：符合国家产业政策，单位能耗、环保排放达到国家标准。拥有自备电厂的用户应按规定承担国家依法合规设立的政府性基金，以及与产业政策相符合的政策性交叉补贴和系统备用费。微电网用户应满足微电网接入系统的条件。具备安装双表双终端条件，且具备电量分时计量与数据传送条件，数据准确性与可靠性应能满足交易要求。直接参加批发市场交易的电力大用户，在满足前述条件基础上，还应具备日前负荷预测、按要求报送分时电力需求曲线的技术能力。

发电企业注册：交易中心将纳入准入目录的发电企业信息录入交易系统，供电企业根据发电企业名称反馈相匹配的电厂编码至交易系统。发电企业在交易系统提交企业管理员权限申请，并上传相关申请证明材料。核验符合条件的，自动赋予管理员权限。发电企业获得企业管理员资格后，在交易系统填写发电企业注册信息，系统核验通过后注册生效。

售电公司注册：售电公司应按要求签署信用承诺，在交易系统填写注册信息、上传相关附件，向电力交易机构提交准入注册申请，并将书面申请材料及相关证明材料原件提交电力交易机构现场核验。电力交易机构受理准入注册申请后，完成注册资料完整性核验。材料不全或不符合规范要求的，退回售电公司补充和完善；材料完整的，进行信息公示。公示期满无异议的售电公司，纳入售电公司准入目录，准入及注册自动生效，并在交易系统上公开，实施动态管理。

2. 广东电力现货市场交易规则

1) 日前市场

（1）"发电侧报量报价、用户侧报量不报价"模式交易规则：

①电力调度机构在日前市场交易出清计算前，确定运行日电网运行的边界条件，作为日前市场出清的约束条件。

②竞价日交易申报截止前，通过技术支持系统向市场主体发布运行日的相关信息。

③在运行日受电网安全约束的必开机组，由电力调度机构在竞价日事前信息发布截止时间前通知相关机组，必开机组需提前做好开机准备，确保在运行日能够正常开机运行。

④竞价日交易申报截止时间前，参与日前市场交易的发电企业需通过技术支持系统，以发电机组为单位申报机组电能量报价曲线等信息。

⑤竞价日交易申报截止时间前，售电公司在技术支持系统中申报其代理用户运行日的用电需求曲线；批发用户在技术支持系统中申报其运行日的用电需求曲线。

⑥发电企业、售电公司和批发用户等市场主体的申报信息、数据应满足规定要求，由技术支持系统根据要求自动进行初步审核，初步审核不通过的不允许提交，直至符合申报要求。市场主体提交申报信息后，经电力调度机构和电力交易机构审核后确认生效。

⑦市场运营机构通过技术支持系统，基于市场主体申报信息以及运行日的电网运行边界条件，采用安全约束机组组合（SCUC）、安全约束经济调度（SCED）算法进行优化计算，出清得到日前市场交易结果。

⑧日前市场采用节点电价定价机制。日前市场出清形成每15min的节点电价，每小时内4个15min节点电价的算术平均值计为该节点每小时的平均节点电价。

⑨竞价日日前市场出清计算后，广东中调出具交易出清结果，经电力交易机构、相关电力调度机构会签，按照有关程序通过技术支持系统发布。

⑩日前市场原则上基于竞价日交易申报前发布的电网运行边界条件进行计算，一般情况下，日前市场的发电侧出清结果（含机组开机组合和机组出力计划）即为运行日的发电调度计划。

⑪电力调度机构可根据电网运行的最新边界条件，基于发电机组的日前报价，采用日前市场的出清算法，对运行日的发电调度计划（含机组开机组合和机组出力计划）进行调整，同时通过技术支持系统向市场主体发布相关信息，并将调整后的发电调度计划下发至各发电企业。

（2）"发电侧报量报价、用户侧报量报价"模式交易规则：

①~④：前期与日前交易市场一致。

⑤竞价日交易申报截止时间前，售电公司在技术支持系统中申报其代理用户各自的用电节点以及各自运行日的电力需求量价曲线；批发用户在技术支持系统中申报其用电节点以及运行日的电力需求量价曲线。

⑥发电企业、售电公司和批发用户等市场主体的申报信息、数据应满足规定要求，由技术支持系统根据要求自动进行初步审核，初步审核不通过的不允许提交。市场主体提交申报信息后，经电力调度机构和电力交易机构审核后确认生效。

⑦电力调度机构通过技术支持系统，基于市场主体申报信息以及运行日的电网运行边界条件，采用安全约束机组组合（SCUC）、安全约束经济调度（SCED）算法进行优化计算，出清得到日前市场交易结果。

⑧日前市场采用节点电价定价机制。日前市场出清形成每15min的节点电价，每小时内4个15min节点电价的算术平均值计为该节点每小时的平均节点电价。

⑨竞价日日前市场出清计算后，广东中调出具交易出清结果，经电力交易机构、相关电力调度机构会签，按照有关程序通过技术支持系统发布。

⑩竞价日出清结果发布后，电力调度机构通过技术支持系统，基于发电机组申报信息以及运行日的电网运行边界条件（负荷数据采用电力调度机构预测值），采用安全约束机组组合（SCUC）、安全约束经济调度（SCED）算法进行优化计算，得到日前调度计划。运行日的机组开停机计划安排以发电调度计划为准。

2）实时市场

（1）实时市场采用日前市场封存的发电企业申报信息进行出清，除与日前市场相比发生较大变化的运行参数信息外，不需发电企业另行申报。发电机组在实时市场中申报的物理运行参数变化信息，经电力调度机构审核批准后，在实时市场出清程序中对相应的运行参数进行修改，以修改后的参数进行出清计算。实时市场中，售电公司和批发用户无须进行申报。

（2）实时市场采用节点电价定价机制。实时市场出清形成每15min的节点电价，每小时内4个15min节点电价的算术平均值计为该节点每小时的平均节点电价。实时市场采用事前定价方式进行结算，即结算价格为实时市场的事前出清价格，结算电量为实际发、用电量。

（3）电力调度机构将实时市场每15min出清的发电计划通过调度数据网下发至各发电机组。实时市场价格以小时为单位计算发布。

（4）在实时市场出清结束至实际运行期间内，电力调度机构可根据电网实际运行情况对机组的实时中标出力进行调整，以满足系统电力平衡和电网安全。

（5）电网实时运行中，当系统发生事故或紧急情况时，调度机构应按照安全第一的原则处理。处置结束后，受影响的发电机组以当前的出力点为基准，恢复参与实时市场出清计算，调度机构对事件经过、计划调整情况等进行记录，并向市场主体进行发布。

3. 广东电力现货市场出清原则

1)日前市场

日前电能量市场属于现货电能量市场，采用全电量申报、集中优化出清、日清月结的方式开展，通过集中优化计算，得到机组开机组合、分时发电出力曲线以及分时现货市场电价。日前市场以日和实时（15min）为周期开展，并且主要采用集中竞价优化的方式进行。可以按照市场发展的成熟度规定用电侧报价与否。

（1）电力现货市场起步前期，以"发电侧报量报价、用户侧报量不报价"模式组织日前市场交易。日前市场采用全电量申报、集中优化出清的方式开展。参与市场的发电企业在日前市场中申报运行日的价格电量信息，售电公司、批发用户在日前市场中申报运行日的用电需求曲线，不申报价格。调度中心综合考虑负荷预测、发电机组运行约束、电网安全运行约束等因素，以社会福利最大化为优化目标，采用安全约束机组组合（SCUC）、安全约束经济调度（SCED）算法进行集中优化计算，出清得到运行日的机组开机组合、分时发电曲线以及分时节点电价。售电公司、批发用户所申报的用电需求曲线即为其日前市场的中标曲线。

（2）电力现货市场发展后期，以"发电侧报量报价、用户侧报量报价"模式组织日前市场交易。日前市场采用全电量申报、集中优化出清的方式开展。参与市场的发电企业在日前市场中申报运行日的价格电量信息，售电公司、批发用户在日前市场中申报运行日的电力需求与价格曲线。调度中心在日前阶段开展日前市场出清和调度计划编制。

2)实时市场

调度机构在系统实际运行前 15min 开展实时市场出清。实时市场基于最新的电网运行状态与超短期负荷预测信息，以集中优化、分时分节点定价的组织方式确保系统平衡。调度中心基于最新的电网运行状态与超短期负荷预测信息，综合考虑发电机组运行约束条件、电网安全运行约束条件等因素，在日前发电调度计划以及开机组合基础上，采用安全约束经济调度（SCED）算法进行优化计算，持续优化机组出力，形成各发电机组需要实际执行的发电计划和实时节点电价。实时市场采用日前市场封存的发电企业申报信息进行出清，除与日前市场相比发生较大变化的运行参数信息外，不需发电企业另行申报。

实时市场出清过程如下：

（1）在实时开机组合基础上，计算调频辅助服务市场的出清结果，修改相应机组的出力上下限。

（2）修改调频机组的出力上下限之后，采用安全约束经济调度（SCED）程序计算发电机组的实时出力计划。

（3）对实时电能量市场优化计算时间窗口内的机组出力曲线进行交流潮流安全校核，若不满足交流潮流安全约束，则在计算模型中添加相应的约束条件，重新进行上述计算过程，直至满足交流潮流安全约束，得到实时电能量市场的出清结果。

3.1.2 广东调频辅助服务市场

南方能源监管局印发的《广东调频辅助服务市场交易规则（试行）》和《广东调频辅助服务市场交易实施细则（征求意见稿）》，确定了广东调频辅助服务市场（以下简称"广东调频市场"）运营及管理准则，规定了调频市场参与成员、交易要求、市场组织实施流程以及市场结算方式等。

1. 广东调频辅助服务市场定义与准入原则

调频辅助服务（以下简称"调频服务"）是指发电机二次调频备用中能够通过自动发电控制装置（AGC）自动响应区域控制偏差（ACE），按照一定调节速率实时调整发电出力，满足 ACE 控制要求的服务，其调节效果通过调频里程衡量。

广东调频辅助服务市场的参与主体为位于南方电网统一调频控制区且按照国家和行业标准应具备 AGC 功能的，由省级及以上电力调度机构调管的并网发电单元；允许第三方辅助服务提供者与上述发电单元联合作为调频服务提供者；第三方辅助服务提供者是指具备提供调频服务能力的装置，包括储能装置、储能电站等。现阶段，广东省内抽水蓄能电站、BOT 电厂按现行有关规定提供调频服务，不纳入广东调频市场补偿范围。

AGC 性能指标按发电单元为单位统计。电力调度机构按日发布发电单元的综合调频性能指标，以最近 8 个中标小时计算综合调频性能指标。广东调频市场的准入门槛为综合调频性能指标不小于 0.5，并视广东调频市场运行情况调整。超过 6 个月未中标的发电单元，可向所属电力调度机构申请测试综合调频性能指标，测试期间 AGC 应连续 8h 投入调频模式；发电单元在 AGC 调节性能发生显著变化的，可向电力调度机构申请 AGC 试验。测试与试验期间，调频里程不支付补偿费用。广东调频辅助服务市场的综合调频性能用 P 值表示：

$$P_i = \frac{k_i}{k_{\max}} \quad (3-1)$$

$$k_i = 0.25(2k_{1i} + k_{2i} + k_{3i}) \quad (3-2)$$

式中：k_i、$k_{\max}$ 分别为第 i 台发电单元的综合调频性能指标和所属的调频资源分布区内所有发电单元的综合调频性能指标中最大值；k_{1i}、k_{2i}、k_{3i} 分别为第 i 台发电单元的调节速率、响应时间与调节精度。

2. 广东调频辅助服务市场交易规则

1）收益规则

广东调频市场的补偿费用包括调频里程补偿、调频容量补偿。中标发电单元在调频市场上提供调频服务可以获得相应的调频里程补偿。发电单元的调频里程补偿按日统计、按月进行结算。根据调频市场主体参与广东现货能量市场的情况，按照不同标准进行调频容量补偿，参与广东现货能量市场的发电单元按照上一个自然月的日前市场平均节点电价减去各自的核定成本后进行结算，若小于零则不进行容量补偿。

2）申报规则

电力调度机构根据系统实际运行情况，每日组织交易前向市场主体发布南方电网统一调频控制区及调频资源分布区调频容量需求值。参与单元需要申报调频容量和单位容量调频价格。申报调频容量为防止调频造成系统潮流分布大幅变化影响系统稳定运行，规定单个的中标发电单元调频容量之和不超过控制区调频容量需求值的 20%。发电单元申报调频容量范围的计算公式如下：

$$P_{\max}^{\text{offer}} = \min(Q_{\text{rated}} \times 15\%, V_{\text{rated}} T_1, \frac{\text{Need} \times 20\%}{N}) \quad (3-3)$$

$$P_{\min}^{\text{offer}} = \min(Q_{\text{rated}} \times 3\%, V_{\text{rated}} T_2) \quad (3-4)$$

式中：Need 为控制区调频容量需求值；N 为全厂申报发电单元数；T_1、T_2 分别取 3min、1min。

申报调频价格时，市场主体通过调频市场技术支持系统对所属发电单元在运行日内进行调频里程报价。在报价时间窗口内，市场主体可以随时更改报价信息，最终报价以最后一次报价为准。在报价截止时间前，市场主体没有完成至少一次报价，调频市场技术支持系统默认该市场主体所属发电单元报价缺省值为最终报价。

3. 广东调频辅助服务市场出清原则

广东调频辅助服务市场根据各发电单元的调频里程排序价格，以发电单元次日开停机状态为约束条件，从低到高依次进行出清，直至中标发电单元调频容量总和满足控制区及分布区调频容量需求值。当发电单元排序价格相同时，优先出清 P 值高的发电单元；当发电单元 P 值相同时，优先出清 k 值高的发电单元。

在日前电能量市场形成的运行日机组开机组合基础上，计算调频辅助服务市场的预出清结果，修改相应发电单元的出力上、下限。日内实时运行中，电力调度机构根据系统实际运行情况组织正式出清，正式出清应在实际运行时段起始时间点的 30min 前完成。

3.2 浙江电力市场规则与现状

浙江省发改委 2022 年 5 月 11 日发布关于征求《浙江电力现货市场基本规则（征求意见稿）》意见的通知。规则指出市场化电力用户以报量不报价方式参与现货市场，随着现货市场不断发展和用户侧参与程度的提高，逐步实现市场化电力用户以报量报价方式参与。现货电能量市场采用单一制电量电价，市场主体基于绝对电能价格进行市场交易。日前市场和实时市场通过集中优化竞争的方式，形成分时节点电价。交易期间国家调整政府定价的，现货电能量市场价格不作调整。辅助服务市场与现货电能量市场联合优化出清，确定调频等市场化辅助服务价格。非市场化辅助服务价格仍参照华东区域"两个细则"及其补充规定执行。

3.2.1 浙江电力现货市场

1. 浙江电力现货市场定义与准入原则

浙江电力现货市场主要包括日前市场和实时市场。日前市场机组和负荷双边报价，优化目标函数是社会福利最大化，实时市场是机组报价的单边市场，优化目标函数是全网购电成本最小。日前市场出清结果是金融性质，只具有财务结算意义，实时市场出清结果是物理性质，必须调度执行。日前市场和实时市场均进行主能量和备用辅助服务的联合优化，但是日前市场计算出的备用价格只有指示意义，并不用于结算，而实时市场计算出的备用价格将用于结算。

发电企业市场准入条件：依法取得核准和备案文件，取得电力业务许可证（发电类）；符合国家产业政策，环保设施正常投运且达到环保标准要求；并网自备电厂参与售电市场交易，须公平承担发电企业社会责任、承担国家依法合规设立的政府性基金及附加以及政策性交叉补贴、支付系统备用费，并参与电网辅助服务与考核；初期售电市场准入的发电企业为省内统调电厂；待条件成熟后，省外以点对网专线输电方式（含网对网专线输电但明确配套发电机组的情况）向浙江省送电的发电企业，视同省内电厂（机组）参与浙江售电市场交易。

批发用户准入条件：拥有自备电源的用户应当按规定承担国家政府性基金及附加、政策性交叉补贴和系统备用费等；符合电网接入规范，满足电网安全技术要求；微电网用户应满足微电网接入系统的条件。

售电企业市场准入条件：按照《中华人民共和国公司法》进行工商注册，具有独立法人资格。资产要求：注册资本不得低于2千万元人民币、注册资本在2亿元人民币以上的，不限制其售电量。拥有配电网经营权的售电企业，其注册资本不低于其总资产的20%。拥有与申请的售电规模和业务范围相适应的设备、经营场所，以及具有掌握电力系统基本技术经济特征的相关专职专业人员3名及以上。无不良信用记录，并按照规定要求做出信用承诺，确保诚实守信经营。拥有配电网经营权的售电企业应取得电力业务许可证（供电类）。按照信用管理要求提交履约保函。

2. 浙江电力现货市场交易规则

1) 日前市场

日前市场事前发布的信息［D-1日（运行日前一天）9:30前发布］主要包括：次日［D日（运行日）］系统负荷预测曲线（公开信息）；次日（D日）外来电计划曲线（公开信息）；次日（D日）30min备用需求（公开信息）；次日（D日）必开机组和必停机组及原因（公开信息）；次日（D日）设备检修计划（公开信息）；次日（D日）电网主要约束信息，稳定限额和最小开机方式要求等（公开信息）；次日（D日）固定出力机组信息（公开信息）；次日（D日）新能源发电预测信息（公开信息）。

日前市场事后发布的信息（D-1日17:00前发布）主要包括：次日（D日）负荷侧统一电价（公开信息）；次日（D日）所有发电侧节点电价（公开信息）；次日（D日）开停机机组组合（私有信息）；次日（D日）机组日前电能中标电力电量及电价（私有信息）；次日（D日）必开机组和必停机组及原因（公开信息）。

（1）电力调度机构在日前市场交易出清计算前，确定运行日电网运行的边界条件，作为日前市场出清的约束条件。

（2）竞价日交易申报截止前，通过技术支持系统向市场主体发布运行日的相关信息。

（3）在运行日受电网安全约束的必开机组，由电力调度机构在竞价日事前信息发布截止时间前通知相关机组，必开机组需提前做好开机准备，确保在运行日能够正常开机运行。

（4）竞价日交易申报截止时间前，参与日前市场交易的发电企业需通过技术支持系统，以发电机组为单位申报机组电能量报价曲线等信息。

（5）竞价日交易申报截止时间前，售电公司在技术支持系统中申报其代理用户各自的用电节点以及各自运行日的电力需求量价曲线；批发用户在技术支持系统中申报其用电节点以及运行日的电力需求量价曲线。

（6）发电企业、售电公司和批发用户等市场主体的申报信息、数据应满足规定要求，由技术支持系统根据要求自动进行初步审核，初步审核不通过的不允许提交。市场主体提交申报信息后，经电力调度机构和电力交易机构审核后确认生效。

（7）电力调度机构通过技术支持系统，基于市场主体申报信息以及运行日的电网运行边界条件，采用安全约束机组组合（SCUC）、安全约束经济调度（SCED）算法进行优化计算，出清得到日前市场交易结果。

（8）日前市场采用节点电价定价机制。日前市场出清形成每30min的节点电价，每小时内2个30min节点电价的算术平均值计为该节点每小时的平均节点电价。

(9) 竞价日日前市场出清计算后，广东中调出具交易出清结果，经电力交易机构、相关电力调度机构会签，按照有关程序通过技术支持系统发布。

(10) 竞价日出清结果发布后，电力调度机构通过技术支持系统，基于发电机组申报信息以及运行日的电网运行边界条件（负荷数据采用电力调度机构预测值），采用安全约束机组组合（SCUC）、安全约束经济调度（SCED）算法进行优化计算，得到日前调度计划。运行日的机组开停机计划安排以发电调度计划为准。

2）实时市场

实时市场事后发布信息[D+1日（运行日后一天）15:00前发布]主要包括：前日（D日）负荷侧统一电价（公开信息）；前日（D日）所有发电侧节点电价、调频容量价格、调频里程价格（公开信息）；前日（D日）实时市场新增的必开机组和必停机组及原因（公开信息）；前日（D日）调频性能归一化指标、调频中标容量、调频里程信息（私有信息）；前日（D日）机组实时电能中标电力电量及电价（私有信息）。

(1) 实时市场采用日前市场封存的发电企业申报信息进行出清，除与日前市场相比发生较大变化的运行参数信息外，不需发电企业另行申报。发电机组在实时市场中申报的物理运行参数变化信息，经电力调度机构审核批准后，在实时市场出清程序中对相应的运行参数进行修改，以修改后的参数进行出清计算。实时市场中，售电公司和批发用户无须进行申报。

(2) 实时市场采用节点电价定价机制。实时市场出清形成每30min的节点电价，每小时内2个30min节点电价的算术平均值计为该节点每小时的平均节点电价。实时市场采用事前定价方式进行结算，即结算价格为实时市场的事前出清价格，结算电量为实际发、用电量。

(3) 电力调度机构将实时市场每30min出清的发电计划通过调度数据网下发至各发电机组。实时市场价格以小时为单位计算发布。

(4) 在实时市场出清结束至实际运行期间内，电力调度机构可根据电网实际运行情况对机组的实时中标出力进行调整，以满足系统电力平衡和电网安全。

(5) 电网实时运行中，当系统发生事故或紧急情况时，调度机构应按照安全第一的原则处理。处置结束后，受影响的发电机组以当前的出力点为基准，恢复参与实时市场出清计算，调度机构对事件经过、计划调整情况等进行记录，并向市场主体进行发布。

3. 浙江电力现货市场出清原则

1）日前市场

日前电能量市场属于现货电能量市场，采用全电量申报、集中优化出清、日清月结的方式开展，通过集中优化计算，得到机组开机组合、分时发电出力曲线以及分时现货市场电价。日前市场以日和实时（30min）为周期开展，并且主要采用集中竞价优化的方式进行。可以按照市场发展的成熟度规定用电侧报价与否。

浙江省电力现货市场以"发电侧报量报价、用户侧报量报价"模式组织日前市场交易。日前市场采用全电量申报、集中优化出清的方式开展。参与市场的发电企业在日前市场中申报运行日的价格电量信息，售电公司、批发用户在日前市场中申报运行日的电力需求与价格曲线。

2）实时市场

调度机构在系统实际运行前30min开展实时市场出清。实时市场基于最新的电网运行状态与超短期负荷预测信息,以集中优化、分时分节点定价的组织方式确保系统平衡。调度中心基于最新的电网运行状态与超短期负荷预测信息,综合考虑发电机组运行约束条件、电网安全运行约束条件等因素,在日前发电调度计划以及开机组合基础上,采用安全约束经济调度(SCED)算法进行优化计算,持续优化机组出力,形成各发电机组需要实际执行的发电计划和实时节点电价。实时市场采用日前市场封存的发电企业申报信息进行出清,除与日前市场相比发生较大变化的运行参数信息外,不需发电企业另行申报。

3.2.2 浙江调频辅助服务市场

《浙江省第三方独立主体参与电力辅助服务市场交易规则(试行)(征求意见稿)》旨在构建有效的浙江调频市场机制,保障市场成员合法权益,激励发电企业提供更优质的调频辅助服务,为保障电力系统安全、稳定、经济运行提供了规则依据。

1. 浙江调频辅助服务市场定义与准入原则

浙江调频辅助服务市场的调频包括一次调频和二次调频(自动负荷控制)。一次调频是指电力系统频率偏离目标频率时,第三方独立主体通过自动控制装置,调整有功出力减少频率偏差所提供的服务;二次调频是指第三方独立主体跟踪电力调度指令,按照一定调节速率实时调整用电功率,以满足电力系统频率和联络线功率控制要求的服务。

储能装置、电动汽车(充电桩)、负荷侧调节资源、负荷聚合商、虚拟电厂、抽水蓄能电站等第三方独立主体应满足相应的准入条件,在交易机构完成注册后,可参与浙江电力辅助市场交易。第三方独立主体可作为经营主体独立参与市场,也可通过聚合的方式代理下级单位资源参与市场。位于发电侧的储能装置可独立参与或由所属发电企业代理参与市场。虚拟电厂可聚合不同类型资源,市场开展初期,第三方独立主体同一控制单元聚合代理的资源原则上应为同类型资源。

参与调频辅助服务时,暂定额定充电/放电功率不小于5MW、持续响应时间不小于2h。若申报参与一次调频,频率控制死区、调差系数等指标应满足技术规定;若申报参与二次调频,应按技术规定安装AGC装置,同时AGC响应性能应满足要求。

2. 浙江调频辅助服务市场交易规则

1)收益规则

交易机构负责出具结算依据,由电网企业负责日前辅助服务交易及华东区域"两个细则"相关费用的结算。第三方独立主体采用"月结月清"模式,每日披露补偿考核信息,以月度为周期发布结算依据。

第三方独立主体中长期交易由合同双方按照合同约定结算。日前和日内结算费用为一次/二次调频收益,其中,二次调频收益=调频容量收益×AGC综合性能指标。交易机构按照发电企业与第三方独立主体双边交易合同及相应的考核情况出具结算依据,合同双方根据结算依据进行费用结算。

依据《华东区域并网发电厂辅助服务管理实施细则》,其中,一次调频的补偿为当出现跨区直流功率失却等原因造成电网频率低于49.933Hz时,发电机组综合利用各种频率调节方法,短时快速增加发电出力,1min内增发电量超过一次调频理论积分电量的80%,按增发电量予以480元/(MW·h)补偿。

自动发电控制(AGC)服务补偿费用包括基本补偿和调用补偿。基本补偿为每月按机组

AGC 的投运率和可调节容量的乘积补偿 480 元/（MW·h）。机组 AGC 可调节容量为机组可投入 AGC 运行的调节容量上下限之差。调用补偿为发电机组参与所在控制区频率或者联络线偏差控制调节，根据发电机组 AGC 调节容量被调用时增发或少发的电量，按照 50 元/（MW·h）予以补偿。

2）申报规则

（1）中长期交易。

中长期调频交易包括一次调频和二次调频。一次调频约定的交易事项包括：调频容量及单价、大频差调频电量单价、调频性能参数、调频投退时段及时长、调频可靠性等。

二次调频（AGC）约定的交易事项包括：可调容量及单价、可调电量（里程）单价、投退时段及时长，调节速率、精度及可靠性等。

（2）日前交易。

①需确认的参数。一次调频：频率控制死区、调差系数，以及额定充电/放电功率、持续响应时间最小值等。二次调频（AGC）：调频容量上下限、调节速率、精度及响应时间，以及额定充电/放电功率、持续响应时间最小值等。

②申报参数。一次调频：一次调频容量价格、一次调频容量、调频投退时段和时长等。二次调频（AGC）：AGC 调频容量单价、AGC 调频容量、调频投退时段和时长等。

10:00 前，调度机构根据电网运行状况预测次日至下一工作日各时段调频辅助服务需求，并在技术支持系统上完成需求发布。12:00 前，第三方独立主体在技术支持系统上完成次日市场信息申报。

3. 浙江调频辅助服务市场出清原则

调频辅助服务按照一次、二次调频容量及单价分别进行申报出清。14:00 前，按照第三方独立主体辅助服务调用成本最低方式完成各第三方独立主体辅助服务预出清，出清价格采用边际定价方式，如报价相同则按申报可调容量比例分配中标容量。16:00 前，调度机构完成预出清结果的安全校核，通过技术支持系统发布辅助服务市场出清结果和相应的计划曲线。

3.3 内蒙古电力市场规则与现状

为加快建设全国统一电力市场体系，推动形成适合中国国情、有更强新能源消纳能力的新型电力系统，蒙西于 2022 年 6 月 1 日启动新一轮现货市场连续结算试运行。蒙西电网负责除赤峰、通辽、呼伦贝尔、兴安盟之外自治区其余 8 个盟市（呼和浩特、包头、鄂尔多斯、乌兰察布、乌海、巴彦淖尔、锡林郭勒、阿拉善）供电营业区的电网建设、经营、管理和调度工作。作为国内目前唯一一个真正实现"单轨制"的电力市场，蒙西电力现货市场在市场设计、发用电计划放开、区内市场与区省间市场的衔接等方面率先破局。自试运行以来，电网安全稳定，市场平稳有序，峰谷价差逐步拉大的同时基本保障了用电价格的总体稳定。试运行结果旗开得胜，充分证明了"双轨制"带来的问题不是无解题，而是先立后破的新机遇——"蒙西模板"验证了"单轨制"市场在我国电力系统落地生根的可行性，实现了电力资源在更大范围内的共享互济和优化配置，提升了电力系统的稳定性和灵活调节能力。

3.3.1 内蒙古电力现货市场

1. 内蒙古电力现货市场定义与准入原则

内蒙古电力现货市场一般包括日前市场、日内市场和实时市场。各地可根据实际情况选择实际构成。如不开展日前市场，可选择开展日前预出清，日前预出清结果不作为结算依据，仅向市场主体披露。

分散式电力市场成员包括市场主体、电网企业和市场运营机构。其中市场主体包括经核准、注册进入电力市场的各类发电企业、电力用户和售电公司（含拥有配电业务的售电公司）；电网企业是指电网公司；市场运营机构包括电力交易中心和电力调度中心。

发电企业的基本准入条件：依法取得电力业务许可证（发电类）。符合国家产业政策，环保设施正常投运且达到环保标准要求。具有独立法人资格、财务独立核算、能够独立承担民事责任的经济实体，与电网公司签订《购售电合同》。

电力用户的基本准入条件：符合国家产业政策，有利于自治区产业布局、结构调整和优化升级，环保设施正常投运并达到国家和行业相关标准及要求。具有独立法人资格、财务独立核算、能够独立承担民事责任的经济实体。满足参与电力市场需要的技术要求和计量标准。

售电公司的基本准入条件：符合国家和有关售电公司参与市场交易的相关文件规定，依照《中华人民共和国公司法》登记注册的企业法人；具有独立法人资格、财务独立核算、能够独立承担民事责任的经济实体；满足参与电力市场需要的技术要求和计量标准；法律、法规规定的其他条件。

市场主体注册：进入准入目录（或具备准入注册条件）的市场主体，按要求自愿提交申请进行市场注册。注册流程如下：①市场主体按照相关要求递交注册申请，报送注册材料；②电力交易机构在收到注册申请的5个工作日内完成注册；③完成注册的发电企业、电力用户和售电公司须与电力交易机构签订交易平台使用协议，获取交易账号。电力交易机构按月汇总完成注册的市场主体目录，及时报华北能源监管局、自治区电力市场主管部门和第三方征信机构备案。

2. 内蒙古电力现货市场交易规则

1）日前市场

（1）每日 8:30 通过现货交易技术支持系统进行日前交易所需各类数据准备工作。

（2）每日 9:30 各市场主体通过现货市场技术支持系统修改上报设备可用情况及参数。

（3）每日 10:30 技术支持系统汇总数据，运行中长期电量日分解程序，分解运行曲线。

（4）每日 11:30 市场运营机构发布日前交易开市公告，向全体市场成员发布次日系统基本信息，向相关市场主体发布中长期电量日分解结果曲线。

（5）每日 12:00 各市场主体依据公告信息及分解曲线，通过技术支持系统申报日前现货交易信息，包括分段电能量买入、卖出价格、启停机组报价等。

（6）每日 13:30 市场运营技术支持系统汇总各市场主体申报情况、D 日前电能量现货交易出清程序，得出次日电网运行方式、机组组合及各发电机组、新能源电站计划运行曲线。并依据电网安全稳定运行需要进行安全校核，调整出清结果并给予说明。

（7）每日 16:00 通过技术支持系统向相关市场主体发布日前现货交易出清结果。各市场主体审核后返回确认信息,对出清结果有异议的市场主体可向市场运营机构提出解释申请。

2)日内市场

(1)在日前交易出清结果(日前计划)的基础上,以日内超短期负荷预测(4h)、外送计划、设备状态等为边界条件,以系统运行综合效益最大化为目标,优化各市场主体计划运行曲线,实现日内发用电计划滚动调整。

(2)日内交易以日前交易出清结果为初始点,以日内系统运行前一时段(4h)系统运行综合效益最大化为目标,采用超短期负荷预测、新能源预测及电网实时运行状态为边界条件,在考虑负荷平衡、正备用容量、负备用容量、旋转备用容量、机组上下限、机组爬坡、线路潮流、断面潮流等约束条件下,进行优化出清,滚动调整机组发电曲线。

(3)参与日内电能量现货交易的市场主体为接入自动发电控制系统(AGC)的全部公用火电机组、新能源场(站)、电力用户(具备用电负荷实时监测能力)等。

(4)电力调度机构在D日系统实际运行前240min开展日内电能量现货交易。

(5)D日内,电力调度机构根据超短期预测,新能源发电预测等,综合考虑网络拓扑、事故校验、机组状态、机组爬坡能力等安全约束条件,以系统运行综合效益最大化为目标函数,优化出清,滚动调整下时段(4h)的计划运行曲线。

3)实时市场

(1)以日内交易出清的计划运行曲线为基础,依据未来15min电网超短期负荷预测、新能源超短期预测、外送电情况、设备运行状态等信息,以全网计划运行曲线调整成本最小化为目标,组织开展的实时电能量现货交易(以下简称实时交易)。

(2)以日内交易出清结果为计算基态,更新系统超短期负荷预测、新能源超短期预测结果,综合考虑系统负荷平衡、正备用容量、负备用容量、旋转备用容量、机组上下限、机组爬坡、线路潮流、断面潮流等约束条件,基于系统经济性与安全性指标,依据市场主体申报信息,以未来15min系统调节总成本最小化为目标,进行优化出清。

(3)参与实时交易的市场主体为接入自动发电控制系统(AGC)的全部公用火电机组、新能源场(站)、电力用户(具备用电负荷实时监测能力)等。

(4)电力调度机构在D日系统实际运行前15min开展实时交易。

(5)电力调度机构根据超短期预测、新能源发电预测等,基于日内交易出清结果,综合考虑网络拓扑、事故校验、机组状态、机组爬坡能力等安全约束条件,以全网调节成本最小化为目标函数,优化出清,滚动调整未来15min的计划运行曲线。

3. 内蒙古电力现货市场出清原则

1)日前市场

(1)在中长期电量日分解曲线的基础上,各市场主体申报次日电力电量买入、卖出意愿,通过日前集中交易,优化出清,确定次日各市场主体运行方式及计划运行曲线。

(2)日前交易以中长期日分解曲线为初始点,以系统运行综合效益最大化为目标函数,在考虑发供平衡、旋转备用、调节速率、供热及安全约束等条件下,进行优化出清。

(3)电力市场日前交易按日组织,采用"分段报价、集中出清"模式。

(4)参与日前交易的市场主体包括公用火电企业、新能源场、电力用户(具备用电负荷实时监测能力)等。

（5）D日为电网运行的自然日，日前交易初期，每15min为一个交易出清时段，每个运行日含有96个交易出清时段。日前交易在D-1日出清成交。D-1日，发电侧市场主体进行申报，用电侧需求通过负荷预测确定，通过日前交易出清形成运行日的交易结果。

（6）D-1日交易申报前，通过技术支持系统向市场主体发布D日的相关信息。

（7）市场主体通过技术支持系统申报D日电力买入、卖出、启动、停机等价格，技术支持系统汇总市场主体申报信息，综合考虑系统负荷预测、外送计划、发电机组检修计划、输变电设备检修计划和发电机组运行约束，以系统运行综合效益最大化为目标函数，采用日前出清程序计算D日的96点机组运行计划曲线，形成D日的开机组合、分时发电出力曲线和分时边际电价。

（8）在D-1日交易申报截止时间前，公用火电企业通过技术支持系统，基于中长期电量日分解曲线，申报D日机组分段电能量价格和启停价格等信息。

（9）在D-1日交易申报截止时间前，新能源场（站）通过技术支持系统，基于中长期电能量日分解曲线，申报D日场分段电能量价格。

（10）在D-1日交易申报截止时间前，具备用电负荷实时监测能力的电力用户可通过技术支持系统，申报电能量交易信息，参与日前交易。

（11）日前交易初期以分时边际价格作为全网出清电价。条件成熟后，采用分时区域电价（或分时节点电价）作为日前交易出清电价。

（12）为满足电网安全稳定运行需要，电网调度机构可根据安全校核结果，调整日前机组方式并给出说明。日前交易的发电侧出清结果（含机组开机组合和分时发电出力曲线）即为D日的发电调度计划。

（13）若电网运行边界条件在D日之前发生变化，并且可能影响电网安全稳定运行、电力正常有序供应和清洁能源消纳，电力调度机构可根据电网运行的最新边界条件，基于发电机组的日前报价，采用日前交易的出清算法，对D日的发电调度计划（含机组开机组合和分时发电出力曲线）进行调整，同时通过技术支持系统向市场主体发布相关信息，并将调整后的发电调度计划下发至各发电企业。

（14）以系统运行综合效益提升最大化为目标函数，以中长期日分解曲线为计算基态，考虑系统负荷平衡、正备用容量、负备用容量、旋转备用容量、机组出力上下限、机组爬坡、机组最小连续开停时间、机组最大启停次数、线路潮流、断面潮流等约束条件，进行日前交易优化出清。

2）日内市场

市场出清以系统运行综合效益最大化为目标函数，以日前电能量交易结果为计算基态，考虑系统负荷平衡、正备用容量、负备用容量、旋转备用容量、机组出力上下限、机组爬坡、线路潮流、断面潮流等约束条件，进行日内交易优化出清。日内电能量出清过程如下：

（1）T时刻至140min前（交易时段起始时刻为T，下同），根据封存至日内的市场主体申报信息（待条件成熟后，日内交易引入市场主体交易信息申报机制），综合考虑系统负荷超短期预测，将联络线计划、中长期交易分解曲线、日前电能量交易出清结果和发电机组运行能力作为约束条件，出清该日内交易时段的机组运行计划曲线（16点）。

（2）T时刻至110min前，市场运营机构根据电网运行情况及其他条件，对该日内交易时段的机组出力曲线进行交流潮流安全校核，若不满足交流潮流安全约束，则在计算模型中添加相应的约束条件,重新进行上述计算过程,直至满足交流潮流安全约束,得到该日内交易时段的分时发电出力曲线和分时边际电价。

3)实时市场

市场出清以日内电能量出清结果为计算基态,更新系统超短期负荷预测、新能源超短期预测结果,综合考虑系统负荷平衡、正备用容量、负备用容量、旋转备用容量、机组上下限、机组爬坡、线路潮流、断面潮流等约束条件,基于系统经济性与安全性指标,依据市场主体申报信息,以未来15min系统调节总成本最小化为目标,进行优化出清。

3.3.2 内蒙古调频辅助服务市场

内蒙古调频辅助服务市场的交易主要是在蒙西电力市场内进行的。除了蒙西电力市场外,内蒙古的其他电力市场也会设立类似的调频辅助服务市场或机制,以确保电力系统的稳定运行。本书以蒙西电力市场为例进行介绍。为充分发挥市场在资源配置中的决定性作用,探索建立辅助服务市场化新机制,2020年6月,国家能源局华北监管局印发了《蒙西电力市场调频辅助服务交易实施细则(试行)》和《蒙西电力市场备用辅助服务交易实施细则(试行)》(见华北监能市场〔2020〕119号文)。这两个细则作为蒙西电力市场系列规则的配套文件,完善了原有市场规则体系,为蒙西调频、备用辅助服务市场建设提供了规则依据。

1. 内蒙古调频辅助服务市场定义与准入原则

蒙西调频辅助服务市场中的调频服务是指发电机二次调频备用容量通过自动发电控制装置(AGC)自动响应区域控制偏差(ACE),按照一定调节速率实时调整有功功率,满足ACE控制要求的服务。

蒙西调频辅助服务市场的服务提供主体为电力调度机构直调AGC单元。新建AGC单元试运行期结束后,即开始纳入调频市场管理范围。此处并未直接说明可参与调频辅助服务的具体主体。

蒙西调频辅助服务市场根据每台AGC单元最近7个在网运行日的综合调频性能指标平均值K_P由高到低进行排序,市场初期,以综合调频性能指标前70%的最小值作为AGC单元参与调频市场报价的最低技术标准,最低技术标准按周统计。综合调频性能指标平均值K_P的计算公式为:

$$K_P^{i,j} = K_1^{i,j} K_2^{i,j} K_3^{i,j} \tag{3-5}$$

$$K_{pd}^{i} = \begin{cases} \dfrac{\sum_{j=1}^{n} K_P^{i,j}}{n}, \text{AGC 单元被调用} (n>0) \\ 1, \text{AGC 单元未被调用} (n=0) \end{cases} \tag{3-6}$$

式中:$K_P^{i,j}$为AGC单元i第j次调节过程中的调节性能好坏程度;$K_1^{i,j}$、$K_2^{i,j}$、$K_3^{i,j}$分别为AGC单元i第j次实际调节速率与其应该达到的标准速率相比达到的程度,实际调节偏差量与其允许达到的偏差量相比达到的程度以及实际响应时间与标准响应时间相比达到的程度;K_{pd}^{i}为综合调频性能指标日平均值。

2. 内蒙古调频辅助服务市场交易规则

1)收益规则

蒙西调频辅助服务市场主体可同时参与调频市场和现货电能量市场。同时参与调频市场和现货电能量市场的市场主体,可获得调频容量及调频里程补偿;仅参与调频市场的市场主体仅获得调频里程补偿。调频里程定义为每日调节量的总和。

2) 申报规则

电力调度机构综合考虑负荷预测、系统实际运行情况等因素确定调频容量需求,市场初期暂定调频需求为对应时段统调负荷预测最大值的3%~7%。各AGC单元需申报的内容为调频里程价格和参与竞标的调频容量。申报调频里程价格的最小单位是0.1元/MW,申报价格范围暂定为6~15元/MW;申报调频容量的最小单位是1MW,申报上下限计算公式如下:

$$P_{\max}^{\text{offer}} = \min(Q_{\text{rated}} \times 10.5\%, V_{\text{rated}} T_1) \quad (3-7)$$

$$P_{\min}^{\text{offer}} = \min(Q_{\text{rated}} \times 7.5\%, V_{\text{rated}} T_2) d \quad (3-8)$$

式中:$P_{\max}^{\text{offer}}$、$P_{\min}^{\text{offer}}$是申报的上、下限;Q_{rated}、V_{rated}分别是申报单元的额定容量、额定调节速率;T_1、T_2分别是上报容量的最大值、最小值速率的运行时间,值分别取7min、5min。

每日9:30,电力交易机构向市场成员发布调频市场信息,包括但不限于可参与调频市场的服务提供者,次日每4h的调频容量需求值(MW),调频市场的里程报价上、下限,调频市场申报开始、截止时间,调频市场其他要求等。每日10:30前,市场主体对AGC单元次日调频里程价格及调频容量进行申报。

3. 内蒙古调频辅助服务市场出清原则

蒙西调频辅助服务市场综合考虑调频市场需求、AGC单元的数据、综合调频性能指标等,按调频里程排序价格从低到高依次出清,直至中标的AGC单元容量总和满足电网调频需求。

当AGC单元的排序价格相同时,优先出清价格高的AGC单元;当AGC单元的排序价格与出清价格均相同时,优先出清申报容量大的AGC单元;当边际AGC单元不止一台时,按申报容量大小比例确定每台AGC单元的中标容量。最后一个中标的AGC单元调频里程排序价格为调频市场的统一出清价格。

每日10:30—11:30,电力调度机构在机组开机组合的基础上,进行调频辅助服务市场预出清,并以出清结果为边界条件进行中长期曲线分解。每日11:30—12:00,电力交易机构向相关市场主体发布调频辅助服务市场预出清结果。

第 4 章 市场模式下规模化多源协同场站的建模和集控技术

本章内容是关于市场模式下多源协同场站的建模：首先介绍了在不同市场下的多源协同场站的建模研究现状；在调频市场和现货市场下，由于风储和光储的不同特性对其建模的研究方向也有所不同，随后分别针对调频辅助服务市场与现货市场的多源协同场站，介绍了其参与市场的优化逻辑、出清模型、收益模型与风险评估模型。

4.1 市场模式下多源协同场站建模的必要性

4.1.1 现货市场模式下多源协同场站建模的必要性

自 2020 年 9 月我国提出"双碳"目标以来，风光等新能源发电持续大规模高质量发展，新增装机容量大幅增加。考虑到风光等主要新能源发电已进入与传统发电互补的阶段，我国提出建设新型电力系统，在保护新能源项目和投资热情的同时，更好地使其适应电力体制改革，推进新能源逐步参与电力市场[38]。大多数西方国家选择通过电力现货市场来促进新能源消纳，实现市场的充分竞争，反映电力商品的真实价值，并适应新能源出力的不确定性[39]。在我国电力市场建设初期阶段，我国大部分省市采用新能源配额[40]、固定上网电价[41]和溢价补贴[42]等机制，以适应新能源参与电力现货市场建设。但随着新能源装机规模的逐渐增大，以上补贴机制进一步增大了政府的补贴资金缺口。因此站在市场角度，政府与相关部门逐步将新能源发电与常规火力发电的地位对等。

国内外诸多电力现货市场均有适用于新能源的相关政策与机制。目前在美国 PJM 市场，风力发电场站需要参与日前市场投标，而在美国的得克萨斯州、加利福尼亚州和纽约电力市场中，多源协同场站可以直接参与现货市场交易，通常以零价格报价，成为以实时电价结算的价格接受者[43]。北欧电力现货市场中风电场站也参与了日前现货市场投标，其中风力发电公司的收入由现货市场价格决定。澳大利亚的国家电力市场中所有电力都通过现货市场进行交易，通过设定新能源配额，促使新能源参与现货市场交易[44]。同时我国所有 8 个试点电力现货市场都已开始试运行，目前广东、甘肃、山东、福建在现货市场上优先保障新能源消纳；浙江电网在保证用电安全的前提下，优先安排计划内新能源发电，但新能源不参与现货市场定价。甘肃、山东和蒙西根据短期发电预测进行报价；而在山西的现货市场中，新能源参与现货市场时报量不报价[45]。

多源协同场站在参与电力现货市场时，需要在日前提交策略报价，同时考虑实时市场的电力输出偏差[46]。但在目前日前、实时两阶段现货市场框架中，多源协同场站参与电力现货市场的决策方法还未完全形成，但大多数文献都引入了简化的假设。随着新能源装机容量的增加，多源协同场站逐渐被认为是实时市场的价格制定者[47]。在此基础上文献［46］提出了将风储系统作为日前市场的价格制定者和实时市场的价格接受者的综合策略，以实现其整体收益最大化。此外，文献［48］还提出一种电力市场价值分配机制，根据新能源与传统火电的贡献与价值进行利益分配。在高比例新能源渗透的背景下，多源协同场站应作为与常规机组平等的市场成员参与市场报价与出清，从而提升市场影响力，改善多源协同场站的市场收益。此外，多源协同场站作为零碳发电场站，并没有研究涉及碳交易对新能源市场参与的影响，因此随着我国市场机制的不断完善，应尽快填补研究空缺，为我国新能源发展与市场机制改革提供理论支撑。

4.1.2　调频市场模式下多源协同场站建模的必要性

储能由于具有优越的灵活性以及快速充放电和响应的特性，被视为调频辅助服务市场中最优质的竞争者。对于储能参与调频辅助服务市场的建模，其基本模型即为储能利用充电提供频率下调服务，利用放电提供频率上调服务。而对于其参与调频辅助服务市场的方式，依据调频辅助服务市场的不同可大致分为两种，但大都为日前预留相应的调频容量，区别在于实时信号的完成部分。第一种为日前预留容量时没有指定服务类型，即是上调还是下调，在第二天的实时调频市场则利用充放电快速跟踪实时频率下调与上调的信号，从而完成调频辅助服务。在此种运行方式下，储能在第二天的每个交易时段内都要快速的充放电。第二种为在日前预留容量时即指定频率上调和下调的服务类型，在第二天相应的时段只需跟踪相应指定的上调下调信号。在此种运行方式下，储能在第二天的每个交易时段内只需要进行一种充放电动作，但每次动作的功率值及动作次数则不一定。

对于风储参与调频辅助服务市场的建模，现阶段，风电的规模一般都远大于与其配套的储能，因此储能大多用于帮助风电实现在电能量市场中的套利。利用储能，风储在电能量市场可以进行套利，风储可以分成两个参与主体，利用风电将能量充进储能，可以实现风电与储能在不同时段的跨时段套利。但由于储能的规模相对于风电来说较小，储能作为单一主体参与市场时会削弱其竞争力。因此，将风储作为统一的整体参与市场，虽然无法实现跨时段套利，但利用储能可以实现风储整体的竞争力提升，同时还可以减少风电因环境波动造成出力不稳定而引起的惩罚成本。此外，通过与储能之间进行能量交互，风储还可以实现在现货市场和中长期电能量市场的跨时段跨市场套利。

对于光储参与调频辅助服务市场的建模，现阶段，由于光伏相对于风电来说规模较小，尤其对于应用更广泛的分布式光伏，其与储能的规模差距并没有风储之间的差距那么大，光储之间不仅只限于储能对光伏的辅助，因此光储之间的配合运行方式更为灵活。储能在日前可通过自身预留能力，利用预留容量改善实时运行中的光伏出力输出的不平衡。此外，利用储能的灵活性，可以减少光伏、电动汽车和社区需求预测的误差，同时也减少使得含光储的整个社区在调频辅助服务市场中提供功率的误差，降低了惩罚成本，使得经济性最优。而当光伏自限电达不到预期值或超过预期值时，储能可以进行调整，最终保持整体提供频率下调功率的稳定，使其在市场中更具竞争力。

对于风电和光伏电站来说，由于其本身出力具有较大的波动性，且其自身出力的调整速度和调整精度都较差，一般情况下，除响应美国 PJM 电力市场中的慢速调频信号 RegA 以外，本身较难参与调频辅助服务市场。尽管风光可通过与储能整合参与调频辅助服务市场，但由于风光本身的容量比储能要大得多，因此储能对于风光的弥补作用很有限。相比较而言，除非风光与储能的体量相当，否则现有储能参与调频辅助服务市场的模型的完成度及正确性都要高于风储、光储甚至多源协同模型。基于这一点，在 4.3 节"调频辅助服务市场模式下多源协同场站的建模技术"中，还是以储能为主进行相关建模集控技术的介绍。

4.2 现货市场模式下多源协同场站的建模技术

蒙西电力现货市场分为日前市场、日内市场和实时市场。风光出力的不确定性较易影响功率预测的准确性，因此初步设定在现货市场的提供者主要为储能。关于多源协同场站参与蒙西电力现货市场的优化集控，先整体介绍蒙西电力现货市场的优化逻辑，随后建立多源协同场站参与现货市场的出清模型、收益模型以及风险评估模型。

首先，设定现货市场中的每一个参与主体均为完全知情者，即其可知晓其余机组的申报电价电量情况。因此所设计的多源协同场站群参与现货市场的优化逻辑如下：

（1）模拟出清。在日前阶段，多源协同场站集控中心的计算模块在知晓参与日前市场其余的相关电站及机组的报价报量之后，依据所提出的出清模型进行模拟出清，得到可中标的边际电量申报机组所对应的申报价格作为现货市场边际出清价格，并将其作为下一步的输入优化模块。在日内阶段，多源协同场站集控中心的计算模块在知晓参与日内市场其余的相关电站及机组的报价报量之后，依据所提出的出清模型进行模拟出清，得到可中标的边际电量申报机组所对应的申报价格作为现货市场边际出清价格，并将其作为下一步的输入优化模块。在实时阶段，多源协同场站集控中心的计算模块在知晓参与实时市场其余的相关电站及机组的报价报量之后，依据所提出的出清模型进行模拟出清，得到可中标的边际电量申报机组所对应的申报价格作为现货市场边际出清价格，并将其作为下一步的输入优化模块。

（2）进行优化。优化模块接收到计算模块通过模拟出清输出的日前-日内-实时出清价格之后，依据其他诸如储能充放电效率等相关的其他输入之后，依据所提出的市场收益模型中的收益最大化为优化目标进行优化。

（3）输出数据。优化之后的结果即为多源协同场站参与现货市场需要申报的最优出力，集控中心将其输出到下发模块，再由下发模块进行下发。

优化逻辑框图如图 4-1 所示。

4.2.1 多源协同场站参与现货市场出清模型

现货电能量市场出清模型包含 SCUC、SCED、LPC 模型。SCUC 模型如式（4-1）~式（4-15）所示，目标函数为最小化发电资源运行及启动成本：

$$\min F = \sum_t \sum_i [C_{i,t}(P_{i,t}) + C_{i,t}^{U}] \tag{4-1}$$

式中，$C_{i,t}(P_{i,t})$、$C_{i,t}^{U}$ 分别为时段 t 机组 i 的运行成本及启动成本，分别由式（4-2）、式（4-3）计算：

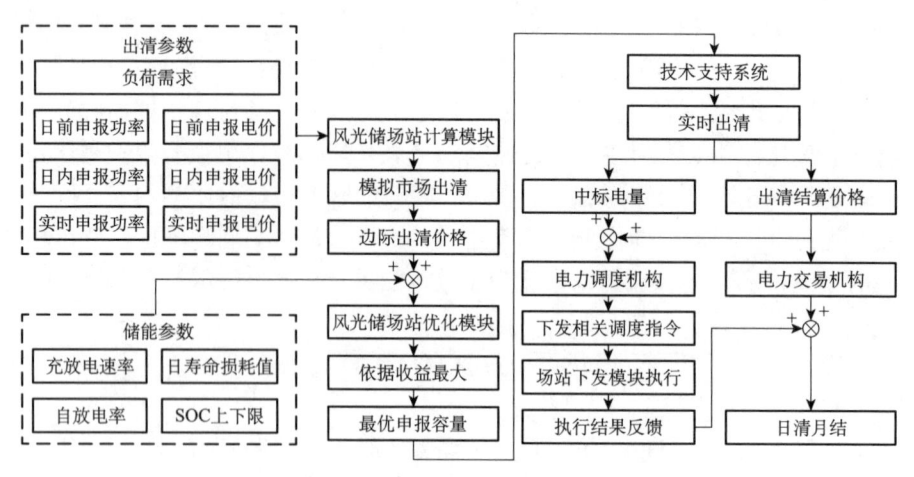

图 4-1 多源协同场站群参与调频市场的优化逻辑框图

$$C_{i,t}(P_{i,t}) = \sum_k \lambda_{i,k,t}^{\text{offer}} P_{i,k,t}, \quad \forall i \in \Omega, t \in \Gamma \tag{4-2}$$

$$C_{i,t}^{\text{U}} = u_{i,t}(1 - u_{i,t-1})C_i^{\text{S}}, \quad \forall i \in \Omega, t \in \Gamma \tag{4-3}$$

式中：$\lambda_{i,k,t}^{\text{offer}}$、$P_{i,k,t}$ 分别为时段 t 机组 i 第 k 段的申报电价和申报出力；C_i^{S} 为机组 i 的启动成本；$u_{i,t}$ 为表示机组 i 启停状态的 0～1 变量。机组运行还需满足以下约束：

$$P_{i,k,t} \leq P_{i,k,t}^{\text{offer}}, \quad \forall i \in \Omega, k \in K, t \in \Gamma \tag{4-4}$$

$$P_{i,t} \leq \sum_k P_{i,k,t}, \quad \forall i \in \Omega, t \in \Gamma \tag{4-5}$$

$$u_{i,t} P_{i,t}^{\min} \leq P_{i,t} \leq u_{i,t} P_{i,t}^{\max}, \quad \forall i \in \Omega, t \in \Gamma \tag{4-6}$$

$$\sum_i P_{i,t} = P_t^{\text{D}}, \quad \forall i \in \Omega, t \in \Gamma \tag{4-7}$$

$$\sum_t u_{i,t} P_{i,t}^{\max} \geq (1 + r^{\text{SR}}) P_t^{\text{D}}, \quad \forall t \in \Gamma \tag{4-8}$$

$$P_{i,t} - P_{i,t-1} = P_i^{\text{RP}}, \quad \forall i \in \Omega, t \in \Gamma \tag{4-9}$$

$$T_{i,t}^{\text{U}} - (u_{i,t-1} - u_{i,t}) T_i^{\text{U}} \geq 0, \quad \forall i \in \Omega, t \in \Gamma \tag{4-10}$$

$$T_{i,t}^{\text{D}} - (u_{i,t-1} - u_{i,t}) T_i^{\text{D}} \geq 0, \quad \forall i \in \Omega, t \in \Gamma \tag{4-11}$$

$$T_{i,t}^{\text{U}} = \sum_{\tau = t-T_i^{\text{U}}}^{t-1} u_{i,\tau}, \quad \forall i \in \Omega, t \in \Gamma \tag{4-12}$$

$$T_{i,t}^{\text{D}} = \sum_{\tau = t-T_i^{\text{D}}}^{t-1} u_{i,\tau}, \quad \forall i \in \Omega, t \in \Gamma \tag{4-13}$$

式中：$P_{i,t}$、$P_{i,k,t}$ 为时段 t 机组 i 总中标出力及第 k 段中标出力；$P_{i,t}^{\min}$、$P_{i,t}^{\max}$ 为时段 t 机组 i 最小、最大发电出力；P_t^{D}、r^{SR} 为时段 t 系统负荷、系统计划备用比例；P_i^{RP} 为机组 i 相邻时段爬坡能力；$T_{i,t}^{\text{U}}$、$T_{i,t}^{\text{D}}$ 分别为时段 t 机组 i 的开、停机时间；T_i^{U}、T_i^{D} 分别为机组 i 的最小开、停机时间要求。式（4-4）~式（4-9）分别为机组各段中标出力约束、机组总中标出力计算、机组总中标出力约束、系统负荷平衡约束、系统计划备用约束、机组爬坡约束；式（4-10）~式（4-13）为机组最小开、停机时间约束。系统运行还需满足以下线路（断面）潮流约束：

$$P_{bd,t} = \frac{\delta_{b,t} - \delta_{d,t}}{x_{bd}}, \quad \forall b, d \in B, t \in \Gamma \tag{4-14}$$

$$-P_{bd}^{\max} \leq P_{bd,t} \leq P_{bd}^{\max}, \forall b,d \in B, t \in \Gamma \quad (4-15)$$

式中：$P_{bd,t}$、$P_{bd}^{\max}$、x_{bd} 为节点 b 与节点 d 间的线路潮流、潮流传输极限、电抗；$\delta_{b,t}$、$\delta_{d,t}$ 为时段 t 节点 b 与节点 d 间的相角。

在 SCUC 模型确定开机方式后通过 SCED 模型确定发电计划，并通过 LPC 模型计算节点电价，两者模型相同，目标函数为：

$$\min E = \sum_t \sum_i C_{i,t}(P_{i,t}) \quad (4-16)$$

可建立节点功率平衡约束或利用转移分布因子建立潮流约束以计算节点电价，本节采用建立节点功率平衡约束的方式，如式（4-17）所示：

$$\sum_{t \in b} P_{i,t} = P_{b,t}^{D} : \lambda_{b,t}, \forall i \in \Omega, t \in \Gamma \quad (4-17)$$

式中：$P_{b,t}^{D}$ 为时段 t 节点 b 负荷；$\lambda_{b,t}$ 为该约束的影子价格，作为节点 b 电价。此外，约束条件还包含式（4-2）、式（4-4）~式（4-6）、式（4-9）、式（4-14）、式（4-15）。

4.2.2 多源协同场站参与现货市场收益模型

1）优化总收益

集控中心接收到日前、日内、实时的出清价格信号后，计算得到总收益，收益公式为日前、日内、实时的优化总收益。总目标函数如下：

$$\max I_E = \max(I_E^{\text{day-ahead}} + I_E^{\text{day-trade}} + I_E^{\text{real-time}}) \quad (4-18)$$

各部分解释如下：

（1）日前收益。日前收益是通过多源协同场站群的全电量优化得到的，即通过储能的充放电、风光出力与日前出清价格的乘积得到，电站群接收 96 个时段的日前市场价格信号 $\lambda_{E\_t}^{\text{day-ahead}}$，根据价格信号来决定各个时段储能的充电功率 $P_{cE\_t}^{\text{day-ahead}}$ 和放电功率 $P_{dE\_t}^{\text{day-ahead}}$，则储能参与日前市场的收益为 $I_E^{\text{day-ahead}}$。日前收益表达式如下：

$$I_E^{\text{day-ahead}} = \sum_{t=1}^{96} (P_{dE\_t}^{\text{day-ahead}} - P_{cE\_t}^{\text{day-ahead}} + P_{PV\_t} + P_{WT\_t}) \cdot \lambda_{E\_t}^{\text{day-ahead}} \quad (4-19)$$

式中：$P_{cE\_t}^{\text{day-ahead}}$、$P_{dE\_t}^{\text{day-ahead}}$ 分别为日前储能的充放电；P_{WT_t}、P_{PV_t} 分别为 t 时刻的风光出力；$\lambda_{E\_t}^{\text{day-ahead}}$ 为日前的出清电价。

（2）日内收益。日内收益则是根据日内出清价格，通过多源协同场站群储能的增量优化得到的，即通过储能的增充放电量与日内出清价格的乘积得到，电站群接收 96 个时段的日内价格信号 $\lambda_{E\_t}^{\text{day-trade}}$，根据价格信号决定各个时段的储能增充电量 $P_{cE\_t}^{\text{day-trade}}$ 与增放电量 $P_{dE\_t}^{\text{day-trade}}$，则储能参与日内市场的收益为 $I_E^{\text{day-trade}}$。日内收益表达式如下：

$$I_E^{\text{day-trade}} = \sum_{t=1}^{96} (\Delta P_{dE\_t}^{\text{day-trade}} - \Delta P_{cE\_t}^{\text{day-trade}}) \lambda_{E\_t}^{\text{day-trade}} \quad (4-20)$$

式中：$P_{cE\_t}^{\text{day-trade}}$、$P_{dE\_t}^{\text{day-trade}}$ 分别为日内储能的充放电；$\lambda_{E\_t}^{\text{day-trade}}$ 为日内的出清电价。

（3）实时收益。实时收益则是根据实时出清价格，通过多源协同场站群储能的增量优化得到的，即通过储能的增充放电量与实时出清价格的乘积得到，电站群接收 96 个时段的实时价格信号 $\lambda_{E\_t}^{\text{real-time}}$，根据价格信号决定各个时段的储能增充电量 $P_{cE\_t}^{\text{real-time}}$ 与增放电量 $P_{dE\_t}^{\text{real-time}}$，则储能参与实时市场的收益为 $I_E^{\text{real-time}}$。实时收益表达式如下：

$$I_{\text{E}}^{\text{real-time}} = \sum_{t=1}^{96} (\Delta P_{\text{dE\_}t}^{\text{real-time}} - \Delta P_{\text{cE\_}t}^{\text{real-time}}) \lambda_{\text{E\_}t}^{\text{real-time}} \qquad (4-21)$$

式中：$P_{\text{cE\_}t}^{\text{real-time}}$、$P_{\text{dE\_}t}^{\text{real-time}}$ 分别为实时储能的充放电，$\lambda_{\text{E\_}t}^{\text{real-time}}$ 为实时的出清电价。

2）储能约束

$$E_t = (1-\alpha)E_{t-1} + P_{\text{c\_}t}\eta_\text{c} - \frac{P_{\text{d\_}t}}{\eta_\text{d}} \qquad (4-22)$$

$$\text{SOC}_t = \frac{E_t}{\text{CES}_\text{E}} \qquad (4-23)$$

$$\text{SOC}_{\min} \leq \text{SOC}_t \leq \text{SOC}_{\max} \qquad (4-24)$$

$$\text{SOC}(96) = \text{SOC}(1) \qquad (4-25)$$

$$P_{\text{c\_min}} \leq P_{\text{c\_}t} \leq P_{\text{c\_max}} \qquad (4-26)$$

$$P_{\text{d\_min}} \leq P_{\text{d\_}t} \leq P_{\text{d\_max}} \qquad (4-27)$$

$$0 \leq P_{\text{c\_}t} \leq P_{\text{c\_max}} A_\text{E} \qquad (4-28)$$

$$0 \leq P_{\text{d\_}t} \leq P_{\text{d\_max}}(1 - A_\text{E}) \qquad (4-29)$$

3）输出现货市场功率输出曲线

根据总收益公式中日前、日内、实时市场的优化计算，可以得到多源协同场站群日前优化功率、日内优化功率增量、实时优化功率增量，将三者相加就得到了多源协同场站群对外的总电能输入、输出功率，如式（4-30）、式（4-31）所示：

$$P_{\text{d\_}t} = P_{\text{dE\_}t}^{\text{day-ahead}} + \Delta P_{\text{dE\_}t}^{\text{day-trade}} + \Delta P_{\text{dE\_}t}^{\text{real-time}} + P_{\text{PV\_}t} + P_{\text{WT\_}t} \qquad (4-30)$$

$$P_{\text{c\_}t} = P_{\text{cE\_}t}^{\text{day-ahead}} + \Delta P_{\text{cE\_}t}^{\text{day-trade}} + \Delta P_{\text{cE\_}t}^{\text{real-time}} \qquad (4-31)$$

式中：$P_{\text{c\_}t}$、$P_{\text{d\_}t}$ 分别表示多源协同场站群对外的总电能输入、输出功率。

4.2.3 多源协同场站参与现货市场风险评估模型

储能在参与现货市场获取收益的同时也会承担相应的风险[49]。关于多源协同场站参与现货市场的风险主要可以分为两大类：市场价格带来的风险，多源协同场站自身在参与市场服务过程中的运行风险[50]。

关于多源协同场站参与现货市场的风险，首先也需要考虑到风光出力不确定性的影响。何洁等将风电、光伏可再生能源保障性消纳纳入电力现货市场出清模型[51]，提出考虑可再生能源不确定性的电价风险评估方法，建立电价风险评估指标体系，从系统层面和节点层面评估可再生能源出力不确定性引发的电价风险。除此之外，现货市场本身电价的不确定性也是多源协同场站在参与现货市场时应该考虑的风险来源。肖云鹏等提出集中式电力现货市场产生分时段的节点电价或分区电价，市场主体在交易中面临节点电价风险和阻塞风险[52]。对差价合同、金融输电权、结算权转让的机理进行了分析，说明了三者的应用会对市场主体产生相同数学形式的成本或收益变化，具有类似的金融属性。进一步对比了三种风险规避机制的等效性和差异性，分析了各自应用的场景、条件及局限性。最后，现货市场的经营同样会带来一些风险，和军梁分析了电力现货市场风险，包括交易规则变化风险、经营收益风险和营销管理风险，提出了新能源电力现货市场辅助决策支持系统设计的必要性和设计思路，基于发电能力预测和综合成本分析提出了新能源电力现货辅助决策系统设计方案[53]。

多源协同场站参与现货市场的风险主要来自于出清模块中调频机组的历史调频容量里程

比的不确定性，出清价格的不确定性以及综合调频性能指标。评估由这三种不确定性带来的风险如式（4-32）～式（4-34）所示：

$$\sigma_t^{\mathrm{DA}} = \sqrt{\frac{\sum_{x=1}^{n}\left(\lambda_{\mathrm{E\_}t,x}^{\mathrm{day-ahead}} - \frac{\sum_{x=1}^{n}\lambda_{\mathrm{E\_}t,x}^{\mathrm{day-ahead}}}{n}\right)^2}{n}} \qquad (4-32)$$

$$\sigma_t^{\mathrm{DT}} = \sqrt{\frac{\sum_{x=1}^{n}\left(\lambda_{\mathrm{E\_}t,x}^{\mathrm{day-trade}} - \frac{\sum_{x=1}^{n}\lambda_{\mathrm{E\_}t,x}^{\mathrm{day-trade}}}{n}\right)^2}{n}} \qquad (4-33)$$

$$\sigma_t^{\mathrm{RT}} = \sqrt{\frac{\sum_{x=1}^{n}\left(\lambda_{\mathrm{E\_}t,x}^{\mathrm{real-time}} - \frac{\sum_{x=1}^{n}\lambda_{\mathrm{E\_}t,x}^{\mathrm{real-time}}}{n}\right)^2}{n}} \qquad (4-34)$$

式中：σ_t^{DA}、σ_t^{DT}、σ_t^{RT} 为 t 时刻多源协同场站参与日前、日内、实时市场的风险，表示为该时刻所有预测电价的标准差；$\lambda_{\mathrm{E\_}t}^{\mathrm{day-ahead}}$、$\lambda_{\mathrm{E\_}t}^{\mathrm{day-trade}}$、$\lambda_{\mathrm{E\_}t}^{\mathrm{real-time}}$ 为 t 时刻第 x 个预测电价值；n 表示预测电价总数。

因此，多源协同场站参与现货市场的风险可用下式来表示：

$$\sigma_t^2 = \sum_{i=1}^{3}(w_{i,t}^2 \sigma_{i,t}^2) + \sum_{i=1}^{3}\sum_{\substack{j=1\\i\neq j}}^{3} w_{i,t} w_{j,t} \rho_{i,j,t} \sigma_{i,t} \sigma_{j,t} = \sum_{i=1}^{3}\sum_{j=1}^{3} w_{i,t} w_{j,t} \rho_{i,j,t} \sigma_{i,t} \sigma_{j,t} \qquad (4-35)$$

$$\rho_{i,j,t} = \frac{\mathrm{cov}(\lambda_{i,t,x}, \lambda_{j,t,x})}{\sigma(\lambda_{i,t,x})\sigma(\lambda_{j,t,x})} \qquad (4-36)$$

式中：$w_{1,t}$、$w_{2,t}$、$w_{3,t}$ 表示 t 时刻多源协同场站总出力在日前、日内、实时市场所占份额，1，2，3 分别对应 DA、DT、RT 市场；$\rho_{i,j,t}$ 表示任意两市场在 t 时刻的风险相关系数，其中风险表示为不同预测电价之间的标准差，相关系数由该时刻下任意两市场不同预测电价之间的协方差计算得出。

4.3 调频辅助服务市场模式下多源协同场站的建模技术

对于多源协同场站参与蒙西调频市场，首先蒙西调频市场的调频辅助服务主要为 AGC 辅助服务，而风光出力的不确定性导致较难完成 AGC 调频信号的跟踪，因此初步设定在调频服务提供者主要为储能。对于多源协同场站参与蒙西调频市场的优化集控将先整体介绍多源协同场站参与蒙西调频市场的优化逻辑，随后依次建立多源协同场站参与调频市场收益模型、出清模型以及风险评估模型。

首先，设定调频市场中的每一个参与主体均为完全知情者，即其可知晓其余机组的容量及里程报价情况。因此所设计的多源协同场站群参与调频市场的优化逻辑如下：

（1）模拟出清。

在日前阶段，多源协同场站集控中心的计算模块在知晓参与调频市场其余的相关电站及机组的里程报价及申报容量之后，依据所提出的出清模型进行模拟出清，得到可中标的边际容量申报机组所对应的里程申报价格作为调频市场边际综合出清价格,并将其作为下一步的输入优化模块。

(2) 进行优化。

优化模块接收到计算模块通过模拟出清输出的调频里程输出价格之后,依据其他诸如储能充放电效率等相关的其他输入之后,依据所提出的市场收益模型中的收益最大化为优化目标进行优化。

(3) 输出数据。

优化之后的结果即为多源协同场站参与调频市场需要申报的最优容量,集控中心将其输出到下发模块,再由下发模块进行下发。

其逻辑框图如图4-2所示。

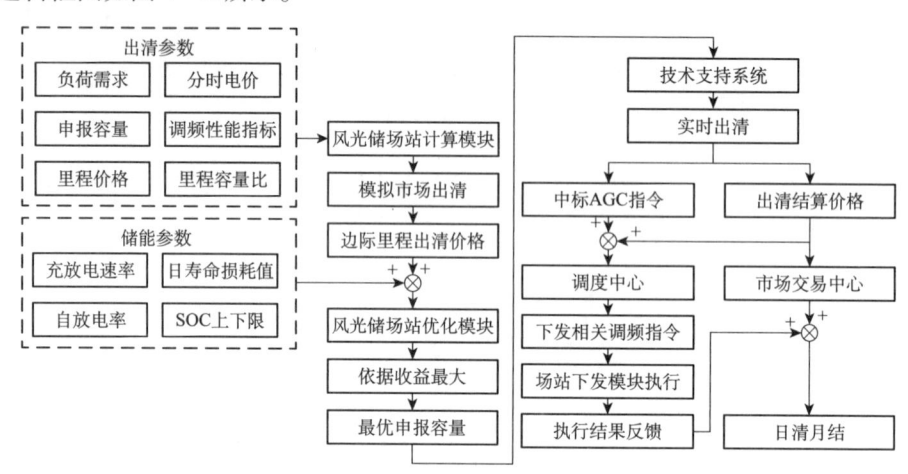

图4-2 多源协同场站群参与调频市场的优化逻辑框图

4.3.1 多源协同场站参与调频市场出清模型

由于调频辅助服务提供者只获得里程收益,因此调频辅助服务提供者只提供里程报价市场运营机构根据其历史调频时段的里程与容量比例及综合调频性能指标对报价进行调整,如式(4-37)所示:

$$\lambda_{i,t}^{a} = \lambda_{i,t} \frac{s_i^{mc}}{K_i} \tag{4-37}$$

式中:$\lambda_{i,t}$ 为第 i 位调频辅助服务提供者根据的里程报价;$\lambda_{i,t}^{a}$ 为第 i 位调频辅助服务提供者的调整报价;K_i 为第 i 位调频辅助服务提供者的综合调频性能指标。

调频辅助服务市场出清按综合报价进行排序,考虑系统调频容量及里程需求,如式(4-38) ~ 式(4-41)所示:

$$\min C_t^{Reg} = \sum_i (\lambda_{i,t}^{a} + \lambda_{i,t}^{a,opp}) P_{i,t}^{cap}, \forall t \in \Gamma \tag{4-38}$$

$$0 \leq P_{i,t}^{cap} \leq P_{i,t}^{\max,cap}, \quad \forall i \in \Omega, t \in \Gamma \tag{4-39}$$

$$\sum_i P_{i,t}^{cap} \geq P_t^{RegcapD}, \quad \forall t \in \Gamma \tag{4-40}$$

$$\sum_i P_{i,t}^{cap} s_i^{mc} \geq P_t^{RegmilD}, \quad \forall t \in \Gamma \tag{4-41}$$

其中：式（4-38）表示以调频辅助服务总成本最小为优化目标进行出清，C_t^{Reg} 为调频辅助服务总成本；$\lambda_{i,t}^{\text{a;opp}}$ 为第 i 位调频辅助服务提供者的机会成本价格；$P_{i,t}^{\text{cap}}$ 为可中标的报量。式（4-39）表示每位调频辅助服务提供者的中标容量不可超过的上限，$P_{i,t}^{\max,\text{cap}}$ 为报量的最大值。式（4-40）表示所有中标容量必须大于或等于系统的调频容量需求，P_t^{RegcapD} 为系统的调频容量需求。式（4-41）表示所有中标容量对应的里程应该大于系统的调频里程需求，P_t^{RegmilD} 为系统的调频里程需求，其中，里程需求由过去 7d 平均调频里程、全系统历史调频里程与容量之比与容量需求的乘积、各中标机组历史调频里程与容量之比与中标容量的乘积，三者取最小。

由式（4-38）~式（4-41）计算得到调频综合出清价格，即边际调频机组的调频综合报价，调频出清价格即为里程出清价格。

4.3.2 多源协同场站参与调频市场收益模型

储能充放电模型主要包括 SOC 约束以及相关的充放电功率约束。在设立 SOC 约束时，首先考虑在一个时间段 t 内，储能为恒功率充放电，依据相应的充放电效率及自放电率可建立关于 SOC 的递推公式。为了限制对储能过深的充放电引起较大的损耗，设置充放电功率的上下限约束。此外，由于日前模拟值实际物理意义为模拟的日内实时值，因此规定日前的 SOC 第一个时刻的取值和日内的 SOC 第一个时刻的取值相等。储能的充放电功率约束除了考虑到充放电速率的充放电功率约束，还应考虑到同一时刻不能同时充放的约束。由充放电功率约束及 SOC 约束建立起储能简单充放电模型。

（1）SOC 约束。

$$E_t = (1-\alpha)E_{t-1} + P_{\text{cFR\_}t}\eta_c - \frac{P_{\text{dFR\_}t}}{\eta_d} \quad (4-42)$$

$$\text{SOC}_t = \frac{E_t}{\text{CES}_E} \quad (4-43)$$

$$\text{SOC}_{\min} \leq \text{SOC}_t \leq \text{SOC}_{\max} \quad (4-44)$$

$$\text{SOC}(96) = \text{SOC}(1) \quad (4-45)$$

式中：式（4-42）、式（4-43）为考虑自放电率 α、充放电效率 η_c、η_d 后的储能 SOC 约束；E_t 为此时的储能容量；CES_E 为储能的额定容量；$P_{\text{cFR\_}t}$、$P_{\text{dFR\_}t}$ 分别为储能的充放电功率。式（4-44）为储能 SOC 的上下限约束，$\text{SOC}_{\min}$、$\text{SOC}_{\max}$ 分别为储能的 SOC 下限和上限。式（4-45）规定了储能在运行日的第一个时刻和最后一个时刻的 SOC 值相等。

（2）储能充放电功率约束。

$$P_{c\_\min} \leq P_{\text{cFR\_}t} \leq P_{c\_\max} \quad (4-46)$$

$$P_{d\_\min} \leq P_{\text{dFR\_}t} \leq P_{d\_\max} \quad (4-47)$$

$$0 \leq P_{\text{cFR\_}t} \leq P_{c\_\max}A_E \ ; \ 0 \leq P_{\text{dFR\_}t} \leq P_{d\_\max}(1-A_E) \quad (4-48)$$

式（4-46）、式（4-47）为综合考虑后的储能充放电功率约束，$P_{c\_\min}$、$P_{c\_\max}$、$P_{d\_\min}$、$P_{d\_\max}$ 分别为储能充放电功率的上下限；式（4-48）约束了储能在同一时刻只能为充放电状态中的一种，A_E 为 0~1 变量。

（3）寿命损耗约束。

储能的循环寿命损耗主要与充放电深度（DOD）有关，一般而言，储能的循环寿命损耗与 DOD 之间的关系为不确定的指数关系，在此为简单考虑充放电功率对循环寿命损耗的影响，将寿命损耗等效为和充放电功率相关的线性关系，如式（4-49）所示：

$$d_t = (P_{\text{dFR}\_t} + P_{\text{cFR}\_t})c \tag{4-49}$$

式中：d_t 为每次充放电行为产生的寿命损耗；c 为寿命损耗系数。

调频市场参与市场主体可同时参与调频市场和现货电能量市场。仅参与调频市场的市场主体仅获得调频里程补偿。调频市场由日前市场和实时市场组成，依据此，多源协同场站群参与调频市场收益公式为：

$$I_t = \lambda_t M_t K \tag{4-50}$$

即收益为调频里程 M_t 与价格 λ_t 和综合调频性能指标 K 的乘积。综合调频性能指标由下式计算：

$$K = K_1 K_2 K_3 \tag{4-51}$$

即综合调频性能指标为调节速率 K_1、调节精度 K_2 和响应时间 K_3 的乘积。

调频里程 M_t 为第 i 位调频辅助服务提供者的历史调频时段的里程与容量比与充放电功率的乘积决定：

$$M_t = (P_{\text{dFR}\_t} + P_{\text{cFR}\_t})s_i^{\text{mc}} \tag{4-52}$$

式中：s_i^{mc} 为第 i 位调频辅助服务提供者的历史调频时段的里程与容量比。

4.3.3 多源协同场站参与调频市场风险评估模型

多源协同场站参与调频市场的风险主要来自于出清模块中调频机组的历史调频容量里程比的不确定性、出清价格的不确定性以及综合调频性能指标。评估由这三种不确定性带来的风险如式（4-53）~式（4-55）所示：

$$\sigma_{si,t}^2 = \frac{1}{n}\sum_{x=1}^{n}\left(si_{t,x} - \frac{\sum_{x=1}^{n} si_{t,x}}{n}\right) \tag{4-53}$$

$$\sigma_{\lambda,t}^2 = \frac{1}{n}\sum_{x=1}^{n}\left(\lambda_{t,x} - \frac{\sum_{x=1}^{n} \lambda_{t,x}}{n}\right) \tag{4-54}$$

$$\sigma_{K,t}^2 = \frac{1}{n}\sum_{x=1}^{n}\left(K_{t,x} - \frac{\sum_{x=1}^{n} K_{t,x}}{n}\right) \tag{4-55}$$

式中：$\sigma_{si,t}^2$、$\sigma_{\lambda,t}^2$、$\sigma_{K,t}^2$ 分别为 t 时刻由历史调频容量里程比、出清里程价格以及综合调频性能指标带来的风险的方差；$si_{t,x}$、$\lambda_{t,x}$、$K_{t,x}$ 分别表示在 n 个历史调频容量里程比、出清里程价格以及综合调频性能指标的历史数据样本中的第 x 个样本的 t 时刻历史调频容量里程比、出清里程价格以及综合调频性能指标的值。

因此，多源协同场站参与调频市场的风险可用式（4-56）表示：

$$\sigma_{\text{FR},t}^2 = \sum_{x=1}^{n}(w_{si}\sigma_{si,t}^2) + (w_\lambda \sigma_{\lambda,t}^2) + (w_K \sigma_{K,t}^2) \tag{4-56}$$

式中：$\sigma_{\text{FR},t}^2$ 代表多源协同场站参与调频市场的风险；w_{si}、w_λ、w_K 分别代表历史调频容量里程比、出清里程价格以及综合调频性能指标在每一个历史数据样本 t 时刻所占的比重。

第5章 市场模式下规模化多源协同场站集控技术的测试与分析

本章从测试案例出发进行方案设计和结论分析，主要分为6项内容，分别为市场信息、场站信息、参数设置、市场决策、场景仿真及对比。其中，市场信息环节按照调频市场和现货市场两部分分别展示，主要展示内容为输入算法中的价格；场站信息环节主要展示风电与光伏出力预测曲线以及场站AGC指令；参数设置环节为不可修改的物理特性参数以及可修改的部分可变参数设置；市场决策按照调频与现货两部分分别展示优化决策结果；场景仿真主要展示不同场景下的仿真结果，实际为改变程序的输入值，展示不同的决策结果；对比部分为测试不同场景下的决策结果对比。

5.1 测试案例

该部分分为电力市场信息、多源协同一体化电站信息、市场与电站参数设置、多源协同一体化电站的市场决策测试、场景仿真测试5个方面。本测试系统配置设计组成为6台火电机组加1台风光储机组，其中火电机组包括燃煤、燃油、燃气机组3类，根据场景不同分别设置不同类型火电机组台数。

1. 电力市场信息

该部分主要展示市场信息环节，分为现货市场和调频市场分别进行测试与展示，主要展示内容为输入算法中的价格。

（1）现货市场。

现货市场信息参数格式见表5-1。

表5-1 现货市场信息参数格式

现货输入文件	路径名称/文件名	形式	单位
中长期市场价格	E_input/Lamda_E_L.csv E_rolling_input/Lamda_E_L.csv	数值	元/MW
日前市场价格曲线	E_rolling_input/lamda1_da.csv	96×1 曲线	元/MW
实时市场价格曲线	E_rolling_input/Lamda_E_RL.csv	288×1 曲线	元/MW
厂用电价格	E_input/Lamda_E_A.csv	数值	元/MW

(2) 调频市场。

调频市场信息参数格式见表 5-2。

表 5-2 调频市场信息参数格式

调频输入文件	路径名称/文件名	形式	单位
调频里程价格	fr_input/Price_fr_mileage.csv	96×1 曲线	元/MW
分时电价	fr_input/Price_em_energy.csv	96×1 曲线	元/MW
容量价格	fr_input/Price_fr_capacity.csv	96×1 曲线	元/MW

2. 多源协同一体化电站信息

该部分主要测试与展示场站信息环节,主要测试与展示风电与光伏的出力预测曲线以及场站的 AGC 指令,其中 288 节点的风光出力以每 3 个点取 96 节点中对应相同的值进行扩充。

场站信息参数格式见表 5-3。

表 5-3 场站信息参数格式

调频输入文件	路径名称/文件名	形式	单位
风电总出力预测曲线（96 节点）	E_input/P_WT.csv E_rolling_input/P_WT.csv	96×1 曲线	MW
光伏总出力预测曲线（96 节点）	E_input/P_PV.csv E_rolling_input/P_WT.csv	96×1 曲线	MW
AGC 指令	E_input/P_AGC.csv	96×1 曲线	MW

3. 市场与电站参数设置

该部分主要测试与展示参数设置环节,分为不可修改的物理特性参数和可修改的部分可变参数设置。不可修改部分只需做测试与展示,可修改的部分为手动输入,若不输入则为默认值。

(1) 物理特性参数。

物理特性参数见表 5-4。

表 5-4 物理特性参数

名称	符号/数值	数据项	单位
充放电功率上限	Pd_max/Pc_max	100/100	MW
储能自放电率	apha	0.002	无量纲
日寿命损耗上限	D	0.002%	无量纲
储能 SOC 上下限	SOC_max/SOC_min	0.9/0.2	无量纲
储能充放电效率	eta_c/eta_d	0.95/0.95	无量纲
储能总容量	cap	550	MW
储能单位损耗成本	ccc	0.0355	元/MW
中长期市场参与比例	—	0.7	无量纲

(2) 可修改参数。

可修改参数见表 5-5。

表 5-5 可修改参数

名称	符号/数值	默认值	取值范围	单位	路径名称/文件名	
储能 SOC 起始值	soc0	0.5	0.2~0.9	无量纲	调频	fr_ input/soc0. csv
					现货现行	E_ input/soc0. csv
					现货将来	E_ rolling_ input/soc0. csv
储能历史调频容量里程比	ses	20	0~25	无量纲	fr_ input/ses. csv	

4. 多源协同一体化电站的市场决策测试

该部分为测试与展示决策环节，分为调频与现货两部分进行测试与展示，主要测试与展示优化决策的结果。其中，现货市场决策的测试与展示主要分为两个模块：未来现货市场模式与现行现货模式。未来现货模式模块的主要测试与展示内容分别为场站总出力（风电对外+光伏对外+储能放电）、储能充放电（可点击切换测试与展示储能 SOC），将日前结果与实时结果放在同一坐标轴下进行测试与展示，日前曲线为虚线，实时曲线为每 12 个节点动态测试与展示的实线。现行现货市场模式模块的主要测试与展示内容分别为场站总出力（风电对外+光伏对外+储能放电）、储能充放电（可点击切换测试与展示储能 SOC）、弃风量（充进储能）、弃光量（充进储能）、实际弃风量、弃光量以及现货市场日收益。

1) 现货

(1) 未来现货市场模式。

未来现货市场模式参数格式见表 5-6。

表 5-6 未来现货市场模式参数格式

输出文件	路径名称/文件名	形式	单位
日前储能充电曲线	E_ rolling_ output/Pesc_ da. csv	288×1 曲线	MW
日前储能放电曲线	E_ rolling_ output/Pd_ da. csv	288×1 曲线	MW
日前风电对外出力曲线	E_ rolling_ output/Pwtm_ da. csv	288×1 曲线	MW
日前光伏对外出力曲线	E_ rolling_ output/Ppvm_ da. csv	288×1 曲线	MW
日前储能 SOC 曲线	E_ rolling_ output/SOC_ da. csv	288×1 曲线	无量纲
实时储能充电曲线	E_ rolling_ output/Pesc_ rt_ real. csv	288×1 曲线	MW
实时储能放电曲线	E_ rolling_ output/Pd_ rt_ real. csv	288×1 曲线	MW
实时风电对外出力曲线	E_ rolling_ output/Pwtm_ rt_ real. csv	288×1 曲线	MW
实时光伏对外出力曲线	E_ rolling_ output/Ppvm_ rt_ real. csv	288×1 曲线	MW
实时储能 SOC 曲线	E_ rolling_ output/SOC_ real. csv	288×1 曲线	无量纲

续表

输出文件	路径名称/文件名	形式	单位
现货市场收益曲线	E_rolling_output/BB.csv	24×1 曲线数值	元
现货市场日收益	E_rolling_output/BBs.csv	数值	元

（2）现行现货市场模式。

现行现货市场模式参数格式见表5-7。

表5-7 现行现货市场模式参数格式

输出文件	路径名称/文件名	形式	单位
储能充电曲线	E_output/Pc.csv	96×1 曲线	MW
储能放电曲线	E_output/Pd.csv	96×1 曲线	MW
储能 SOC 曲线	E_output/SOC.csv	96×1 曲线	无量纲
风电对外出力曲线	E_output/Pwt_real.csv	96×1 曲线	MW
光伏对外出力曲线	E_output/Ppv_real.csv	96×1 曲线	MW
弃风量（充进储能）	E_output/Pwt_abc.csv	96×1 曲线	MW
弃光量（充进储能）	E_output/Ppv_abc.csv	96×1 曲线	MW
实际弃风量	E_output/Pwt_ab_abc.csv	96×1 曲线	MW
实际弃光量	E_output/Ppv_ab_abc.csv	96×1 曲线	MW
现货市场日收益	E_output/objective.csv	96×1 曲线	元

2）调频

调频市场模式参数格式见表5-8。

表5-8 调频市场模式参数格式

输出文件	路径名称/文件名	形式	单位
储能充电曲线	fr_output/Pc1.csv	96×1 曲线	MW
储能放电曲线	fr_output/Pd1.csv	96×1 曲线	MW
场站参与调频功率曲线	fr_output/P.csv	96×1 曲线	MW
储能 SOC 曲线	fr_output/soc.csv	24×1 曲线	无量纲
调频市场日收益	fr_output/benefit.csv	数值	元

5. 场景仿真测试

该部分为测试与展示不同场景下的仿真结果，实际为改变程序的输入值，测试与展示不同的决策结果。同样该部分分为调频和现货两部分进行测试与展示。测试与展示方式分为两种：第一种为场景事先给定，直接选择不同场景；第二种方式为场景没有事先给定，通过自由组合不同的输入实现不同场景测试与展示。

1）现货

未来现货市场模式的测试与展示方式有两种，见表5-9~表5-12。

表 5-9　未来现货市场模式的测试与展示方式 1

序号	功能模式	场景设置	实现方式
1	参与未来现货市场模式	储能 SOC 起始值高于基础输入	在模块 3 中提高 soc0，其余输入不变
2	参与未来现货市场模式	储能 SOC 起始值低于基础输入	在模块 3 中降低 soc0，其余输入不变
3	参与未来现货市场模式	日前价格较高、实时价格较低	读取 Lamda_H.csv，其余输入不变
4	参与未来现货市场模式	日前价格较低、实时价格较高	读取 Lamda_L.csv，其余输入不变
5	参与未来现货市场模式	风电出力较高、光伏出力较低	读取 P_WP_H288.csv，其余输入不变
6	参与未来现货市场模式	风电出力较低、光伏出力较高	读取 P_WP_L288.csv，其余输入不变

表 5-10　现行现货市场模式的测试与展示方式 1

序号	功能模式	场景设置	实现方式
1	参与现行现货市场模式	储能 SOC 起始值高于基础输入	在模块 3 中提高 soc0，其余输入不变
2	参与现行现货市场模式	储能 SOC 起始值低于基础输入	在模块 3 中降低 soc0，其余输入不变
3	参与现行现货市场模式	中长期价格较高、厂用电价格较低	读取 Lamda_EH.csv，其余输入不变
4	参与现行现货市场模式	中长期价格较低、厂用电价格较高	读取 Lamda_EL.csv，其余输入不变
5	参与现行现货市场模式	AGC 指令较高（与风光出力总和之差小于 100MW）	读取 AGC_H.csv，其余输入不变
6	参与现行现货市场模式	AGC 指令较低（与风光出力总和之差小于 100MW）	读取 AGC_L.csv，其余输入不变
7	参与现行现货市场模式	风电出力较高、光伏出力较低	读取 P_WP_H96.csv，其余输入不变
8	参与现行现货市场模式	风电出力较低、光伏出力较高	读取 P_WP_L96.csv，其余输入不变

表 5-11　未来现货市场模式的测试与展示方式 2

序号	功能模式	输入/参数名称（符号）	选项
1	参与未来现货市场模式	储能 SOC 起始值（soc0）	低□　高□
2	参与未来现货市场模式	日前市场价格曲线（Lamda1_da）	低□　高□
3	参与未来现货市场模式	实时市场价格曲线（Lamda_E_RL）	低□　高□
4	参与未来现货市场模式	风电总出力预测曲线（P_WT1）	低□　高□
5	参与未来现货市场模式	光伏总出力预测曲线（P_PV1）	低□　高□

表 5-12　现行现货市场模式的测试与展示方式 2

序号	功能模式	输入/参数名称	选项
1	参与现行现货市场模式	储能 SOC 起始值（soc0）	低□　高□
2	参与现行现货市场模式	厂用电价格（Lamda_E_A）	低□　高□
3	参与现行现货市场模式	中长期市场价格（Lamda_E_L）	低□　高□

续表

序号	功能模式	输入/参数名称	选项
4	参与现行现货市场模式	AGC指令（P_AGC）	低□ 高□
5	参与现行现货市场模式	风电总出力预测曲线（P_WT）	低□ 高□
6	参与现行现货市场模式	光伏总出力预测曲线（P_PV）	低□ 高□

通过选择不同的选项，自由组合形成不同场景，其中不同选项的实现方式与测试与展示方式1中相同。

2）调频

调频市场模式的测试与展示方式有两种，见表5-13、表5-14。

表5-13 调频市场模式的测试与展示方式1

序号	功能模式	场景设置	实现方式
1	参与调频市场	储能SOC起始值高于基础输入	在模块3中提高soc0，其余输入不变
2	参与调频市场	储能SOC起始值低于基础输入	在模块3中降低soc0，其余输入不变
3	参与调频市场	调频里程价格高于基础输入	读取Price_fr_mileage_H.csv，其余输入不变
4	参与调频市场	调频里程价格低于基础输入	读取Price_fr_mileage_L.csv，其余输入不变
5	参与调频市场	分时电价高于基础输入	读取Price_em_energy_H.csv，其余输入不变
6	参与调频市场	分时电价低于基础输入	读取Price_em_energy_L.csv，其余输入不变

表5-14 调频市场模式的测试与展示方式2

序号	功能模式	输入/参数名称（符号）	选项
1	参与调频市场	储能SOC起始值（soc0）	低□ 高□
2	参与调频市场	调频里程价格（Price_fr_mileage）	低□ 高□
3	参与调频市场	分时电价（Price_em_energy）	低□ 高□

通过选择不同的选项，自由组合形成不同场景，其中不同选项的实现方式与测试与展示方式1中相同。

5.2 现货市场模式下多源协同场站集控策略与案例分析

本节主要包括多源协同场站参与现货市场的场景划分和算例分析两个部分，其中考虑燃煤、燃油、燃气三种类型火电机组为边界条件。首先，将多源协同场站参与现货市场的场景划分为场景1~8；其次，分别对场景1~8的机组出清和优化结果进行分析；最后，对多源协同场站参与现货市场的案例进行总结并得出结论。

5.2.1 多源协同场站参与现货市场的场景划分

根据多源协同场站参与蒙西电力现货市场的优化集控的逻辑图及各模型可知，对多源协同场站参与电力现货市场的最终收益影响较大的因素主要有储能参数、边际节点价格以及风光出力。其中，对储能性能影响较大的参数就是储能的充放电功率；影响边际节点价格的主要因素为系统各节点各机组的电量电价申报；风光出力主要分为强与弱两种情况。因此，围绕储能的寿命损耗约束、出清边际节点价格以及风光出力强弱划分场景，结果见表5-15。

表5-15 多源协同场站参与调频市场的场景划分结果

场景	系统火电机组种类			是否出清	风光出力	寿命损耗约束
	燃煤	燃油	燃气			
场景1	√	√	√	是	弱	无
场景2		√	√	是	弱	无
场景3			√	是	弱	无
场景4	√	√	√	是	强	无
场景5	√	√	√	是	弱	有
场景6	采用预测价格			否	弱	无
场景7	采用预测价格			否	强	无
场景8	采用预测价格			否	弱	有

综上所述，以上场景可分为四类，其中：第一类为场景1、2、3，火电机组种类不同，导致系统出清边际节点价格不同，从而对多源协同场站参与电力现货市场的优化运行产生影响；场景4为第二类，主要通过与场景1的对比探究风光出力强弱对风光储参与现货市场的影响；场景5为第三类，主要通过与场景1对比，探究储能的寿命损耗约束对风光储参与电力现货市场的影响；场景6、7、8为第四类，不通过出清，直接使用历史预测价格进行优化，其中场景6可以与场景1、2、3对比出清价格与预测价格对风光储参与现货市场的影响，此外，场景6、7、8可以在预测价格机制下相互对比风光出力与储能寿命约束对风光储参与现货市场的影响。

在前6个场景中调度机构需要进行出清来得到市场电价，其中在场景1、4、5中，燃煤、燃油、燃气火电机组均设置2台，场景2中设置4台燃油与2台燃气机组，场景3中设置6台燃气机组，6个场景中均设置1台风光储机组。负荷曲线如图5-1所示。

在场景划分中根据风光出力的强弱，可以分析风光出力对多源协同场站参与现货市场的影响。强弱风光出力情况如图5-2、图5-3所示。

5.2.2 多源协同场站参与现货市场的算例分析

1. 场景1分析

1）机组出清分析

场景1多源协同场站参与现货市场的算例分析中火电机组种类有3种，根据3种火电机组与多源协同场站的报价报量，按照报价从低到高进行出清，直到满足负荷需求，电价按照边际中标机组的报价来确定，形成边际节点价格。

图 5-1 负荷曲线

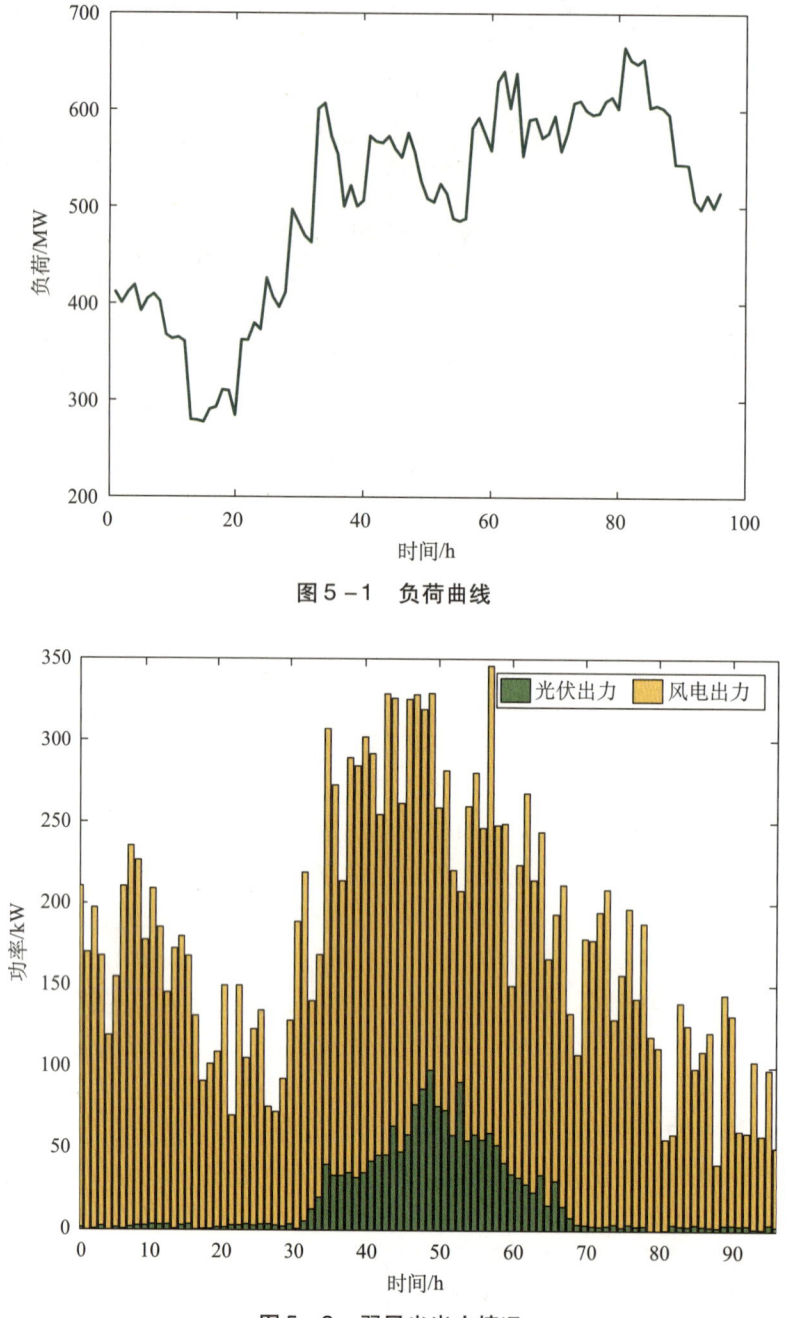

图 5-2 弱风光出力情况

由各机组出清的中标量可知，由于在 0:00—5:00 时段的负荷需求较小，因此发电成本较低的风光储、燃气、燃煤机组在该时段的报量较小，而发电成本较高的燃油机组在之后中标的可能性较小，在负荷需求较小的时段进行报量有较大概率可以中标，因此燃油机组在 0:00—5:00 时段中标量较多。从 6:00 开始，风光储、燃气、燃煤机组的报量逐渐增多以满足日渐增长的负荷需求，而燃油机组由于发电成本与报价较高，因此其中标较少，直到 16:00—23:00 时段负荷需求较高时，其他机组满足不了负荷需求，需要燃油机组来

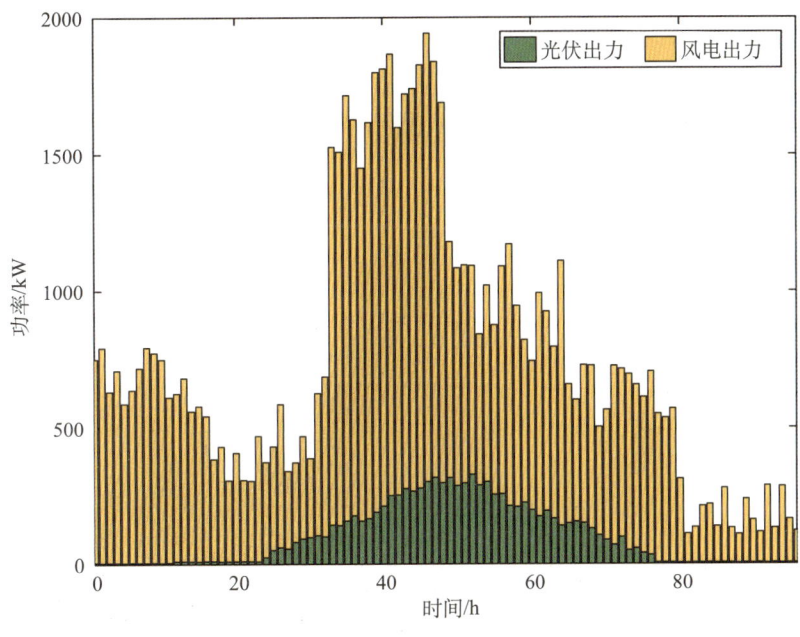

图 5-3 强风光出力情况

补充缺额。

根据各机组的中标情况，每个时刻按照机组边际中标量对应的价格制定电价，各个时刻的边际电价组合成全天的日前边际节点价格，日内价格与实时价格同理，如图 5-4 所示。

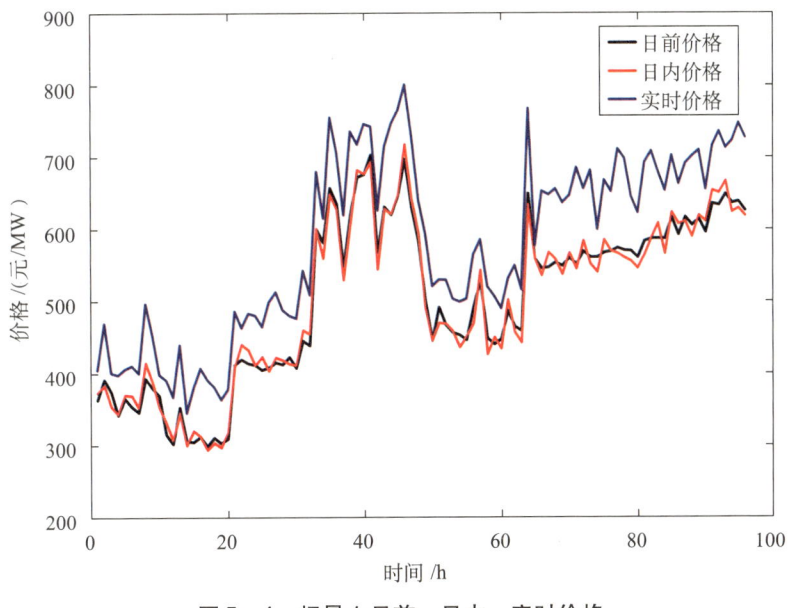

图 5-4 场景1日前-日内-实时价格

2）优化结果分析

得到日前-日内-实时出清价格之后，分别依据出清价格，按照风光储的总收益最大，在弱风光出力及不考虑寿命损耗约束情况下进行优化,得到不同场景下的最优上报功率。多源协同场站的总输出及其组成如图5-5所示,储能充放电及其组成如图5-6所示。

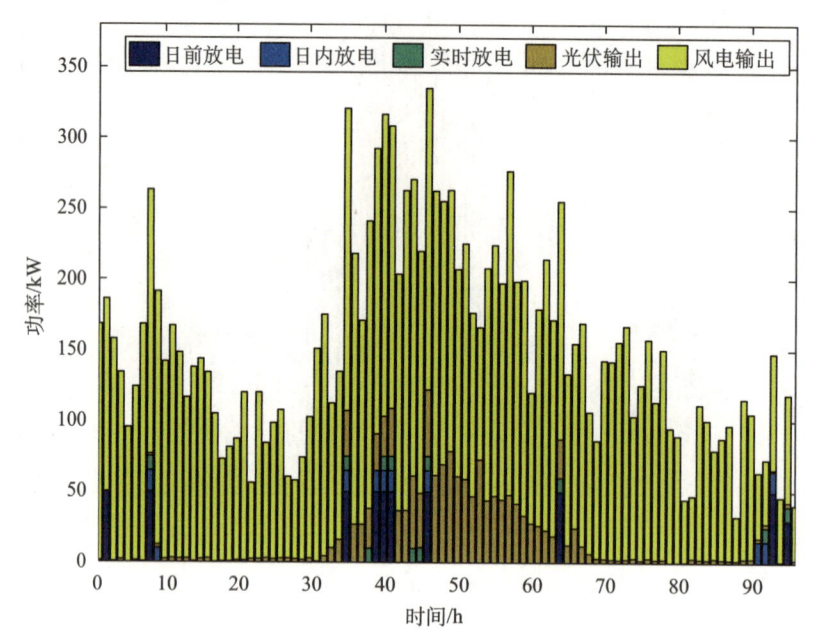

图5-5 场景1下多源协同场站总输出及其组成

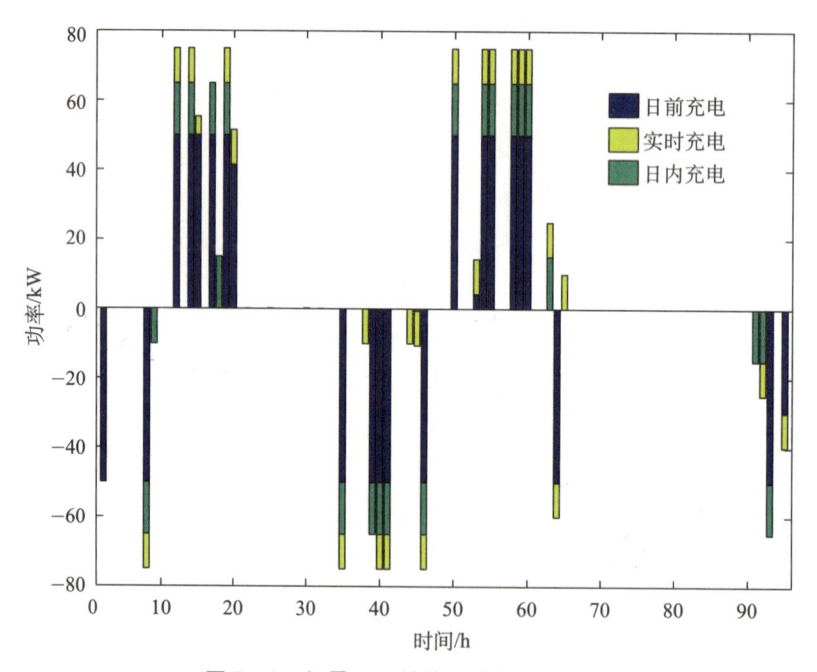

图5-6 场景1下储能充放电及其组成

根据场景1的日前-日内-实时电价曲线可知,1:00—5:00 与 13:00—15:00 时段为电价低谷时期,9:00—12:00 与 19:00—24:00 为电价高峰时期,因此根据图5-5可判断,由于在电价较低的时段多源协同场站向主网的电能出力较少且均为风光出力,储能在电价较低的时段基本不进行放电行为，但是在 1:00—2:00 时段由于相对 3:00—5:00 的电价较高，因此储能会选择该时段进行部分放电。根据图 5-6 所示的储能充放电情况，可以看出储能主要根据日前 - 日内 - 实时电价在低电价时段从主网购能，高电价时段向主网放能来实现跨时段的套利。除此之外，由于实时价格比较高，因此在 19:00—21:00 时段，储能不在日前与日内市场进行放电，但是会在实时市场进行放电的调整，并且由于没有储能寿命损耗约束，储能的充放电较为频繁，且在日前市场大多为满充慢放状态。

图 5-7 为场景 1 下储能在日前 - 日内 - 实时市场的荷电状态，储能的 SOC 与其充放电相关，根据上文对储能充放电行为的分析，储能在日前 - 日内 - 实时市场中基本只跟随电价进行充放电，因此在低电价时段储能充电导致 SOC 升高，高电价时段储能放电 SOC 降低。除此之外，由于日前市场是现货市场的基础，之后的日内与实时市场的功率调整不能超过考核限值，因此日内与实时市场的 SOC 是在日前市场基础上的微调，三者的大致趋势是保持一致的，并且从储能的 SOC 来看日前 - 日内 - 实时市场的充放电深度是依次递增的。

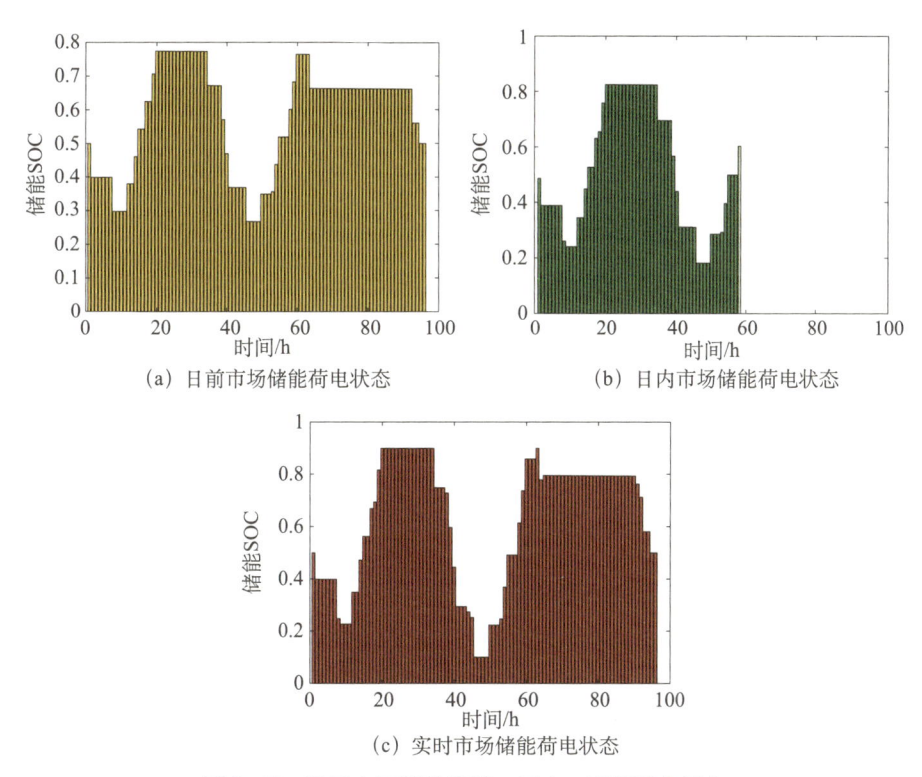

(a) 日前市场储能荷电状态

(b) 日内市场储能荷电状态

(c) 实时市场储能荷电状态

图 5-7　场景 1 下储能日前 - 日内 - 实时荷电状态

2. 场景 2 分析

1) 机组出清分析

场景 2 多源协同场站参与现货市场的算例分析中火电机组种类有 2 种，分别为 4 台燃油机组和 2 台燃气机组，根据 6 台火电机组与多源协同场站的报价报量，按照报价从低到高进行出清，直到满足负荷需求，电价按照边际中标机组的报价来确定，形成边际节点价格。由于燃油机组的发电成本较高，因此其在市场中的报价较高。在出清的时候优先出清报价较低的燃气机组，当燃气机组满足不了负荷需求时，燃油机组将中标，将其报价作为边际价格，因此在场景2中的电价整体比场景1中高。

根据各机组的中标情况，每个时刻按照机组边际中标量对应的价格制定电价，各个时刻的边际电价组合成全天的日前边际节点价格，日内价格与实时价格同理，场景2的日前－日内－实时价格如图5－8所示，与场景1价格对比可知，由于机组种类减少，因此各市场的价格变化差别变小。除此之外，由于燃油机组的增加，燃煤机组的减少，市场电价整体升高。

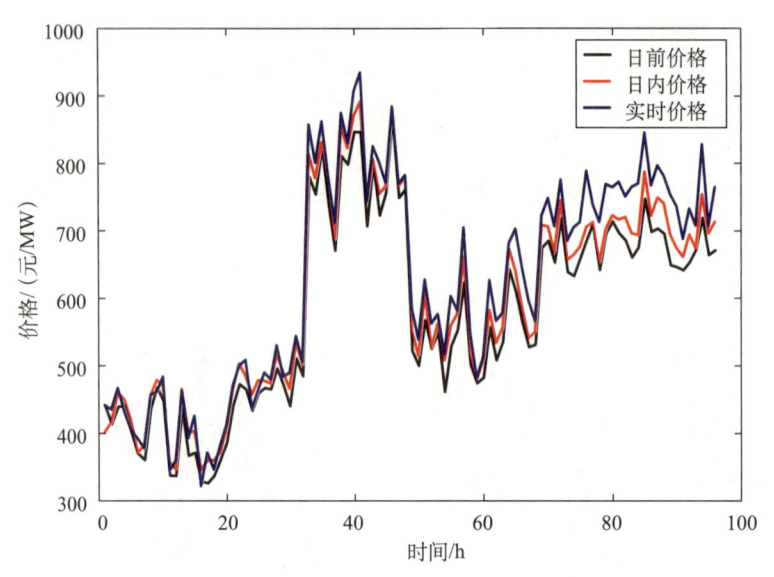

图5－8 场景2日前－日内－实时价格

2) 优化结果分析

得到场景2下日前－日内－实时出清价格之后，分别依据出清价格，按照风光储的总收益最大，在弱风光出力及不考虑寿命损耗约束情况下进行优化，得到场景2下的最优上报功率，多源协同场站的总输出及其组成如图5－9所示，储能充放电及其组成如图5－10。

根据场景2的日前－日内－实时电价曲线可知，1:00—6:00与12:00—17:00时段为电价低谷时期，8:00—11:00与18:00—24:00为电价高峰时期，因此根据图5－9可以判断，由于在电价较低的时段多源协同场站向主网的电能出力较少且均为风光出力，储能在电价较低的时段基本不进行放电行为，但是在1:00—2:00时段由于相对3:00—6:00时段的电价较高，因此储能会选择该时段进行部分放电。根据图5－10所示的储能充放电情况，可以看出储能主要根据日前－日内－实时电价在低电价时段从主网购能，高电价时段向主网放能来实现跨时段的套利。除此之外，由于日内与实时价格相对比较高，因此在20:00—23:00时段，储能在日前市场的放电相对其他时段较少，但是会选择在日内或实时市场进行放电，并且由于没有储能寿命损耗约束，储能的充放电较为频繁，且在日前市场大多为满充慢放状态。

图5－11为场景2下储能在日前－日内－实时市场的荷电状态，储能的SOC与其充放电相关，根据上文对储能充放电行为的分析，储能在日前－日内－实时市场中基本只跟随电价进行充放电，因此在低电价时段储能充电导致SOC升高，高电价时段储能放电导致SOC降低。除此之外，由于日前市场是现货市场的基础，之后的日内与实时市场的功率调整不能超

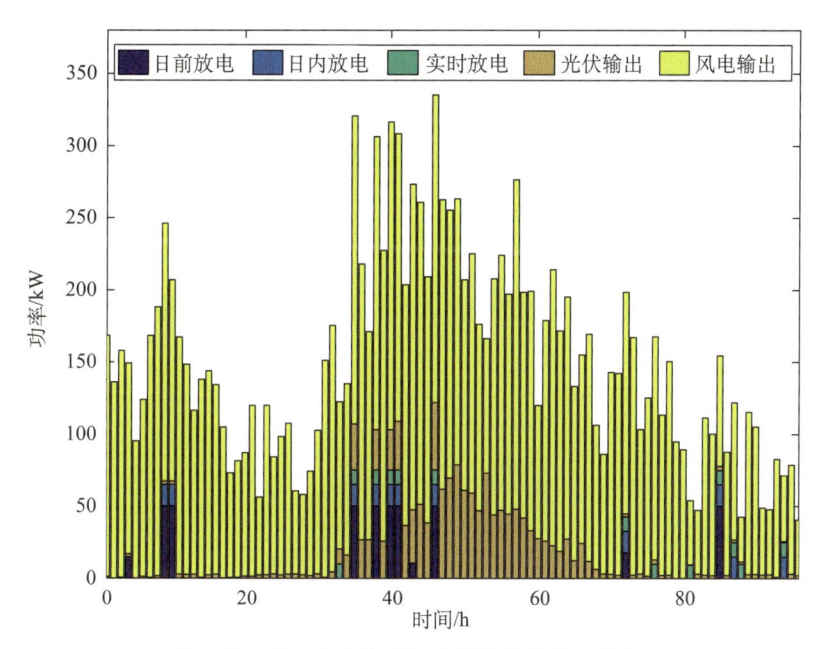

图 5-9 场景 2 下多源协同场站总输出及其组成

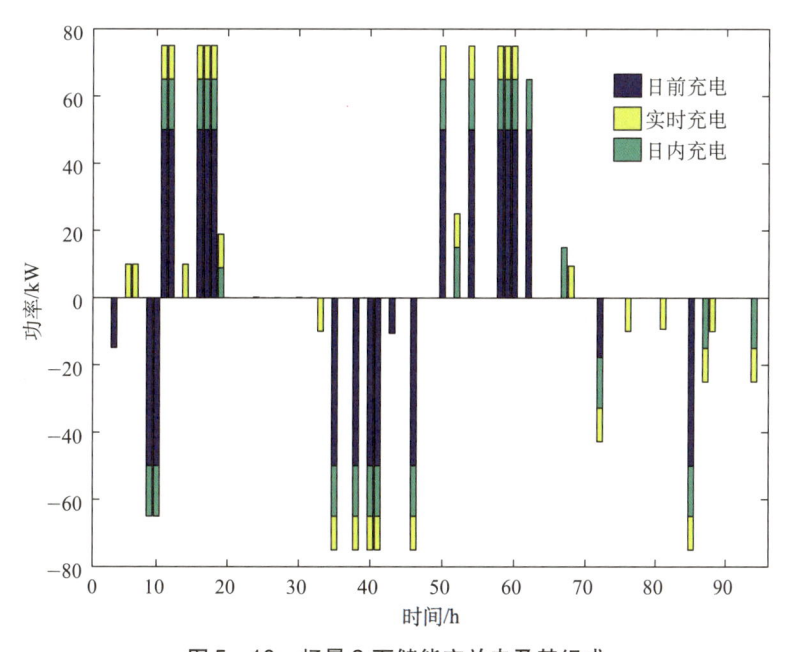

图 5-10 场景 2 下储能充放电及其组成

过考核限值，因此日内与实时市场的 SOC 是在日前市场基础上的微调，三者的大致趋势是保持一致的，并且从储能的 SOC 来看日前 - 日内 - 实时市场的充放电深度是依次递增的。

3. 场景 3 分析

1）机组出清分析

场景 3 多源协同场站参与现货市场的算例分析中火电机组种类只有 1 种，为 6 台燃气机组，根据 6 台燃气火电机组与多源协同场站的报价报量，按照报价从低到高进行出清，直到

(a) 日前市场储能荷电状态

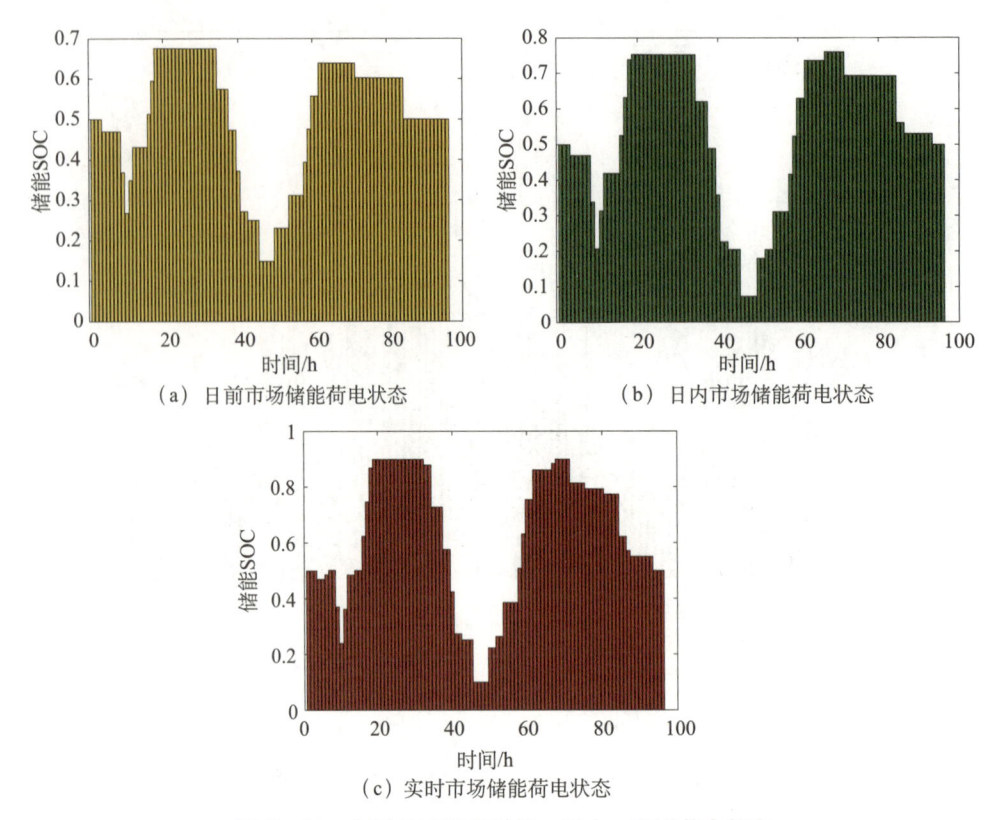

(b) 日内市场储能荷电状态

(c) 实时市场储能荷电状态

图 5-11 场景 2 下储能日前-日内-实时荷电状态

满足负荷需求，电价按照边际中标机组的报价来确定，形成边际节点价格。

由于在系统中只有 1 种机组，因此在报价时各机组的报价策略一致，在负荷需求较小的时段，各发电机组均尽量低价上报，导致在负荷较低时段的电价同样较低，而随着负荷增长，各机组调整自己的报量从而抬升电价。在负荷高峰风光储会提升报量来补充其他机组的缺额，同时由于风光的成本较高，因此会进一步抬升电价。除此之外，由于系统中只有 1 种机组，其投标决策一致，因此日前、日内与实时电价比较接近。

根据各机组的中标情况，每个时刻按照机组边际中标量对应的价格制定电价，各个时刻的边际电价组合成全天的日前边际节点价格，日内价格与实时价格同理，如图 5-12 所示。

2）优化结果分析

得到日前-日内-实时出清价格之后，分别依据出清价格，按照风光储的总收益最大，在弱风光出力及不考虑寿命损耗约束情况下进行优化，得到场景 3 下的最优上报功率，多源协同场站的总输出及其组成如图 5-13 所示，储能充放电及其组成如图 5-14 所示。

根据场景 3 的日前-日内-实时电价曲线可知，1:00—8:00 与 13:00—15:00 时段为电价低谷时期，10:00—12:00 与 18:00—23:00 时段为电价高峰时期，因此根据风光储的总出力可判断，由于在电价较低的时段多源协同场站向主网的电能出力较少且均为风光出力，储能在电价较低的时段基本不进行放电行为，但是在 4:00—5:00 时段由于相对 1:00—3:00 与 6:00—9:00 时段的电价较高，因此储能会选择该时段进行部分放电。除此之外，由于三个市场价格相较场景 1 与场景 2 相差不大，因此储能放电时大部分均会在日前、日内、实时市场

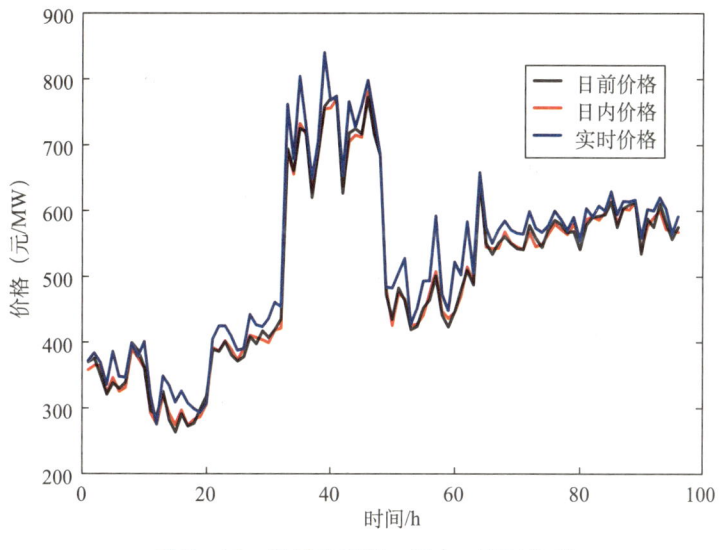

图 5-12 场景 3 日前-日内-实时价格

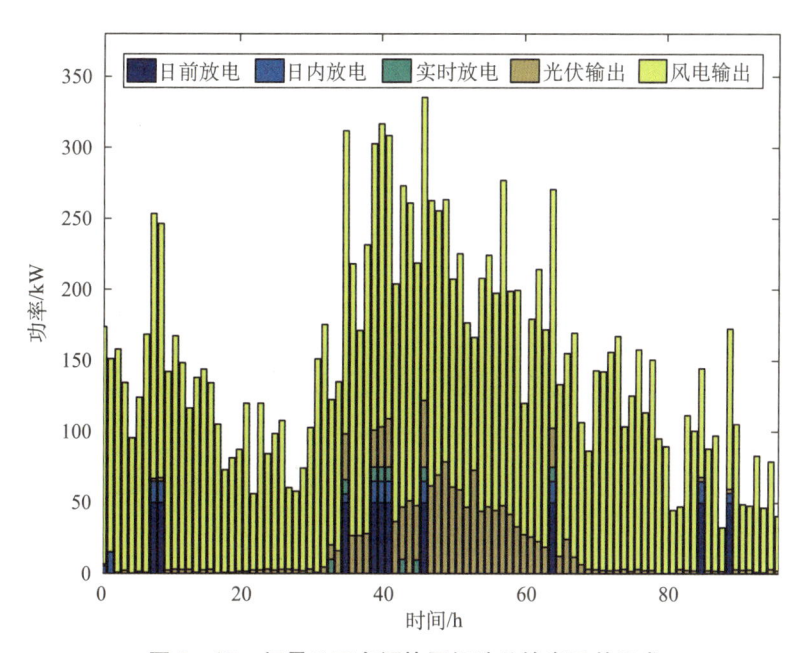

图 5-13 场景 3 下多源协同场站总输出及其组成

均有出力。根据图 5-14 所示的储能充放电情况，可以看出储能主要根据日前-日内-实时电价在低电价时段从主网购能，高电价时段向主网放能来实现跨时段的套利。除此之外，由于三个市场的电价相差不大，因此储能在日前、日内、实时进行充放电时比较平均，较少出现仅在一个市场进行充放电的情况。

图 5-15 为场景 3 下储能在日前-日内-实时市场的荷电状态，储能的 SOC 与其充放电相关，根据上文对储能充放电行为的分析，储能在日前-日内-实时市场中基本只跟随电价进行充放电，因此在低电价时段储能充电导致 SOC 升高，高电价时段储能放电导致 SOC 降低。除此之外，与场景 1 与场景 2 一致，随着风光储在日前、日内、实时市场的申报与执

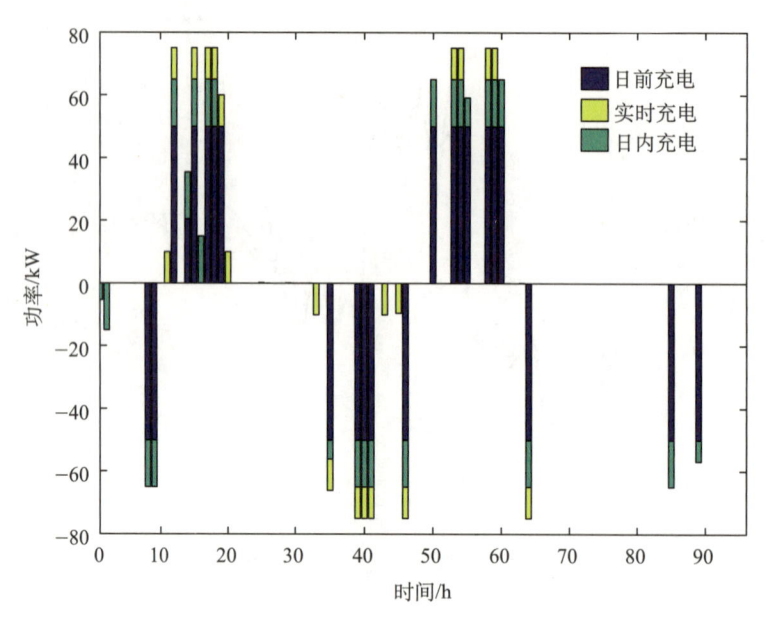

图 5-14 场景 3 下储能充放电及其组成

行,储能在现货市场的过程中其充放电深度是递增的,因此储能在日前、日内、实时市场的 SOC 变化趋势一致。

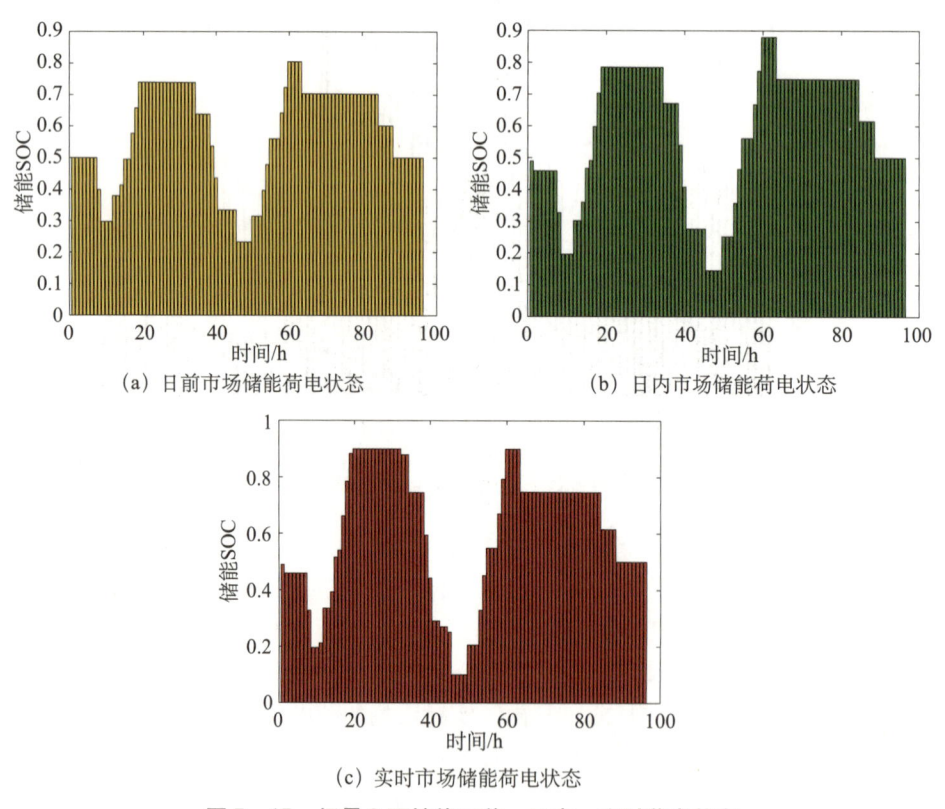

(a) 日前市场储能荷电状态

(b) 日内市场储能荷电状态

(c) 实时市场储能荷电状态

图 5-15 场景 3 下储能日前 - 日内 - 实时荷电状态

4. 场景 4 分析

场景 4 的机组种类与场景 1 一样，燃煤机组、燃气机组、燃油机组各有 2 台，同时也不考虑储能的寿命损失约束，不同的是风光储的风光出力较大，在风光储的总输出占比较大，以场景 1 的电价为基础进行优化仿真，得到风光储的总输出曲线与储能的充放电曲线，如图 5-16、图 5-17 所示。

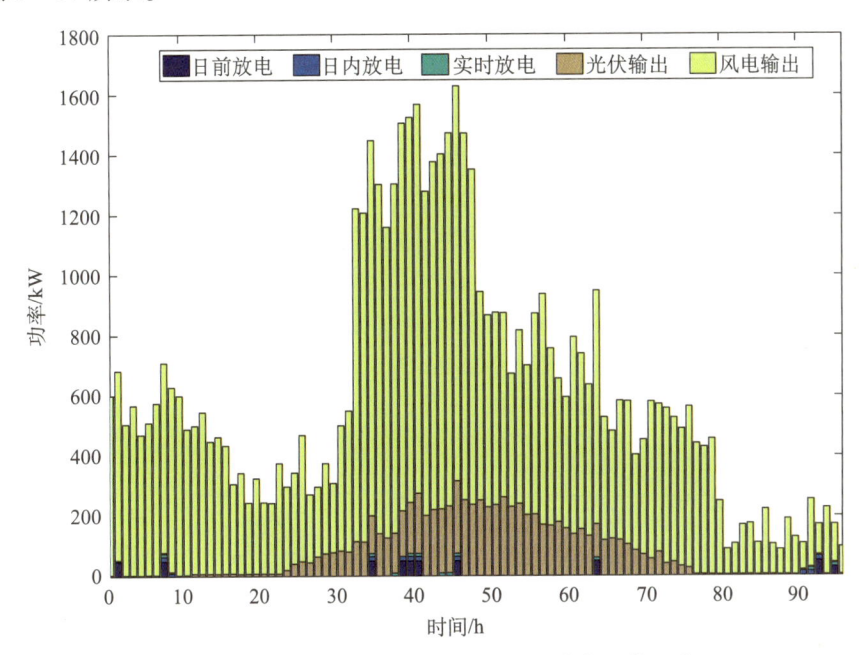

图 5-16 场景 4 下多源协同场站总输出及其组成

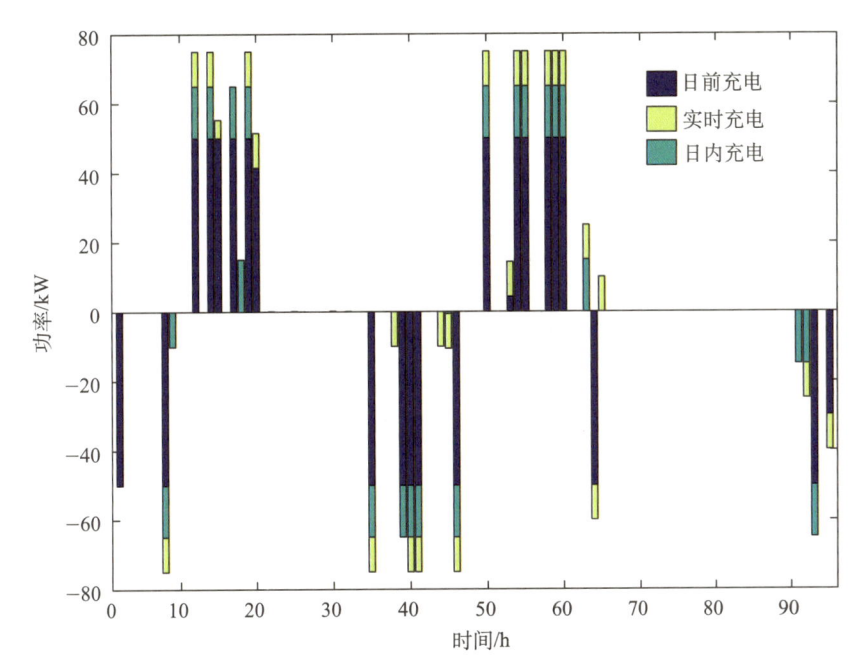

图 5-17 场景 4 下储能充放电及其组成

根据场景 4 的日前 – 日内 – 实时电价曲线可知，1:00—5:00 与 13:00—15:00 时段为电价低谷时期，9:00—12:00 与 19:00—24:00 时段为电价高峰时期，因此根据图 5 – 16 可判断，由于在电价较低的时段多源协同场站向主网的电能出力较少且均为风光出力，储能在电价较低的时段基本不进行放电行为，但是在 1:00—2:00 时段由于相对 3:00—5:00 时段的电价较高，因此储能会选择该时段进行部分放电。根据图 5 – 17 所示的储能充放电情况，可以看出储能主要根据日前 – 日内 – 实时电价在低电价时段从主网购能，高电价时段向主网放能来实现跨时段的套利。除此之外，由于实时价格比较高，因此在 19:00—21:00 时段，储能不在日前与日内市场进行放电，但是会在实时市场进行放电的调整，并且由于没有储能寿命损耗约束，储能的充放电较为频繁，且在日前市场大多为满充慢放状态。

图 5 – 18 为场景 4 下储能在日前 – 日内 – 实时市场的荷电状态，储能的 SOC 与其充放电相关，根据上文对储能充放电行为的分析，储能在日前 – 日内 – 实时市场中基本只跟随电价进行充放电，因此在低电价时段储能充电导致 SOC 升高，高电价时段储能放电导致 SOC 降低。除此之外，由于日前市场是现货市场的基础，之后的日内与实时市场的功率调整不能超过考核限值，因此日内与实时市场的 SOC 是在日前市场基础上的微调，三者的大致趋势是保持一致的，并且从储能的 SOC 来看日前 – 日内 – 实时市场的充放电深度是依次递增的。

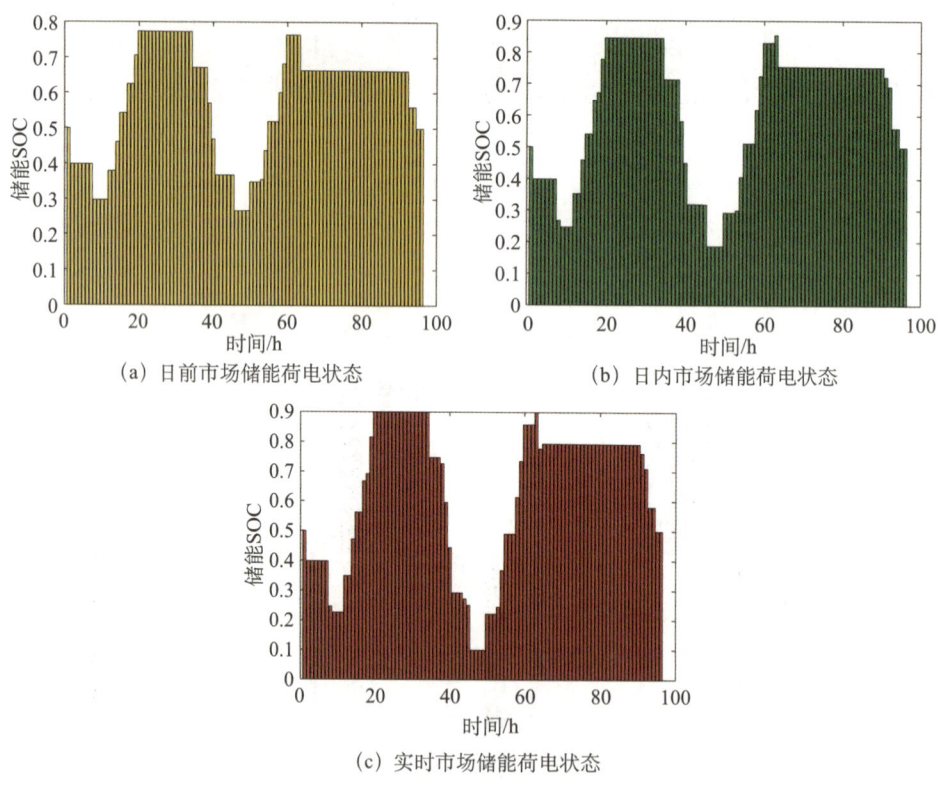

(a) 日前市场储能荷电状态

(b) 日内市场储能荷电状态

(c) 实时市场储能荷电状态

图 5 – 18　场景 4 下储能日前 – 日内 – 实时荷电状态

5. 场景 5 分析

场景 5 的机组种类与场景 4 与场景 1 一样，燃煤机组、燃气机组、燃油机组各有 2 台，风光出力较弱，但考虑储能的寿命损失约束，以场景 1 的电价为基础进行优化仿真，得到风

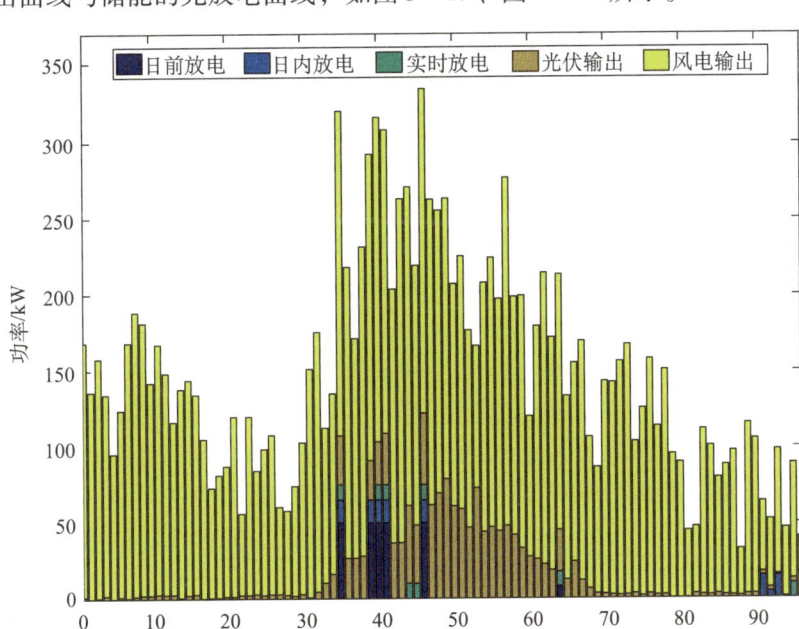

光储的总输出曲线与储能的充放电曲线,如图 5-19、图 5-20 所示。

图 5-19　场景 5 下多源协同场站总输出及其组成

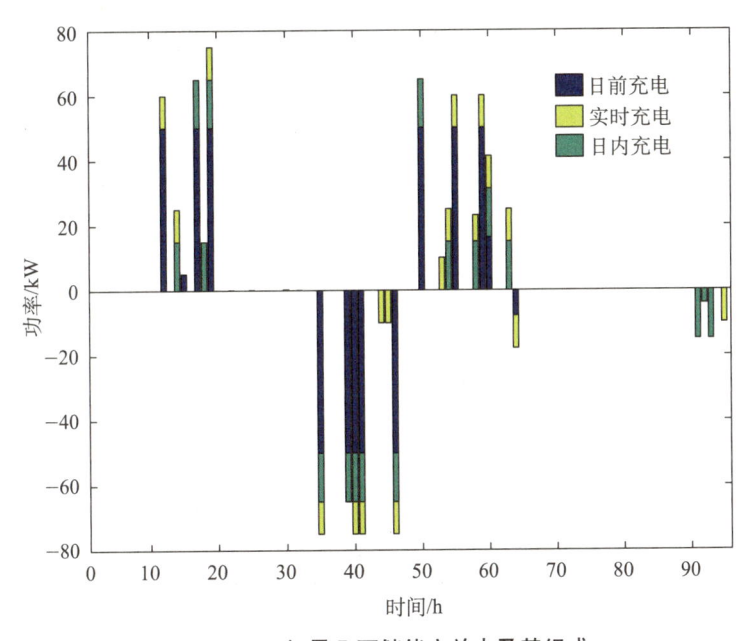

图 5-20　场景 5 下储能充放电及其组成

根据场景 5 的日前-日内-实时电价曲线可知,1:00—5:00 与 13:00—15:00 时段为电价低谷时期,9:00—12:00 与 19:00—24:00 时段为电价高峰时期。因此根据图 5-19 可做出判断:由于在电价较低的时段多源协同场站向主网的电能出力较少且均为风光出力,储能在电价较低的时段基本不进行放电行为,但是在 1:00—2:00 时段由于相对 3:00—5:00 时段的电价较高，因此储能会选择该时段进行部分放电。不同的是，图 5-19 与图 5-5 相比，储能在 1:00—2:00 与 23:00—24:00 时段的放电次数显著减少，这是因为由于储能寿命损耗约束的存在，储能的每次充放电都会损失其寿命，因此为了保证储能的寿命期限，其充放电次数与充放电功率会被限制。根据图 5-20 所示的储能充放电情况，可以看出储能主要根据日前-日内-实时电价在低电价时段从主网购能，高电价时段向主网放能来实现跨时段的套利。除此之外，由于实时价格比较高，因此在 19:00—21:00 时段，储能不在日前与日内市场进行放电，但是会在实时市场进行放电的调整，并且由于存在储能寿命损耗约束，储能的充放电相较场景 1 较少，并且充放电基本集中于电价峰值。

图 5-21 为场景 5 下储能在日前-日内-实时市场的荷电状态，储能的 SOC 与其充放电相关，根据上文对储能充放电行为的分析，储能在日前-日内-实时市场中基本只跟随电价进行充放电，因此在低电价时段储能充电导致 SOC 升高，高电价时段储能放电导致 SOC 降低。由于日前市场是现货市场的基础，因此日内与实时市场的 SOC 是在日前市场基础上的微调，三者的大致趋势是保持一致的，并且从储能的 SOC 来看日前-日内-实时市场的充放电深度是依次递增的。由于储能寿命损耗约束的存在，储能的充放电次数被约束，因此从储能 SOC 可以看出其峰谷数量相较场景 1 有所减少。

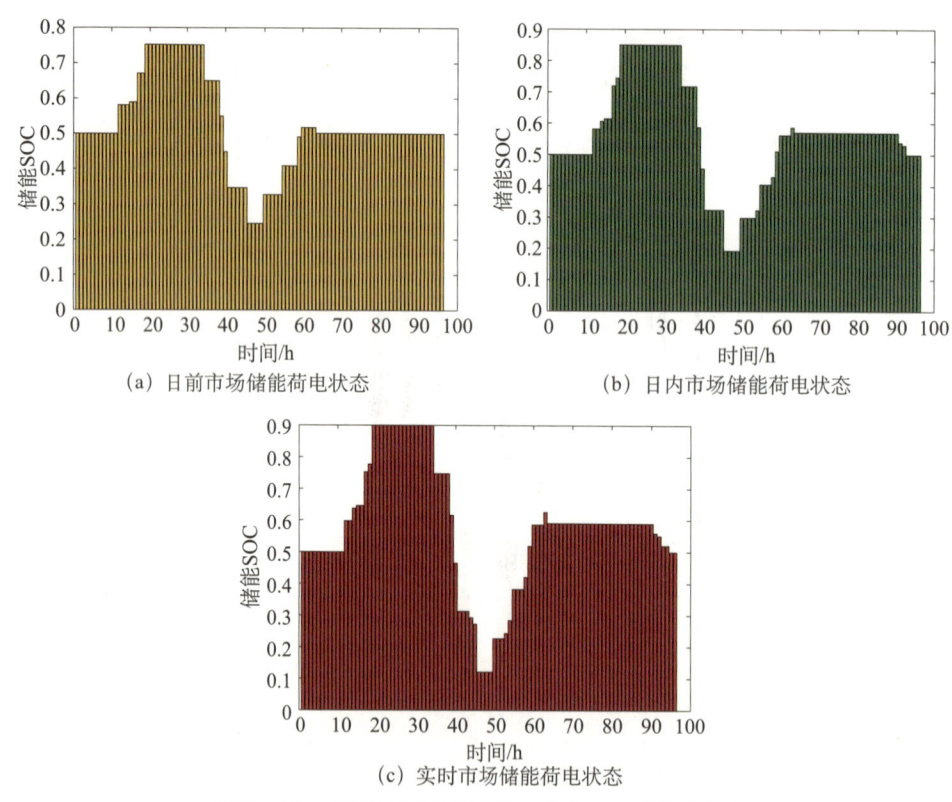

(a) 日前市场储能荷电状态

(b) 日内市场储能荷电状态

(c) 实时市场储能荷电状态

图 5-21　场景 5 下储能日前-日内-实时荷电状态

6. 场景 6 分析

场景 6 不采用出清的方式来获取电价，而是对历史电价进行预测，运用历史电价来替代机组出清电价，历史预测电价如图 5-22 所示。与场景 1 出清价格不同，历史预测价格中的

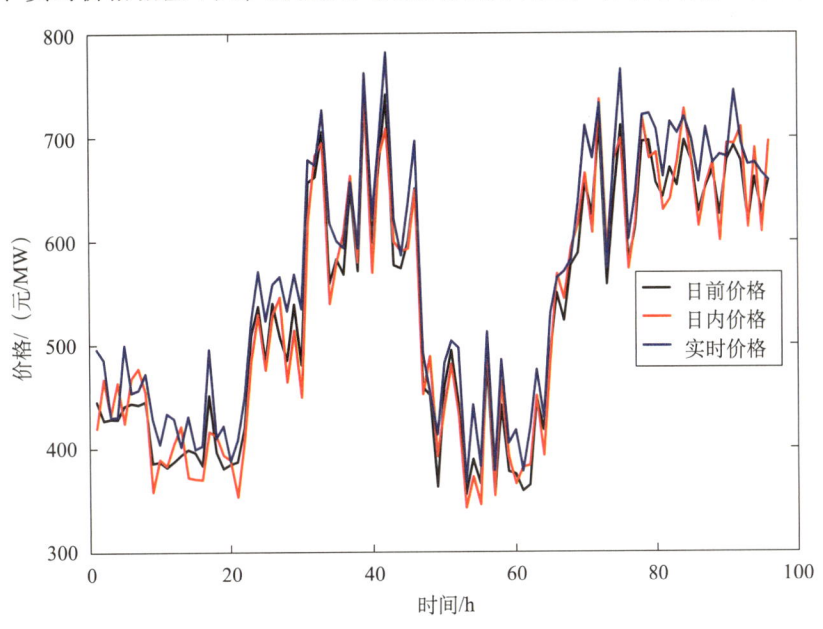

日前、日内、实时价格相差不大，并且其风光波动较为明显，有利于储能的决策。

图 5-22 场景 6 日前-日内-实时价格

采用历史预测电价，在弱风光出力与无储能寿命约束情况下对风光储的出力行为与储能的充放电行为进行预测，得到风光储的总出力曲线与储能的充放电情况，如图 5-23、图 5-24 所示。

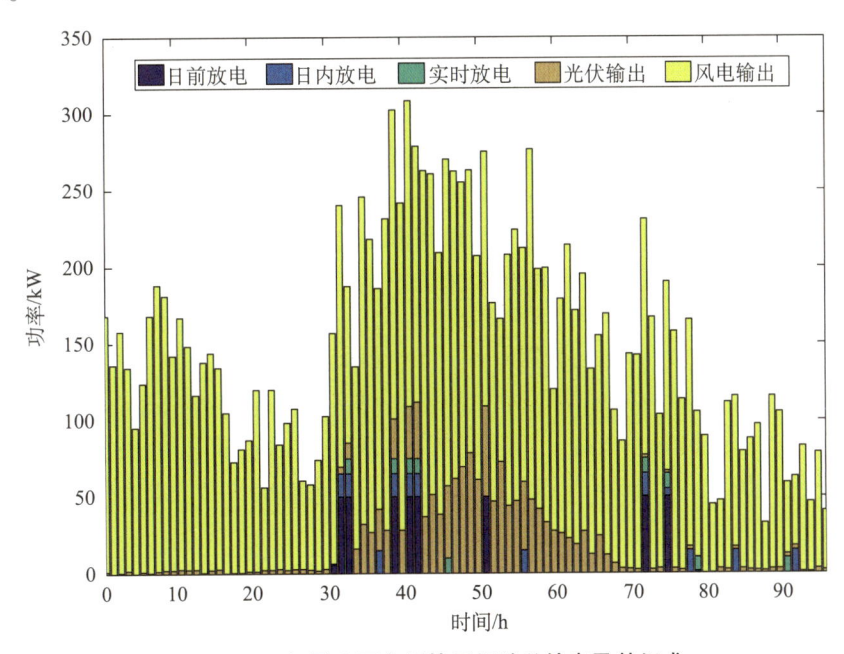

图 5-23 场景 6 下多源协同场站总输出及其组成

根据历史预测的日前-日内-实时电价曲线可知，1:00—5:00 与 12:00—17:00 时段为电价低谷时期，8:00—11:00 与 19:00—24:00 时段为电价高峰时期。因此根据图 5-23 可做

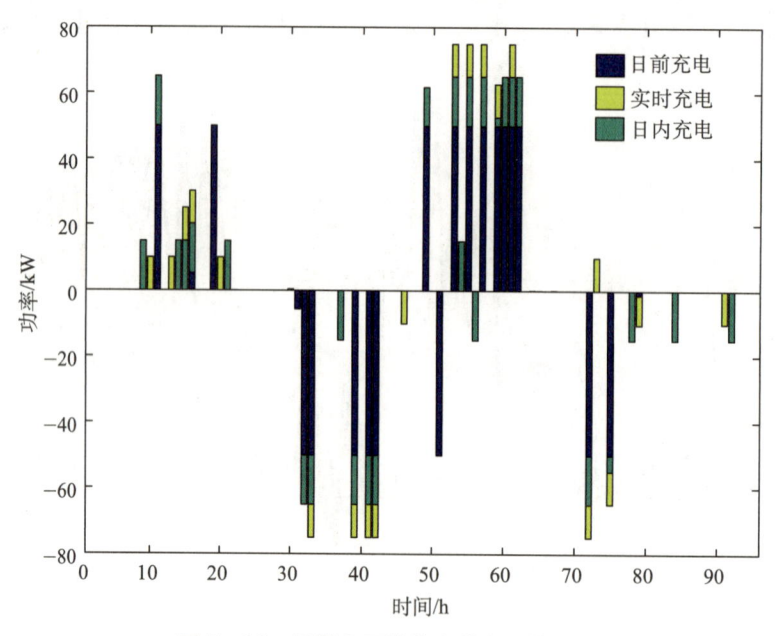

图 5-24　场景 6 下储能充放电及其组成

出判断：由于在电价较低的时段多源协同场站向主网的电能出力较少且均为风光出力，储能在电价较低的时段基本不进行放电行为。根据图 5-24 所示的储能充放电情况，可以看出储能主要根据日前-日内-实时电价在低电价时段从主网购能，高电价时段向主网放能来实现跨时段的套利。除此之外，由于没有储能寿命损耗约束，因此储能在日前、日内、实时的充放电较为频繁。

图 5-25 为场景 6 下储能在日前-日内-实时市场的荷电状态，储能的 SOC 与其充放电相关，根据上文对储能充放电行为的分析，储能在日前-日内-实时市场中基本只跟随电价进行充放电，因此在低电价时段储能充电导致 SOC 升高，高电价时段储能放电导致 SOC 降低。除此之外，由于日前市场是现货市场的基础，之后的日内与实时市场的功率调整不能超过考核限值，因此日内与实时市场的 SOC 是在日前市场基础上的微调，三者的大致趋势是保持一致的，并且从储能的 SOC 来看日前-日内-实时市场的充放电深度是依次递增的。

7. 场景 7 分析

场景 7 与场景 6 一样均使用历史预测价格进行计算，同时也不考虑储能的寿命损失约束，不同的是风光储的风光出力较大，风光出力在风光储的总输出占比较大，以场景 6 的电价为基础进行优化仿真，得到风光储的总输出曲线与储能的充放电曲线，如图 5-26 与图 5-27 所示。

根据场景 7 的日前-日内-实时电价曲线可知，1:00—5:00 与 12:00—17:00 时段为电价低谷时期，8:00—11:00 与 19:00—24:00 时段为电价高峰时期，因此根据图 5-26 可判断，由于在电价较低的时段多源协同场站向主网的电能出力较少且均为风光出力，储能在电价较低的时段基本不进行放电行为。根据图 5-27 所示的储能充放电情况，可以看出储能主要根据日前-日内-实时电价在低电价时段从主网购能，高电价时段向主网放能来实现跨时段的套利。

(a) 日前市场储能荷电状态

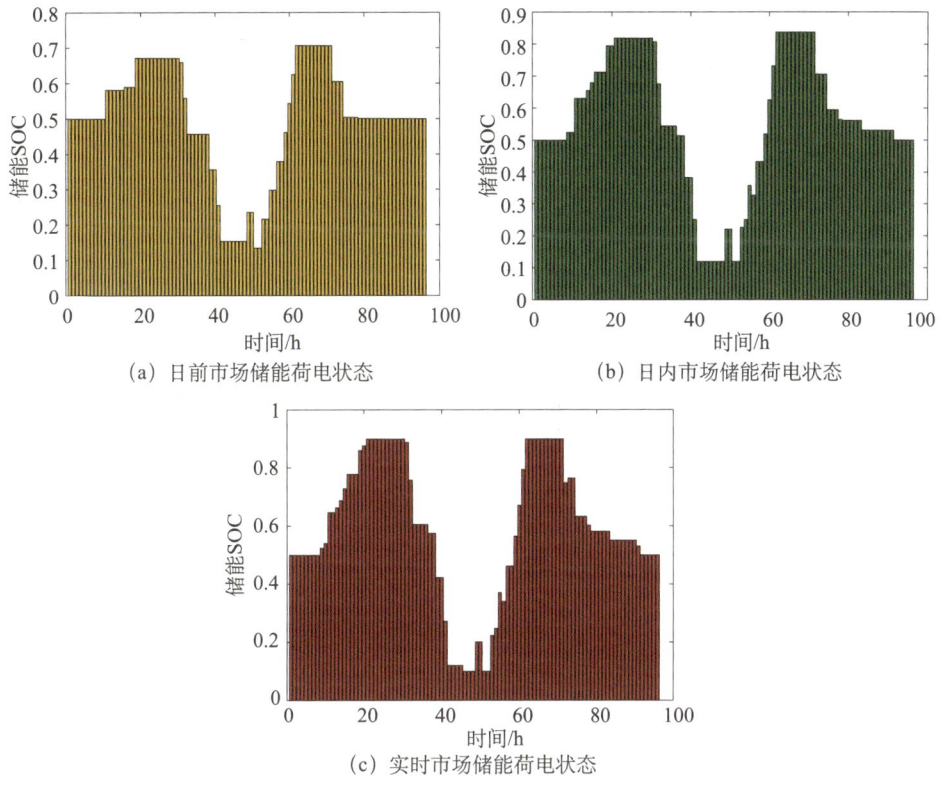

(b) 日内市场储能荷电状态

(c) 实时市场储能荷电状态

图 5-25　场景 6 下储能日前 - 日内 - 实时荷电状态

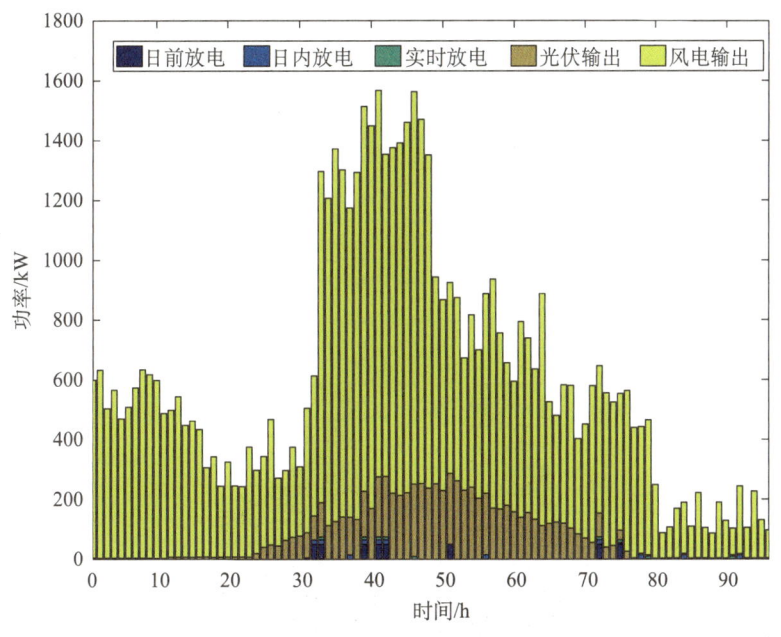

图 5-26　场景 7 下多源协同场站总输出及其组成

图 5-28 为场景 7 下储能在日前 - 日内 - 实时市场的荷电状态，储能的 SOC 与其充放电相关，根据上文对储能充放电行为的分析，储能在日前 - 日内 - 实时市场中基本只跟随电价

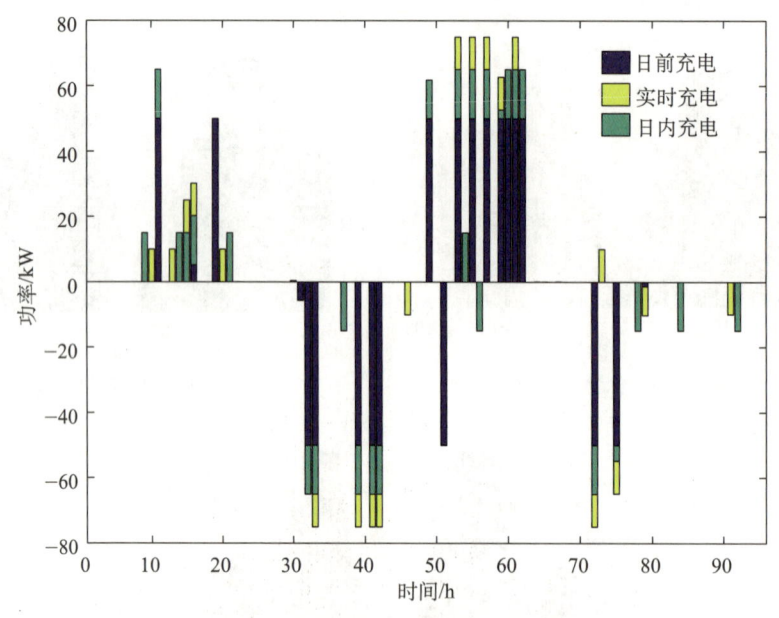

图 5-27 场景 7 下储能充放电及其组成

进行充放电,因此在低电价时段储能充电导致 SOC 升高,高电价时段储能放电导致 SOC 降低。除此之外,由于日前市场是现货市场的基础,之后的日内与实时市场的功率调整不能超过考核限值,因此日内与实时市场的 SOC 是在日前市场基础上的微调。

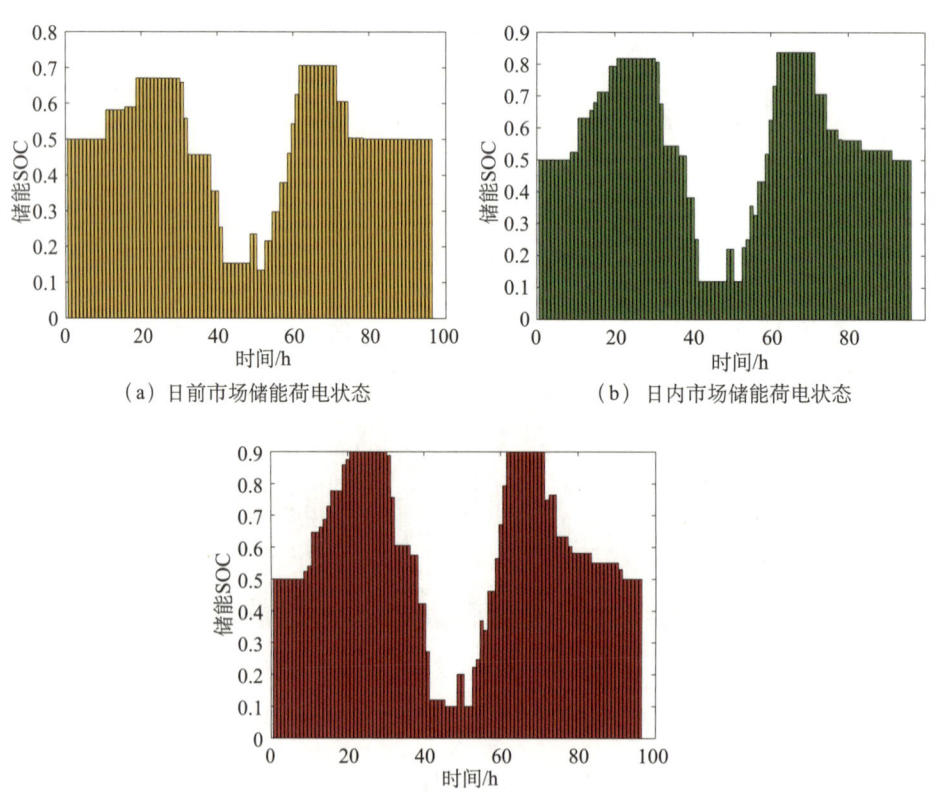

(a) 日前市场储能荷电状态

(b) 日内市场储能荷电状态

图 5-28 场景 7 下储能日前-日内-实时荷电状态

8. 场景 8 分析

场景 8 与场景 6、7 一样均采用历史预测价格进行计算,风光出力较弱,但考虑储能的寿命损失约束,以场景 6 的电价为基础进行优化仿真,得到风光储的总输出曲线与储能的充放电曲线,如图 5-29、图 5-30 所示。

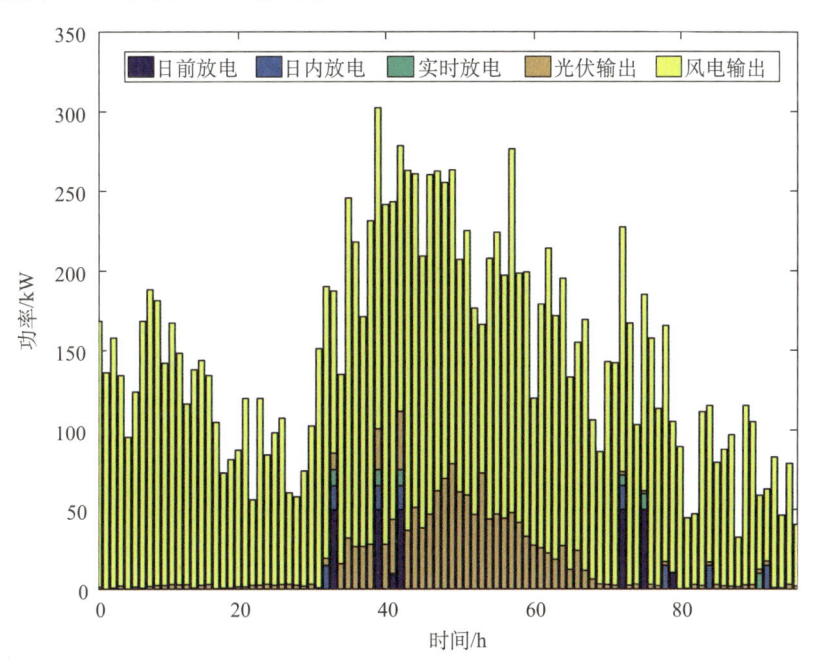

图 5-29 场景 8 下多源协同场站总输出及其组成

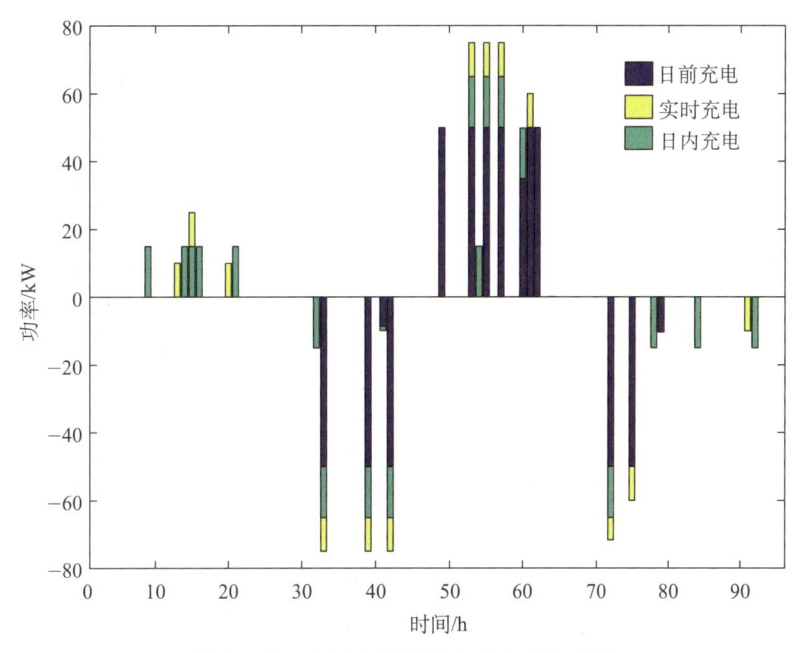

图 5-30 场景 8 下储能充放电及其组成

根据历史预测的日前-日内-实时电价曲线可知,1:00—5:00 与 12:00—17:00 时段为电价低谷时期，8:00—11:00 与 19:00—24:00 时段为电价高峰时期，因此根据图 5-26 可判断，由于在电价较低的时段多源协同场站向主网的电能出力较少且均为风光出力，储能在电价较低的时段基本不进行放电。不同的是图 5-29 与图 5-23 相比，储能在 8:00—13:00 时段的放电次数显著减少，这是由于储能存在寿命损耗约束，储能每次进行充放电都会损耗其寿命，因此为了保证储能的寿命期限，其充放电次数与充放电功率会被限制。根据图 5-30 所示的储能充放情况，可以看出储能主要根据日前-日内-实时电价在低电价时段从主网购能，高电价时段向主网放能来实现跨时段的套利。除此之外，由于存在储能寿命损耗约束，储能的充放电相较场景 6 较少，并且充放电基本集中于电价峰值。

图 5-31 为场景 8 下储能在日前-日内-实时市场的荷电状态，储能的 SOC 与其充放电相关，根据上文对储能充放电行为的分析，储能在日前-日内-实时市场中基本只跟随电价进行充放电，因此在低电价时段储能充电导致 SOC 升高，高电价时段储能放电导致 SOC 降低。由于日前市场是现货市场的基础，因此日内与实时市场的 SOC 是在日前市场基础上的微调，三者的大致趋势是保持一致的，并且从储能的 SOC 来看日前-日内-实时市场的充放电深度是依次递增的。由于储能寿命损耗约束的存在，储能的充放电次数被约束，因此从储能 SOC 可以看出其峰谷数量相较场景 6 有所减少。

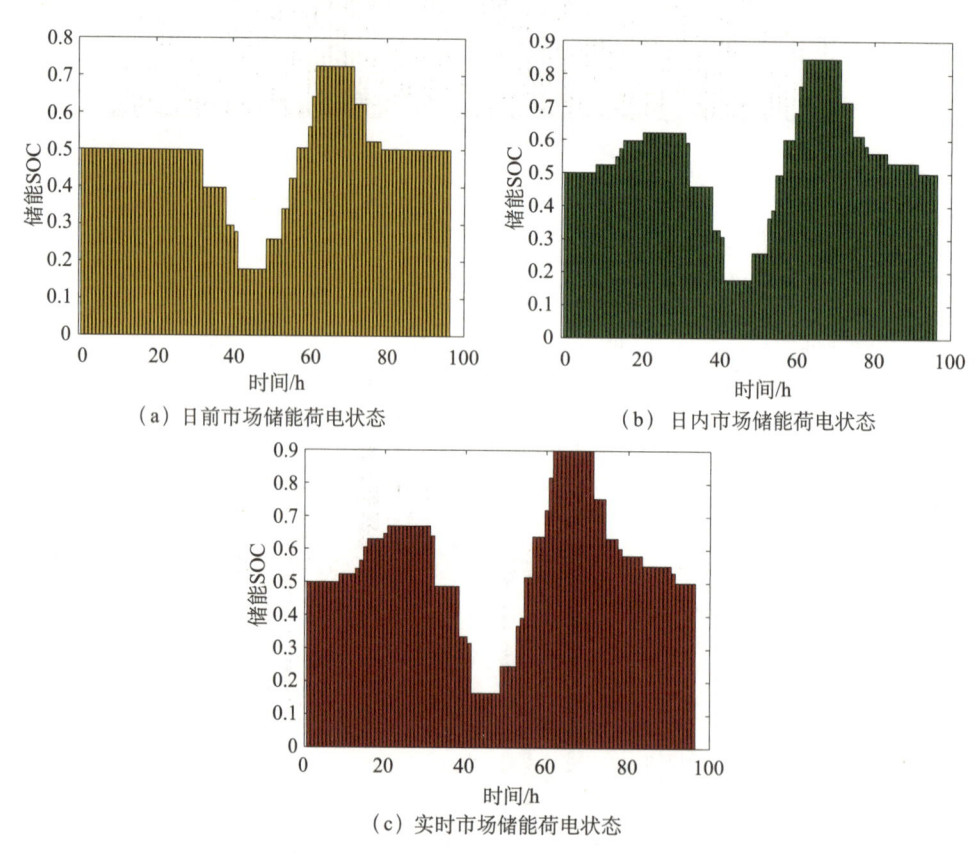

(a) 日前市场储能荷电状态

(b) 日内市场储能荷电状态

(c) 实时市场储能荷电状态

图 5-31　场景 8 下储能日前-日内-实时荷电状态

对多源协同场站参与电力现货市场的案例分析进行总结，可得出以下主要结论：
根据现货市场模式下多源协同场站集控策略与案例分析可知，随着市场机制的逐步完善，以及产业规模效益的持续释放，多源协同一体化电站已具备与传统常规电源相匹敌的价格优势。从长远看，电网的基础设施重资产属性对承接高比例的新能源投资配套难以为继，资源得不到有效配置。在现货市场中，基于电力、电量交易的现货市场集中了各种市场主体、各类社会资本，以价格信号机制形成的各类竞争有利于资金从投资侧向新能源发电侧转移，同时触发了需求侧灵活性资源有效参与市场交易。

可再生能源参与现货市场已有多个省份试点开始运行结算。在本研究模拟的蒙西电力市场案例中，多源协同一体化电站报量报价参与现货市场出清，现货环节采用"全电量集中优化+节点电价"的交易模式。采取"日前+日内+实时"的结算方式，各市场参与份额按照各个市场的边际电价进行结算。由于风电、光伏出力具有不确定性，多源协同一体化电站需要进行功率预测，但往往也需要承担预测精度偏差带来的风险。一旦出现发电能力不足，就必须从现货市场中买入电量保证履约，同时还会受到预测功率偏差考核。

在以新能源为主体的新型电力系统建设背景下，推动新能源参与现货市场能否从根本上解决新能源消纳问题，很大程度上取决于市场机制的设计。现阶段，我国电力市场已初步形成以中长期交易为主、现货交易试点运行的电力市场体系，建设成效初显。风光等新能源参与电力中长期、电力现货的步伐也紧随其后，而辅助服务市场、容量市场、绿证市场、碳市场等相关市场的建立还需要加大完善力度。新能源参与电力市场，首先是为了激励风电、光伏发电等新能源的充分发展，在电力市场尚不健全的背景下，新能源参与现货市场宜采用"计划+市场"相结合的发展策略。

在当前国家可再生能源补贴、绿证等多重激励性政策的支持下，多源协同一体化电站的收益足以覆盖发电投资成本，其参与现货市场的积极性很低。可再生能源配额制能够刺激用电企业、售电公司等购电企业与多源协同一体化电站签订长期购电合同，多源协同一体化电站项目建设的融资问题也因此得到解决。因此，丰富多源协同一体化电站项目建设投资渠道、鼓励社会多重资本参与发电侧投资、让商业化项目看到参与现货电量竞价的风险与潜在效益是多源发电在现货市场起步阶段的重要措施。

5.3 调频市场模式下多源协同场站集控策略与案例分析

本节主要包括多源协同场站参与调频市场的场景划分和算例分析两个部分。首先，将多源协同场站参与调频市场的场景划分为场景1~9；其次，分别对场景1~9的机组报价、出清价格和储能最优充放电上报功率进行分析；最后，对多源协同场站的参与调频辅助服务市场的案例进行总结并得出结论。

5.3.1 多源协同场站参与调频市场的场景划分

由多源协同场站参与蒙西调频市场的优化集控的逻辑图及各模型可知，对多源协同场站参与调频市场的最优上报功率影响较大的因素主要有储能充放电参数及边际里程出清价格。其中，在储能充放电参数中影响较大的为储能的寿命损耗约束。影响边际出清价格的主要因素为历史调频容量里程比和申报容量及价格，而影响历史调频容量里程比的主要因素又为除储能之外的火电机组的种类。因此，选取燃煤、燃油、燃气作为典型火电机组，并围绕申报价格、储能寿命损耗、时间尺度以及火电机组的种类将场景划分为9个，结果见表5-16。

表 5-16　多源协同场站参与调频市场的场景划分结果

场景	火电机组种类			申报价格	寿命损耗约束	是否出清	时间尺度
	燃煤	燃油	燃气				
场景 1	√	√	√	非固定	有	是	1h
场景 2		√	√	非固定	有	是	1h
场景 3			√	非固定	有	是	1h
场景 4	√	√	√	非固定	无	是	1h
场景 5	√	√	√	固定	有	是	1h
场景 6	不使用出清，使用历史预测价格				有	否	1h
场景 7	√	√	√	非固定	有	是	15min
场景 8		√	√	非固定	有	是	15min
场景 9			√	非固定	有	是	15min

综上所述，以上场景可分为四类：场景 1、2、3 为第一类，探究火电机组种类对多源协同场站参与调频市场的最优上报功率的影响；场景 4 为第二类，主要通过与场景 1 的对比探究寿命损耗约束对储能上报容量的影响；场景 5 为第三类，主要探究在申报容量和价格固定的情况下出清价格的结果对多源协同场站参与调频市场的最优上报功率的影响；场景 6 为第四类，不通过出清，直接使用历史预测价格进行优化。典型负荷曲线如图 5-32 所示。

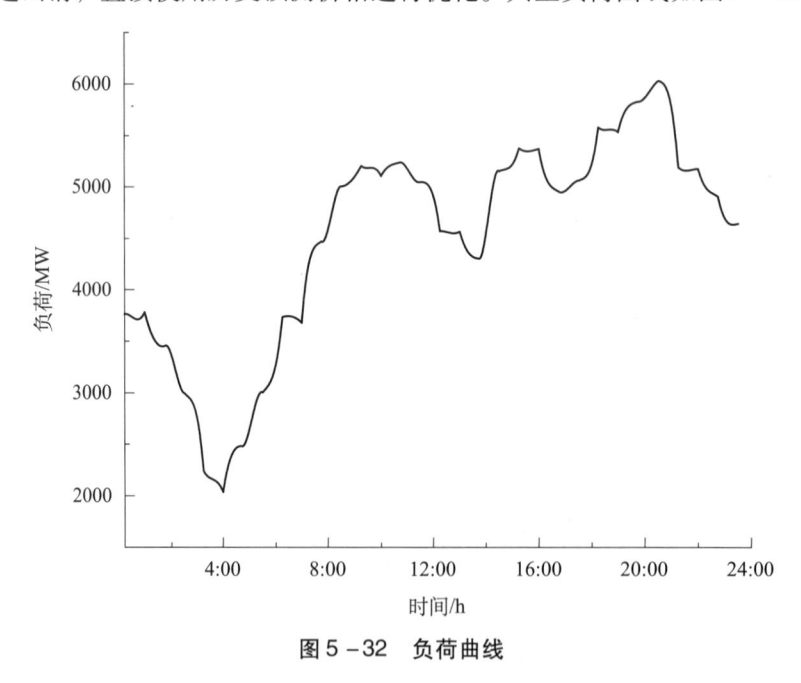

图 5-32　负荷曲线

其中，调频容量需求设置为负荷的 10%，调频里程需求设定为负荷的 15%，如图 5-33 所示。

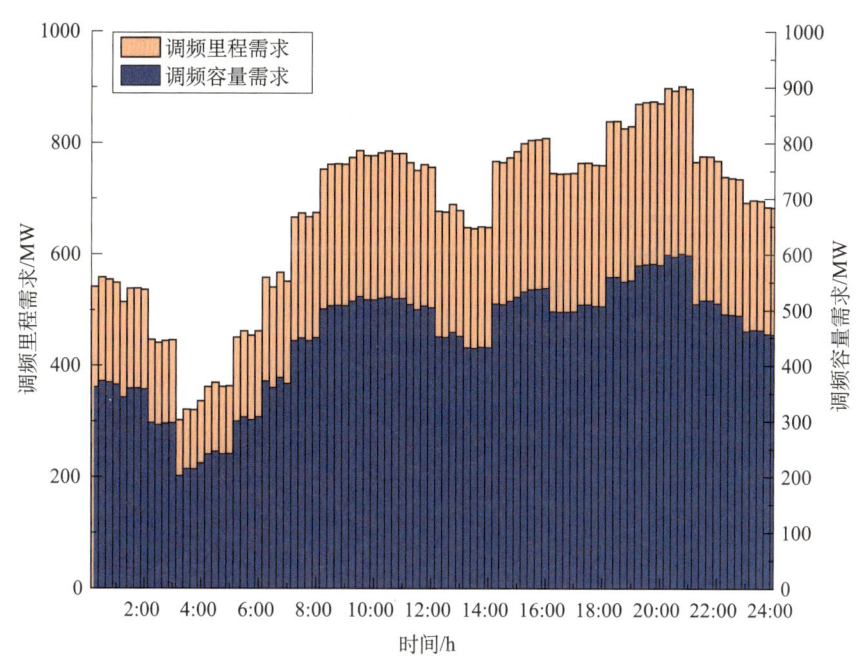

图 5-33 调频容量与调频里程需求

5.3.2 多源协同场站参与调频市场的算例分析

1. 场景1（火电机组种类为3种时）多源协同场站参与调频市场的最优上报功率分析

场景1中的火电机组种类为燃煤机组、燃油机组和燃气机组3种，其调频固定参数及指标见表5-17。

表 5-17 场景1机组调频固定参数及指标

机组类型	燃煤机组 1	燃煤机组 2	燃油机组 1	燃油机组 2	燃气机组 1	燃气机组 2	储能
额定容量/MW	585	859	1009	1005	641	768	550
最大申报容量占额定容量比例	0.1	0.1	0.1	0.1	0.15	0.15	0.5
历史调频容量里程比	7	7	15	15	10	10	20
综合调频性能指标	0.5	0.5	0.8	0.8	0.8	0.8	1

1）机组报价分析

由于机组类型不同，在出清时其申报的里程价格也各不相同。不同机组报价的比较结果如图5-34所示。由不同机组里程价格申报曲线可知，在 0:00—4:00 时段负荷需求小，因此调频容量需求和调频里程需求均较小。储能在此时的报价明显低于燃煤机组和燃气机组，燃气机组和燃煤机组具有启停成本。因此在需求量小的时段，需要将报价提高来弥补启停带来的损失。从 7:00 开始，储能的报价明显提高，因为此时负荷的需求快速增长，随之调频容量需求和调频里程需求均随之增长。同时，燃煤和燃气机组的报价也随之增加。而燃油机组的调频性能和容量均为最高，燃油机组希望在此时段就可以获利，因此可看到燃油机组的报价最高。在 12:00—18:00 之间，由于此阶段负荷需求相对处于较高的时段，储能和火电机组的报价均处于较高的价格。在负荷需求最大的 20:00—23:00 之间，此时的调频需求为一天之中的最大值，从图 5-34 中可以观察到，此时储能的申报里程价格最高，说明此时是储能获益的最佳时段。

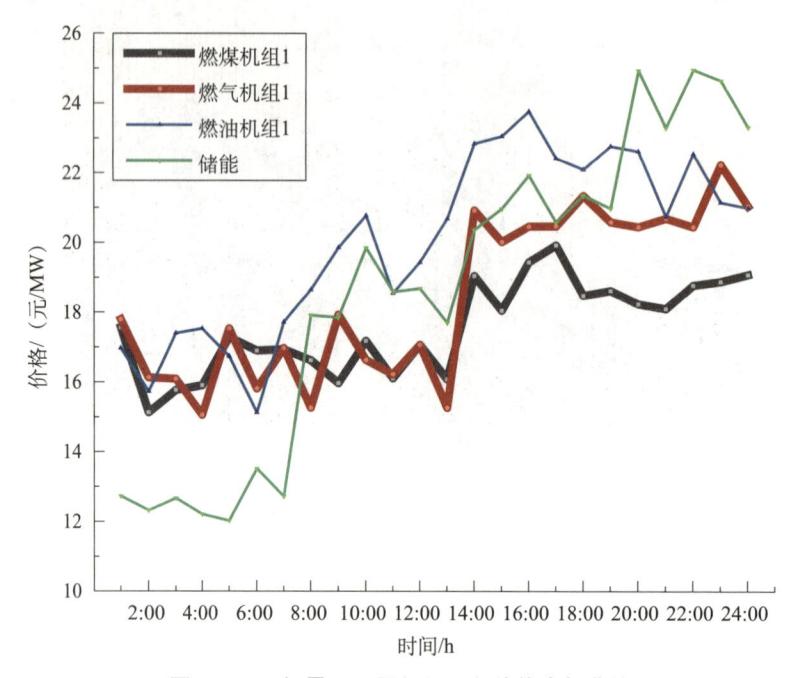

图 5-34　场景 1 不同机组里程价格申报曲线

2) 出清价格分析

调频辅助服务市场的出清价格分为两种：第一种是直接里程出清价格 λ_t，但结算收益时需要与里程 M_t 相乘，即需要在计算收益时折算一个历史调频容量里程比，在场景 1 中的出清价格如图 5-35 所示；第二种价格 λ_{MW_t} 是将历史调频容量里程比直接折算进出清价格中，结算收益时直接为调频容量与该价格相乘。即：

$$I = \lambda_{\mathrm{MW}\_t}(P_{\mathrm{dFR}\_t} + P_{\mathrm{cFR}\_t})K \tag{5-1}$$

在场景 1 中的出清价格如图 5-36 所示。

比较图 5-33、图 5-35、图 5-36 可以看出，里程出清价格与每兆瓦出清价格的趋势均与调频容量和里程的需求相对应。不同的是，里程出清价格中，价格的较大提升出现在 12:00，从 12:00 开始里程出清价格均处于较高的状态。而每兆瓦出清价格的较大提升有三次，分别出现在 6:00、12:00 和 18:00。结合图 5-34 分析可知，在 12:00 时，储能、燃油和燃气机组的里程报价均有较大的提升，因此里程出清价格在 12:00 时有较大的提升。而每兆瓦的出清价格和各机组的历史调频容量里程比有关，说明 0:00—6:00 边际机组为燃煤或燃气机组，然而其历史调频容量里程比最低，之后 6:00、12:00、18:00 边际机组出现改变，导致每兆瓦出清价格出现了三次较大的提升。

3) 储能最优充放电上报功率的分析

将里程出清价格和每兆瓦价格按照实际上下调需要进行调整，其中上调价格为正，下调

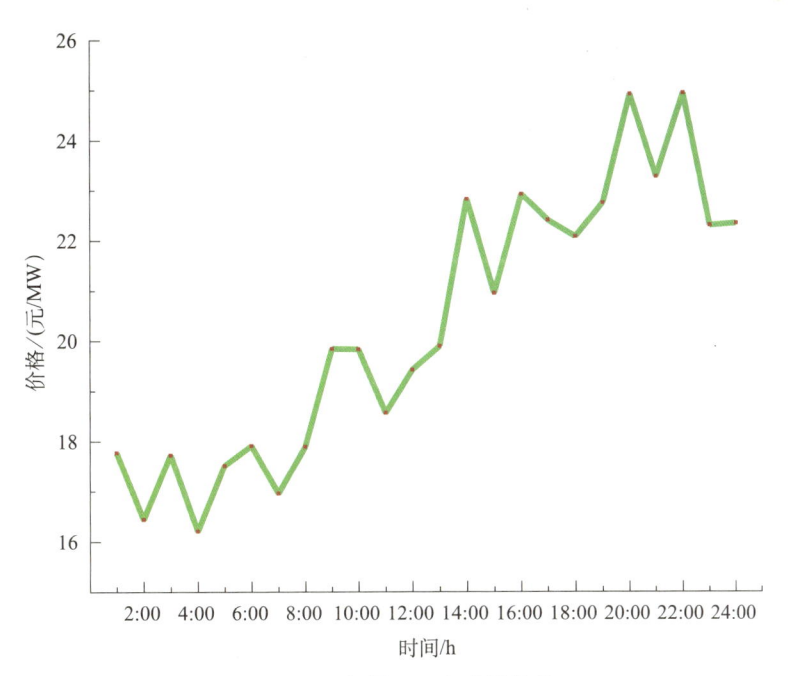

图 5-35 场景 1 里程出清价格

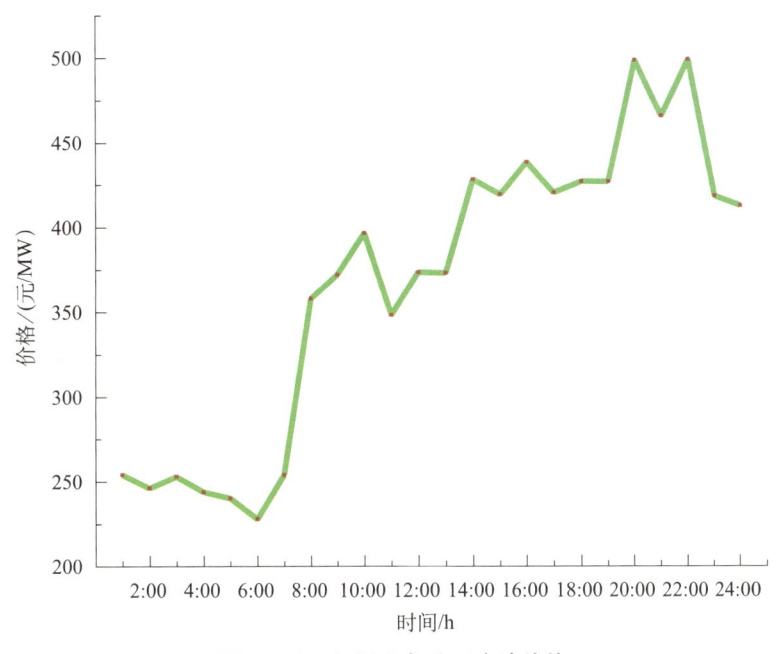

图 5-36 场景 1 每兆瓦出清价格

价格为负。再将里程出清价格按照储能的调频历史容量里程比折算为里程结算价格，与每兆瓦和分时电价的对比如图 5-37 所示。由此图可以看出，每兆瓦价格和里程结算价格之间的差异来自于每兆瓦价格，是出清时提前按照边际机组对应的调频历史容量里程比折算之后的价格，而里程结算价格是全部按照储能自己的调频历史容量里程比进行折算之后的价格。

储能的最优充放电上报功率如图 5-38、图 5-39 所示。首先，从图 5-38、图 5-39 中

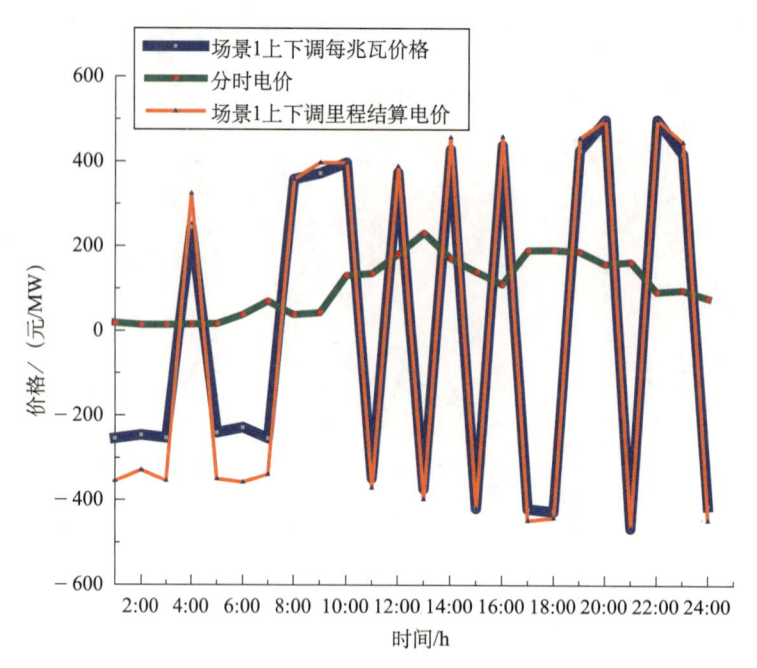

图 5-37 场景 1 中不同调频价格

可以看出，储能的放电严格对应价格为正时，也就是储能的放电对应上调；而储能的充电严格对应价格为负时，也就是储能的充电对应下调。而受到寿命损耗约束的影响，储能的充放电次数有限，因此，满足调频价格较高且分时电价相对调频价格低的时候，储能会对应进行充放电。但由于在 0:00—6:00，下调的里程结算价格比每兆瓦价格要高，因此图 5-38 中 0:00—6:00 的充电次数和对应功率要比图 5-39 中多。在上调价格较高的时段，图 5-38、图 5-39 中的放电功率和次数相同，但由于图 5-39 中在 0:00—6:00 的充电次数不够，因此在此时段，图 5-39 需要比图 5-38 充更多的电，所获得的利润也将更低。

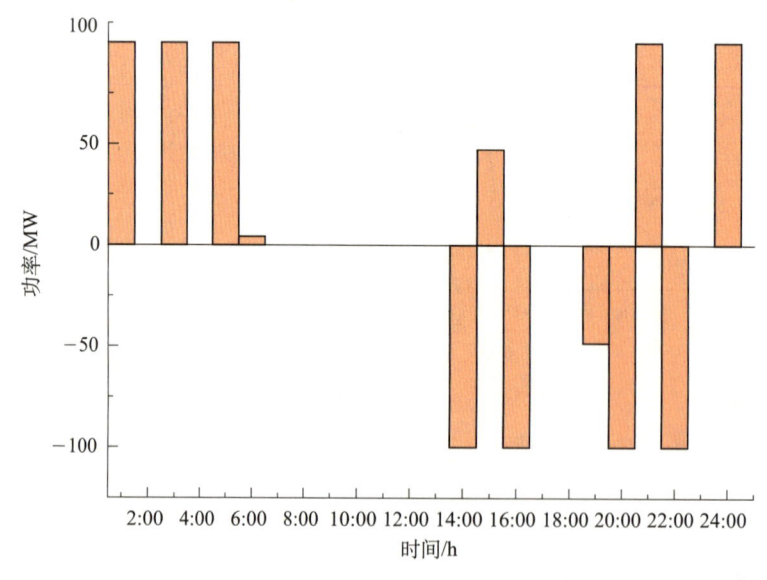

图 5-38 里程价格下场景 1 储能的最优充放电上报功率

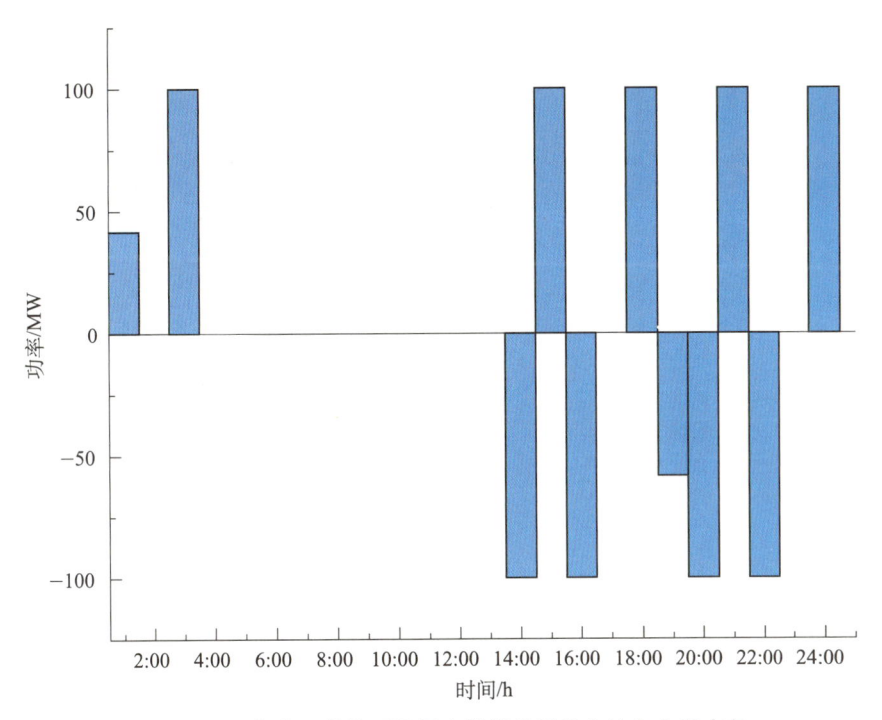

图 5-39　每兆瓦价格下场景 1 储能的最优充放电上报功率

从如图 5-40、图 5-41 所示的两种价格下对应的优化之后的储能荷电状态也可验证这一点。并且可以看出由于储能的 SOC 均处于 0.2~1 之间，且一天内满充放的次数并不多。

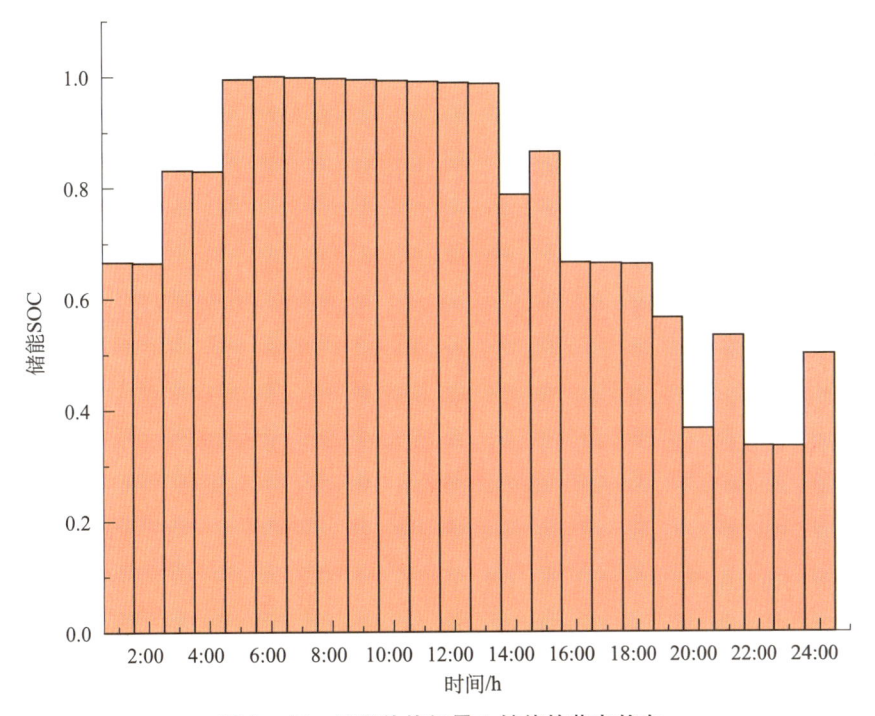

图 5-40　里程价格场景 1 储能的荷电状态

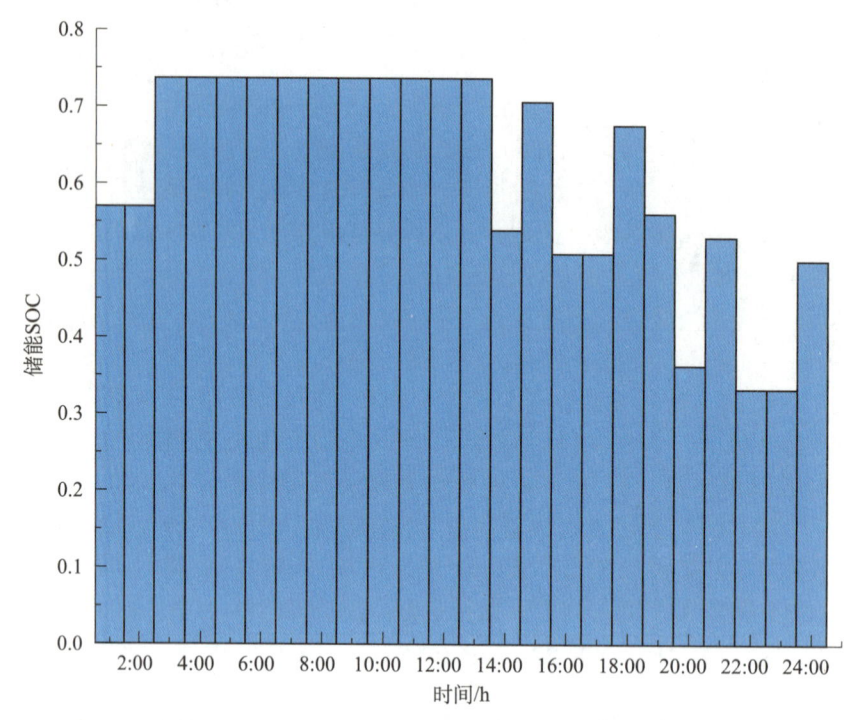

图 5-41 每兆瓦价格下场景 1 储能的荷电状态

2. 场景 2（火电机组种类为 2 种时）多源协同场站参与调频市场的最优上报功率分析

场景 2 的火电机组种类为燃油机组和燃气机组两种，其调频固定参数及指标见表 5-18。

表 5-18 场景 2 机组调频固定参数及指标

机组类型	燃油机组		燃气机组				储能
	1	2	1	2	3	4	
额定容量/MW	1009	1005	641	768	1005	316	550
最大申报容量占额定容量比例	0.1		0.15				0.5
历史调频容量里程比	15		10				20
综合调频性能指标	0.8		0.8				1

1）机组报价分析

与场景 1 类似，不同机组报价的比较结果如图 5-42 所示。由不同机组里程价格申报曲线可知，在 0:00—4:00，此时负荷需求小，因此调频容量需求和调频里程需求均较小，储能在此时的报价明显低于燃油机组和燃气机组，燃气机组和燃油机组由于具有启停成本，在需求量小的时段需要将报价提高来弥补启停带来的损失。从 6:00 开始，储能的报价明显提高，因为此时负荷的需求快速增长，随之调频容量需求和调频里程需求均随之增长。同时，燃油和燃气机组的报价也随之增加，其中燃油机组的报价最高。在 12:00—18:00 之间，由于此阶段负荷需求相对处于较高的时段，储能和火电机组的报价均处于较高的价格。在负荷需求最大的 18:00—23:00 之间，此时的调频需求为一天之中的最大值，从图 5-42 中可以观察到，此时储能的申报里程价格最高，说明此时是储能获益的最佳时段。

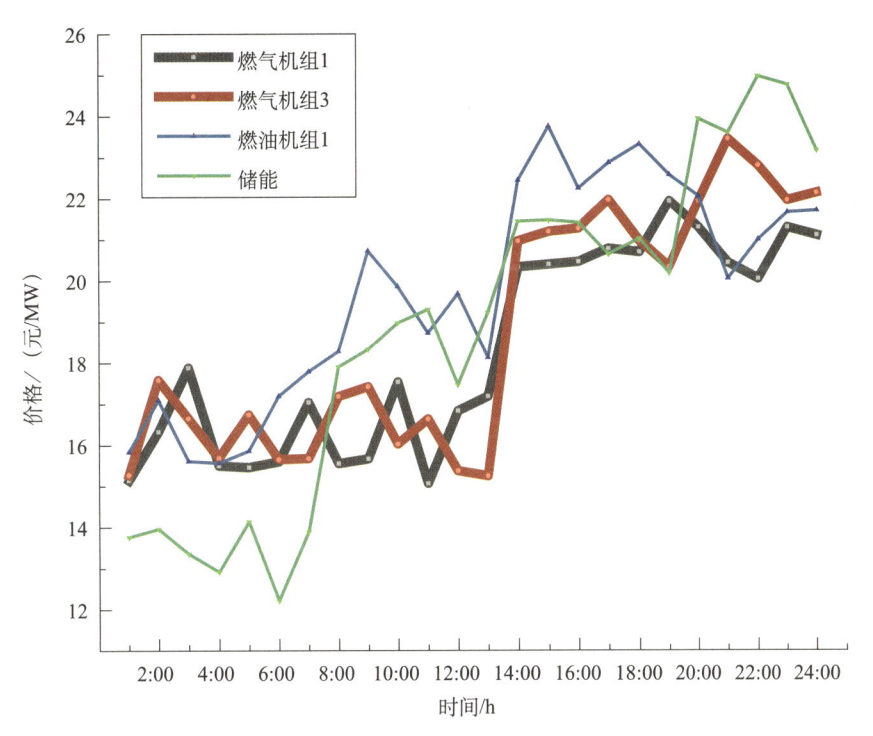

图 5-42 场景 2 不同机组里程价格申报曲线

2) 出清价格分析

场景 2 中的里程出清价格及每兆瓦出清价格分别如图 5-43、图 5-44 所示。比较图 5-33、图 5-43、图 5-44 可以看出，与场景 1 类似，里程出清价格与每兆瓦出清价格的趋势均与

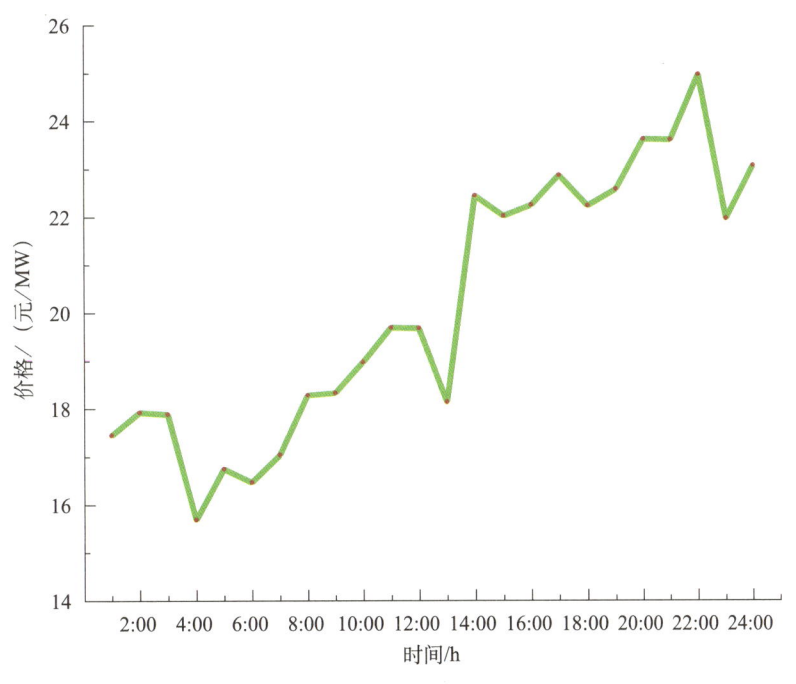

图 5-43 场景 2 里程出清价格

调频容量和里程的需求相对应。里程出清价格中，价格的较大提升出现在 12:00，从 12:00 开始里程出清价格均处于较高的状态。而每兆瓦出清价格的较大提升有三次，分别出现在 8:00、14:00 和 21:00。因为在 14:00 时，储能、燃油和燃气机组的里程报价均有较大的提升，因此里程出清价格在 14:00 时有较大的提升。而每兆瓦的出清价格和各机组的历史调频容量里程比有关，说明 0:00—8:00 边际机组为燃气机组和储能，之后 8:00、14:00 和 21:00 边际机组出现改变，导致每兆瓦出清价格出现了三次较大的提升。

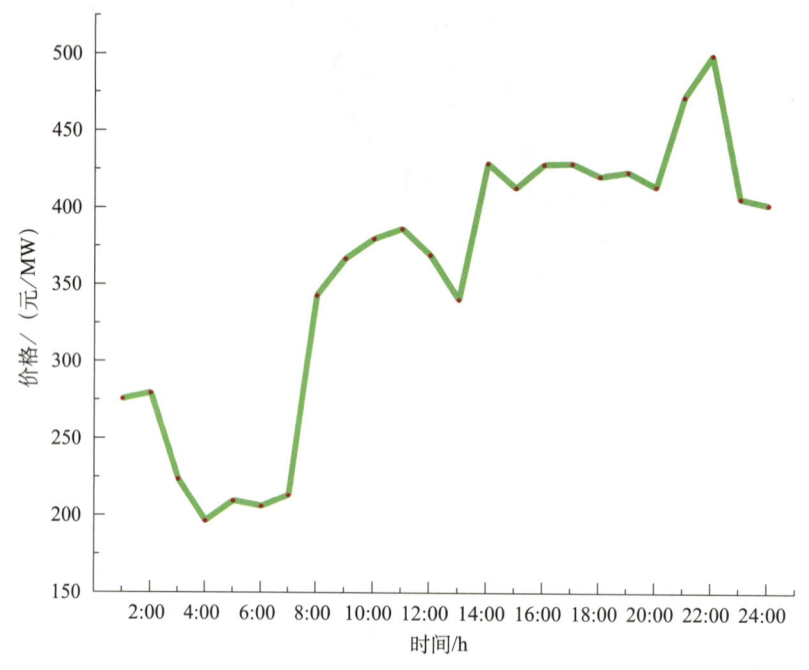

图 5-44 场景 2 每兆瓦出清价格

3）储能最优充放电上报功率的分析

与场景 1 类似，将里程出清价格和每兆瓦价格按照实际上下调需要进行调整，其中上调价格为正，下调价格为负。再将里程出清价格按照储能的调频历史容量里程比折算为里程结算价格，与每兆瓦和分时电价的对比如图 5-45 所示。

同样可以看出，由于储能的历史调频容量里程比最高，因此里程结算价格在非储能机组为边际机组时要比每兆瓦的价格要高。使用两种价格优化所得的储能最优充放电上报功率如图 5-46、图 5-47 所示。同理储能的充放电严格对应价格的正负即上下调。且受到寿命损耗约束的影响，满足调频价格较高且分时电价相对调频价格低的时候，储能会对应进行充放电。由于在 0:00—6:00 里程结算价格比每兆瓦价格要高，因此图 5-46 比图 5-47 储能所进行的充电上报功率较高。且里程结算价格的 18:00 和 20:00 所对应的上下调价格的峰值要高于每兆瓦价格，因此图 5-46 中储能在此时段为满充放。而图 5-47 中由于需要在 18:00 之前进行更多的充电，且每兆瓦价格中 19:00 和 22:00 的价格高于 20:00，因此储能会选择在这两个时段进行满放以最大化获利。

从如图 5-48、图 5-49 所示的两种价格下对应的优化之后的储能荷电状态也可验证这一点。并且可以看出由于储能的 SOC 均处于 0.2～1 之间，且一天内满充放的次数并不多。

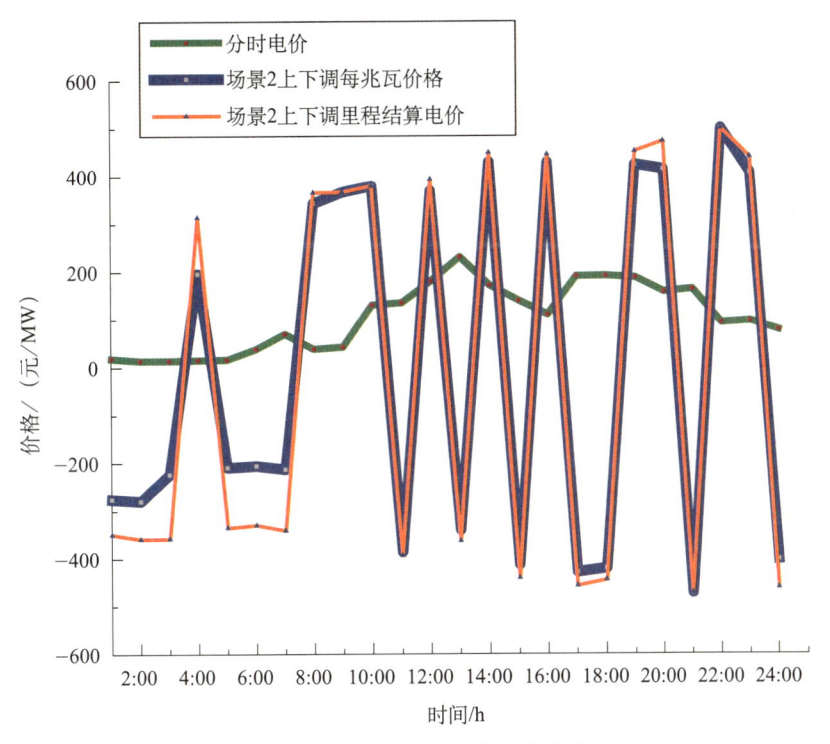

图 5-45 场景 2 中不同调频价格

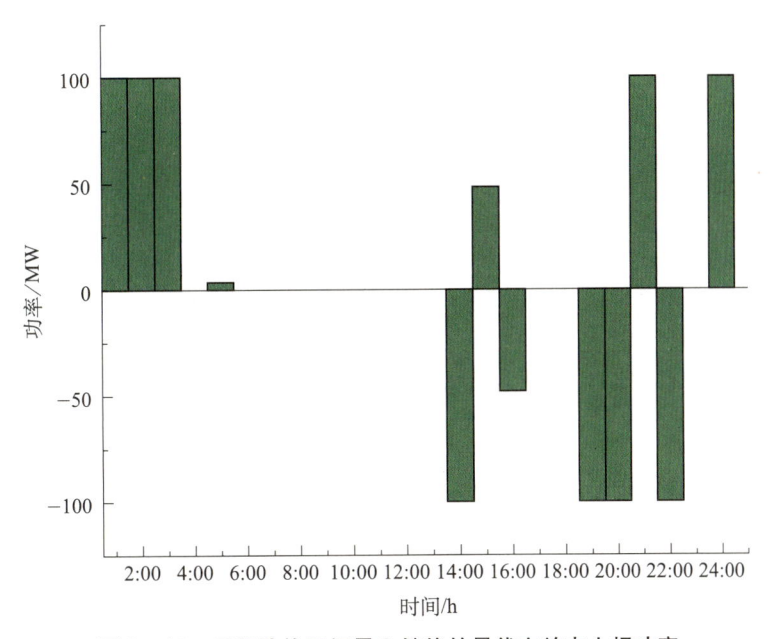

图 5-46 里程价格下场景 2 储能的最优充放电上报功率

3. 场景 3（火电机组种类为 1 种时）多源协同场站参与调频市场的最优上报功率分析

场景 3 的火电机组为燃气机组一种，其调频固定参数信息见表 5-19。

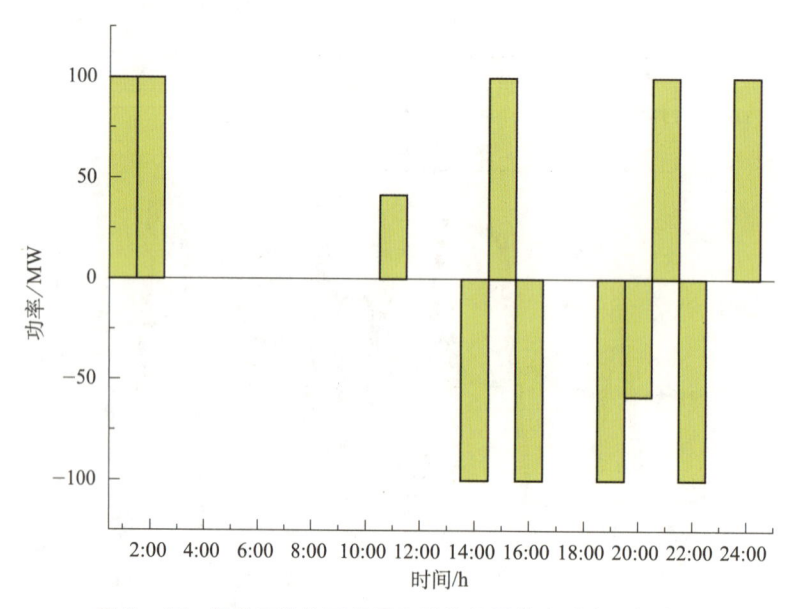

图 5-47 每兆瓦价格下场景 2 储能的最优充放电上报功率

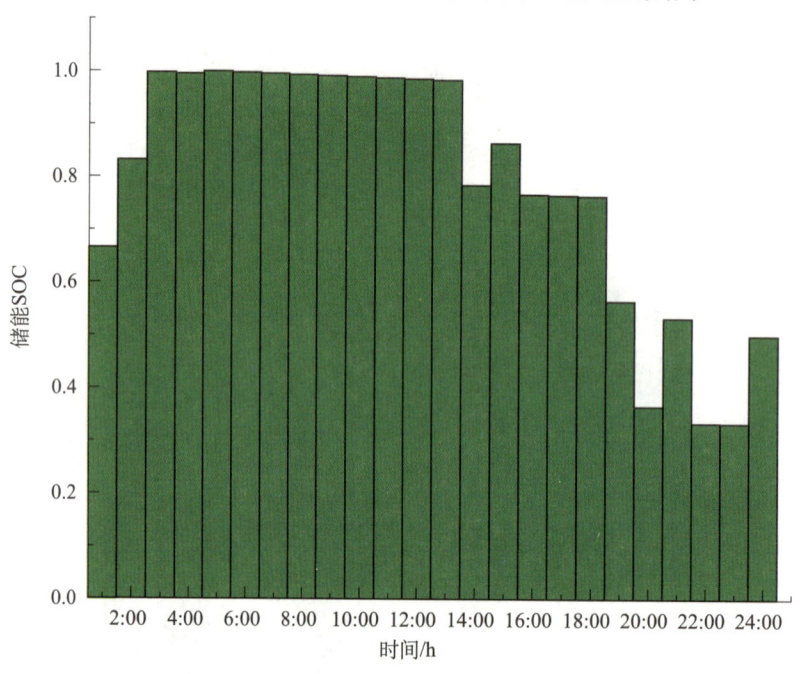

图 5-48 里程价格下场景 2 储能的荷电状态

表 5-19 场景 3 机组调频固定参数信息

机组类型	燃气机组						储能
	1	2	3	4	5	6	
额定容量/MW	641	768	1005	316	141	141	550
最大申报容量占额定容量比例	0.15						0.5
历史调频容量里程比	10						20
综合调频性能指标	0.8						1

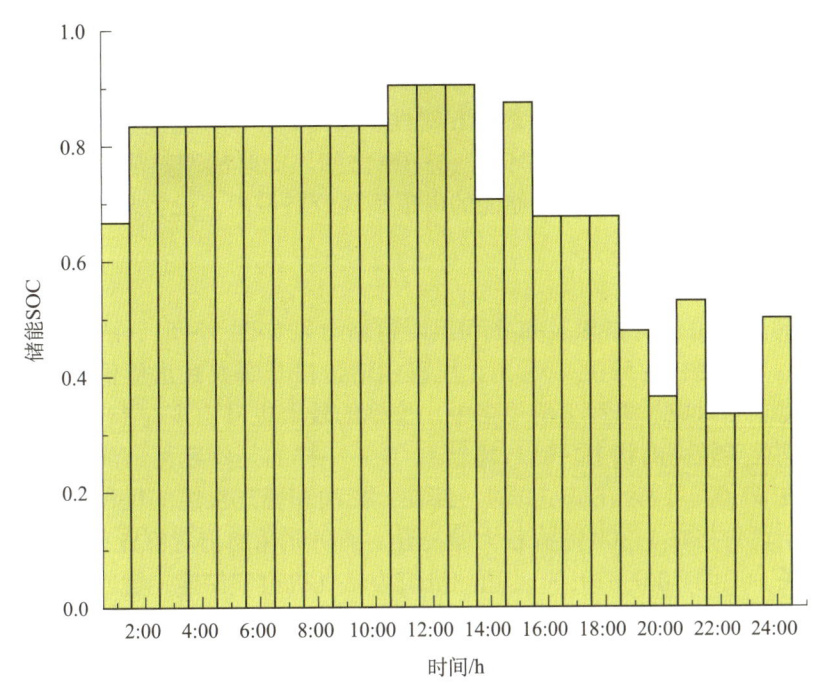

图 5-49 每兆瓦价格下场景 2 储能的荷电状态

1）机组报价分析

不同机组报价的比较结果如图 5-50 所示。由不同机组里程价格申报曲线可知，在 0:00—4:00，此时负荷需求小，因此调频容量需求和调频里程需求均较小，储能在此时的报价明显低于燃气机组，燃气机组由于具有启停成本，在需求量小的时段需要将报价提高来弥

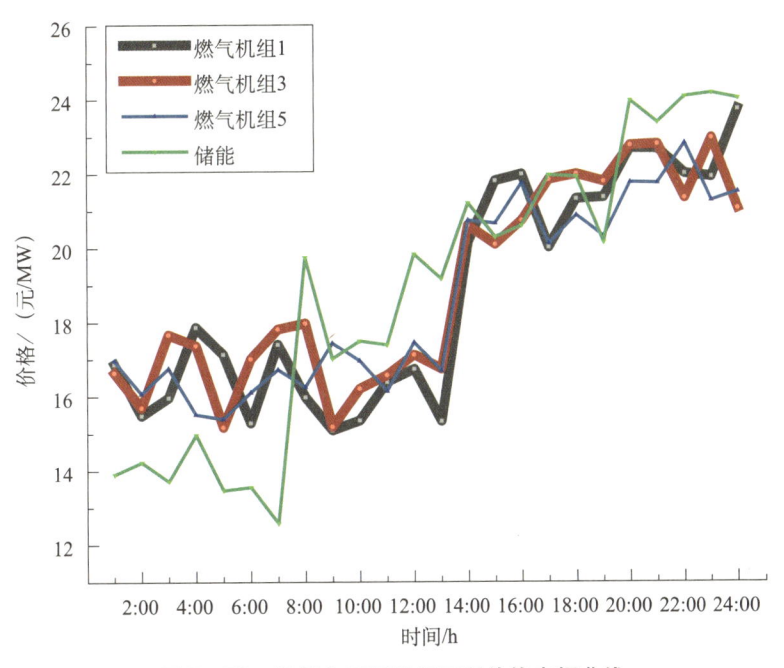

图 5-50 场景 3 不同机组里程价格申报曲线

补启停带来的损失。从 6:00 开始，储能的报价明显提高，因为此时负荷的需求快速增长，随之调频容量需求和调频里程需求均随之增长。同时，燃气机组的报价也随之增加。在 12:00—18:00 之间，由于此阶段负荷需求相对处于较高的时段，储能和燃气机组的报价均处于较高的价格。在负荷需求最大的 20:00—23:00 之间，此时的调频需求为一天之中的最大值，从图 5-50 中可以观察到，此时储能的申报里程价格最高，说明此时是储能获益的最佳时段。

2）出清价格分析

场景 3 中的里程出清价格以及每兆瓦出清价格分别如图 5-51、图 5-52 所示。比较图 5-33、图 5-51、图 5-52 可以看出，里程出清价格与每兆瓦出清价格的趋势均与调频容量和里程的需求相对应。里程出清价格中，价格的较大提升出现在 13:00，从 13:00 开始里程出清价格均处于较高的状态。而与场景 1、3 不一样的是每兆瓦出清价格的比较大提升有 1 次，出现在 20:00。因为在 13:00 时，储能、燃油和燃气机组的里程报价均有较大的提升，因此里程出清价格在 13:00 时有较大的提升。而每兆瓦的出清价格和各机组的历史调频容量里程比有关，说明 0:00—20:00 的边际机组为燃气机组和储能，燃气机组报价高但历史容量里程比低，储能报价低但容量里程比高，导致价格虽有上涨然而并不明显。而 20:00—23:00，由于储能的报价最高且其历史调频容量里程比最高，导致每兆瓦出清价格出现了非常大的提高。

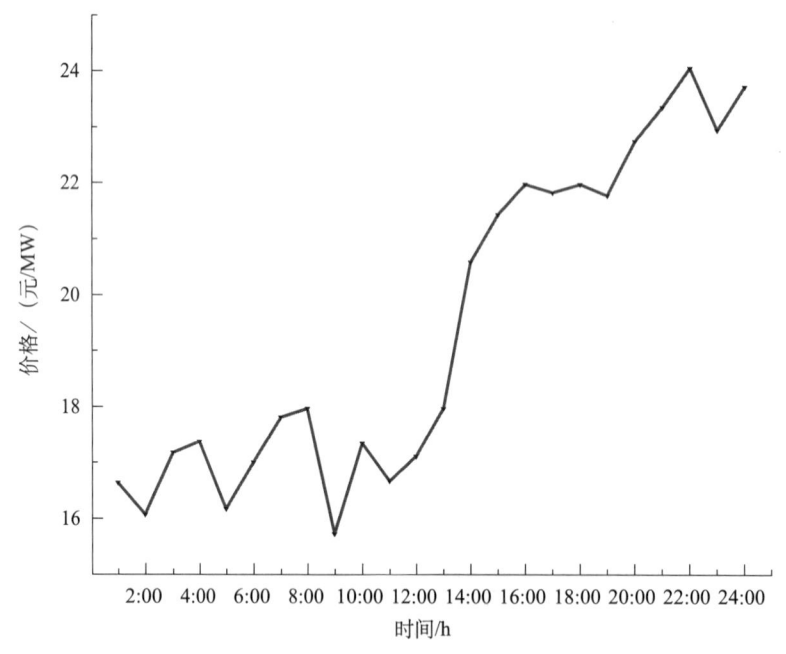

图 5-51 场景 3 里程出清价格

3）储能最优充放电上报功率的分析

由图 5-53 将里程出清价格和每兆瓦价格按照实际上下调需要进行调整，其中上调价格为正，下调价格为负。再将里程出清价格按照储能的调频历史容量里程比折算为里程结算价格，与每兆瓦和分时电价的对比如图 5-53 所示。

可以看出，在场景 3 中，在一天中的大部分时刻由于燃气机组的报价也很高，使得边际机

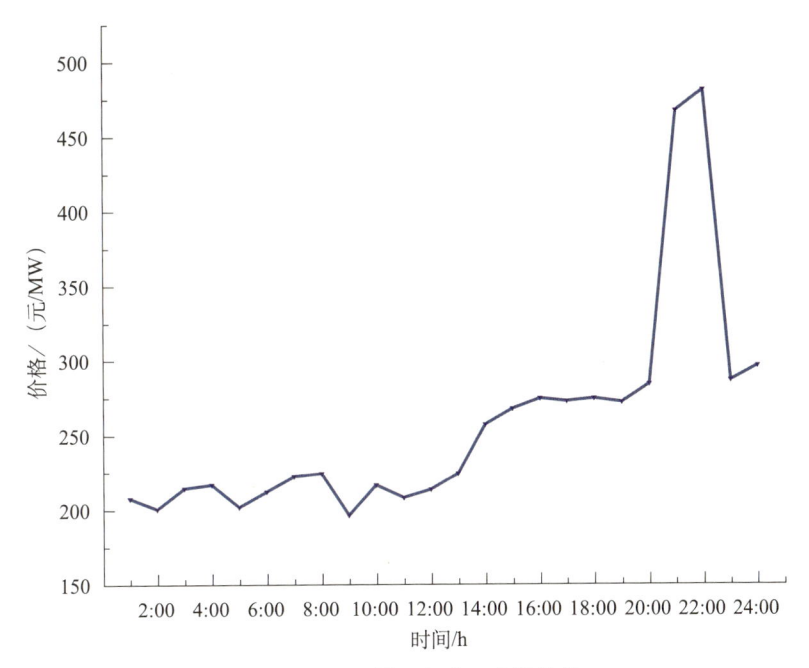

图 5-52 场景 3 每兆瓦出清价格

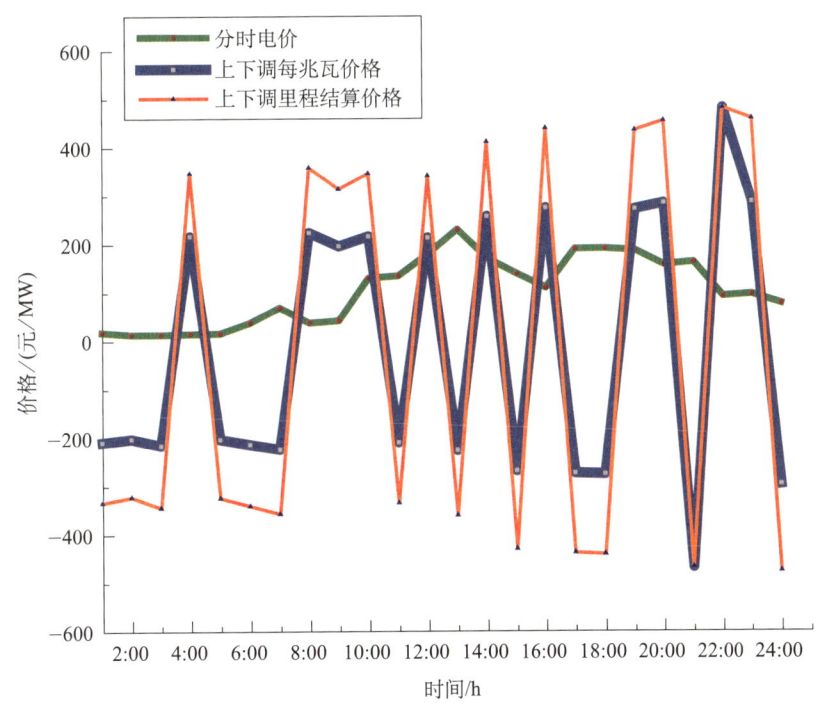

图 5-53 场景 3 中不同调频价格

组多为燃气机组,除了储能的价格最高且能中标的时刻,由于储能的历史调频容量里程比是燃气机组的两倍,因此里程结算价格比每兆瓦的价格高的幅度要更大。使用两种价格优化所得的储能最优充放电上报功率如图 5-54、图 5-55 所示。储能的充放电严格对应价格的正负即上下调。且受到寿命损耗约束的影响,满足调频价格较高且分时电价相对调频价格低的时候,储能会对应进行充放电。不同的是，场景 3 中每兆瓦价格在 18:00—23:00 的价格高值没有场景 1 和场景 2 多，因此从图 5-55 中可以看出在 0:00—6:00 有一次放电的功率上报，来弥补经济性。同时由于此次放电，在随后的电价低点也会补充一次充电。而正是由于每兆瓦价格在 18:00—23:00 的价格高值不多，再加上里程结算价格在此时段持续偏高，因此图 5-55 中储能在此时段的放电功率要小于图 5-54。图 5-54、图 5-55 中，为了在 22:00 的价格峰值点进行放电且在一天结束时刻让 SOC 回到 0.5，在之前时段和之后时段均有一段满充。

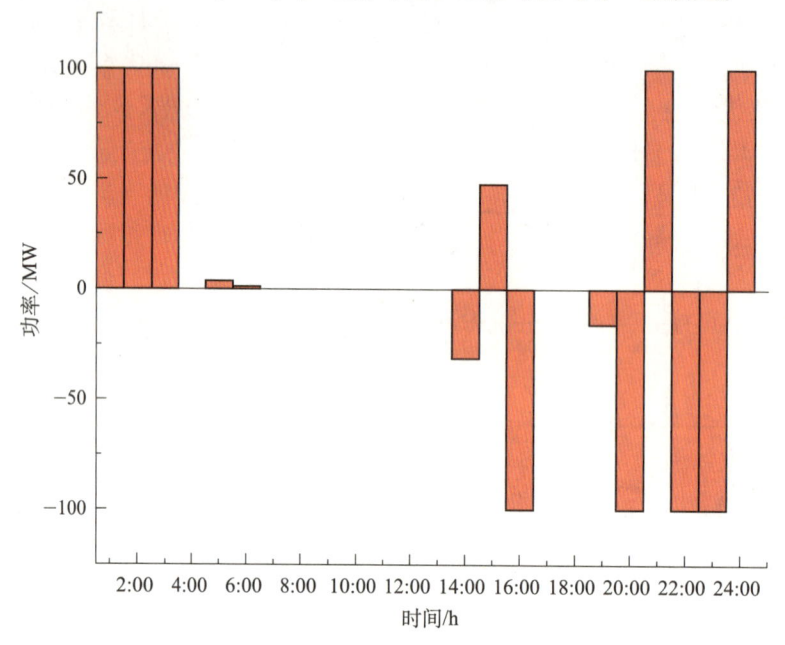

图 5-54 里程价格下场景 3 储能最优充放电上报功率

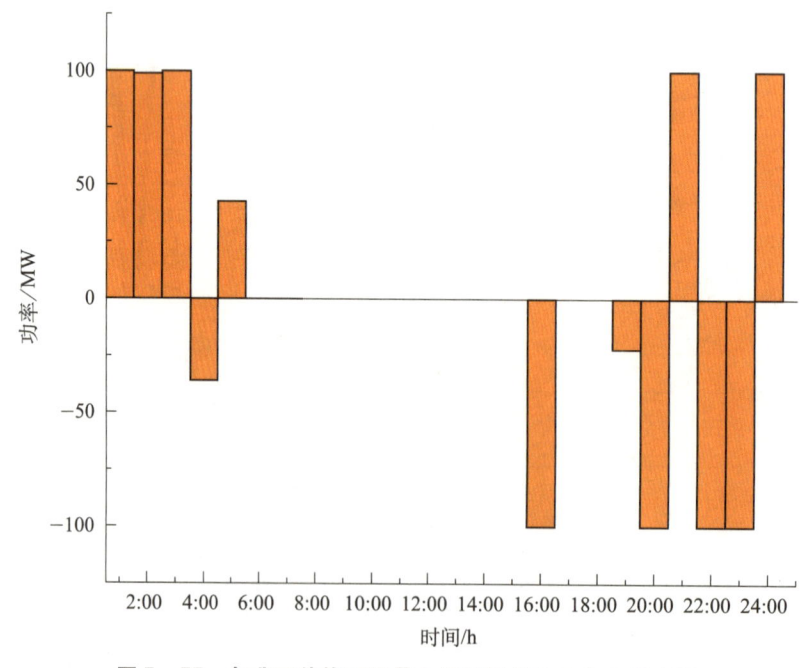

图 5-55 每兆瓦价格下场景 3 储能最优充放电上报功率

从如图 5-56、图 5-57 所示的两种价格下对应的优化之后的储能荷电状态也可验证这一点。并且可以看出由于储能的 SOC 均处于 0.2~1 之间，且一天内满充放的次数并不多。

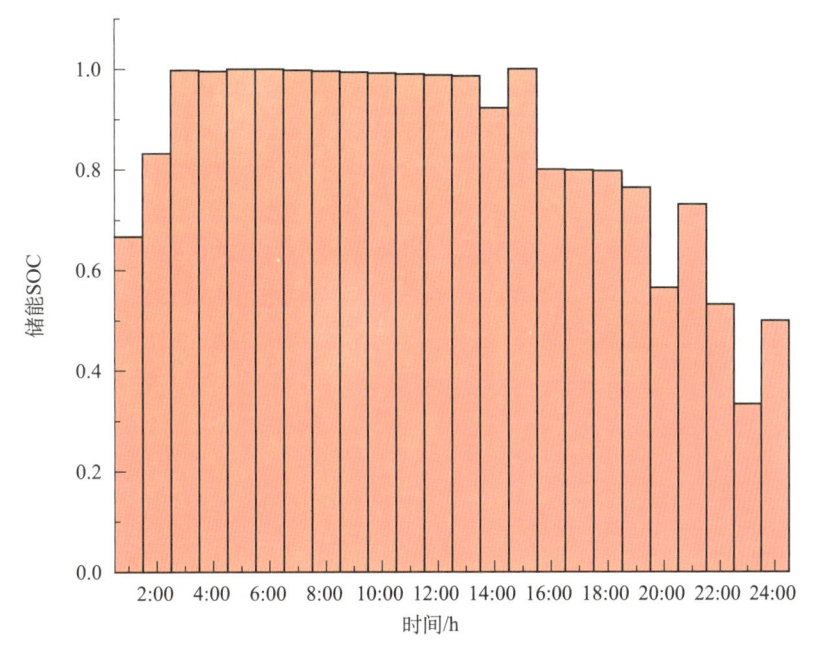

图 5-56　里程价格下场景 3 储能 SOC

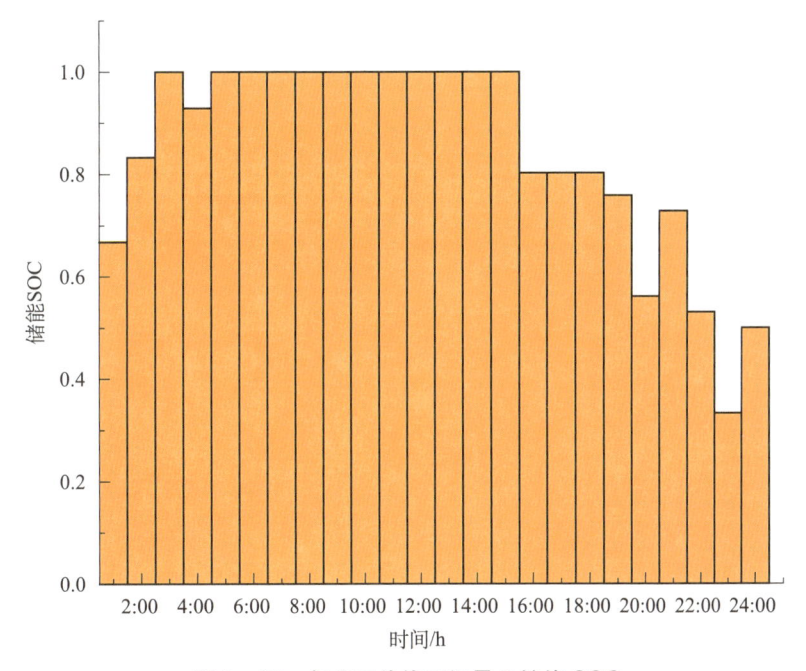

图 5-57　每兆瓦价格下场景 3 储能 SOC

4. 火电机组种类不同对多源协同场站参与调频市场的最优上报功率的影响
1）出清价格的对比分析
从图 5-58 来看，火电机组的种类为燃煤、燃油加燃气和燃油加燃气对调频里程出清价格的影响并不是十分明显。两种场景下的出清价格基本上一致。当只有燃气机组一种火电机组时，可以观察到，在 6:00—12:00 时，场景 3 的里程出清价格要小于场景 1 和场景 2。原因为此时由于机组类型只有燃气机组，所以此阶段中标的机组种类只有燃气和储能。储能在此时段的里程申报价格并未高于燃气，因此此时的边际出清机组为燃气和储能交替，价格总体小于由燃油和燃煤机组中标的场景 1 和场景 2 中的出清价格。但在 12:00—22:00，储能的报价均处于相对较高的水平，因此在储能中标成为边际出清机组的概率较大，所以此时出清价格基本均为储能的里程报价。所以，总体来看，火电机组种类的不同对里程出清价格的影响效果并不明显。

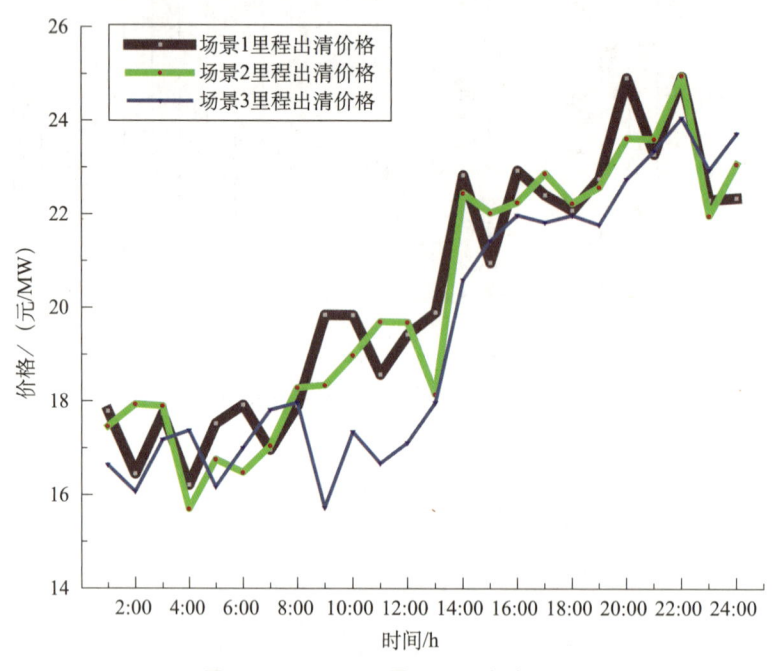

图 5-58　不同场景下里程出清价格

但从图 5-59 来看，火电机组种类只有燃气机组的场景 3 的每兆瓦出清价格和有燃煤、燃油加燃气三种火电机组的场景 1 和燃油加燃气两种火电机组的场景 2 相比差距明显较大。这是因为每兆瓦出清价格和直接里程出清价格之间的折算比例为不同类型机组的历史调频容量里程比。而不同机组之间历史调频容量里程比相差较大。如储能的调频历史容量里程比为燃气机组的两倍。在 6:00—12:00，场景 3 中当燃气机组成为边际出清机组时，虽然燃气机组的里程报价并不是很低，但由于燃气机组的历史调频容量里程比较低，因此此时的每兆瓦出清价格较低。而储能成为边际容量机组时，虽然储能的历史调频容量里程比很高，但储能的报价没有燃煤和燃油高，因此导致此时的每兆瓦出清价格与场景 1、2 相比也是较低。只有在 18:00—22:00 储能的报价较高的时段，三个场景的每兆瓦出清价格相差不大。

综上所述，火电机组的种类对直接里程出清价格的影响并不大，但对每兆瓦出清价格的影响较大，因此会对之后的优化造成影响。

2）储能最优充放电上报功率对比分析

从图 5-60、图 5-61 中均可看出，在每个场景的 0:00—6:00，储能在此时段选择进行

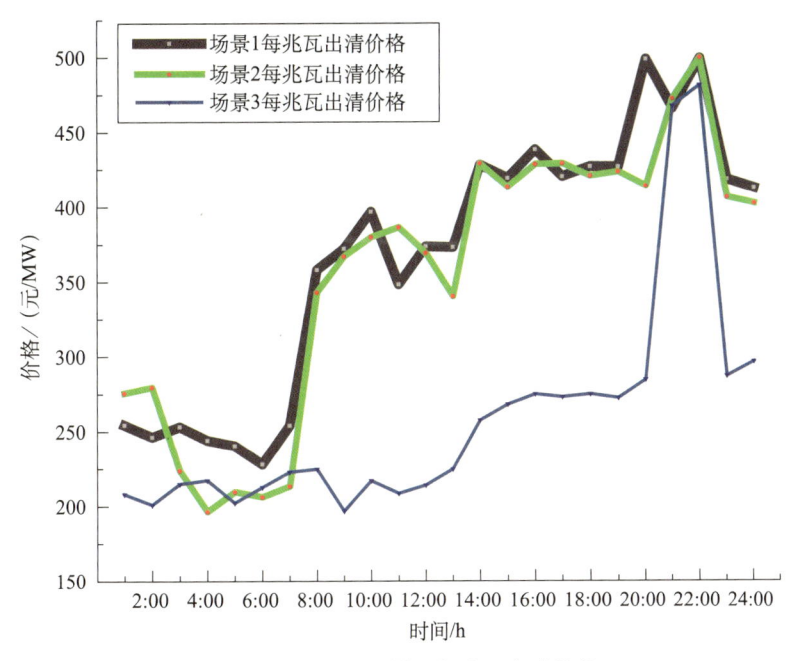

图 5-59　不同场景下每兆瓦出清价格

放电上报的意愿较低。其原因有两个：首先，无论是按照里程价格还是按照每兆瓦价格，在所有场景的此阶段，电价均处于较低的水平；其次，由于有寿命损耗约束的限制，储能更愿意在价格高时进行放电。而且由于此时电价较低，为了将储能充满以在此后进行放电，在此时段储能大多选择进行充电。

同时，两种价格下，里程价格下场景1、2、3中优化的上报功率趋势相同，这与图5-58中场景1、2、3的出清价格差别不大的情况相对应。而每兆瓦价格下场景1、2、3中优化的上报功率差别较大，这也与图5-59中场景1、2、3的每兆瓦出清价格差别较大有关。其中，虽然场景1、2的每兆瓦出清价格趋势相同，但由于每兆瓦出清价格的数量级为100，因此差距仍然较大。从图5-62、图5-63中也可印证上述分析。

(a) 场景1

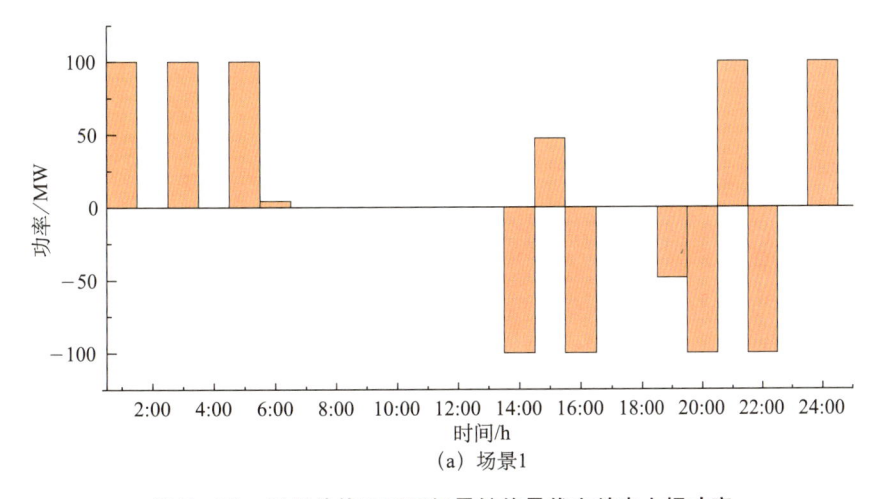

图 5-60　里程价格下不同场景储能最优充放电上报功率

(b) 场景2

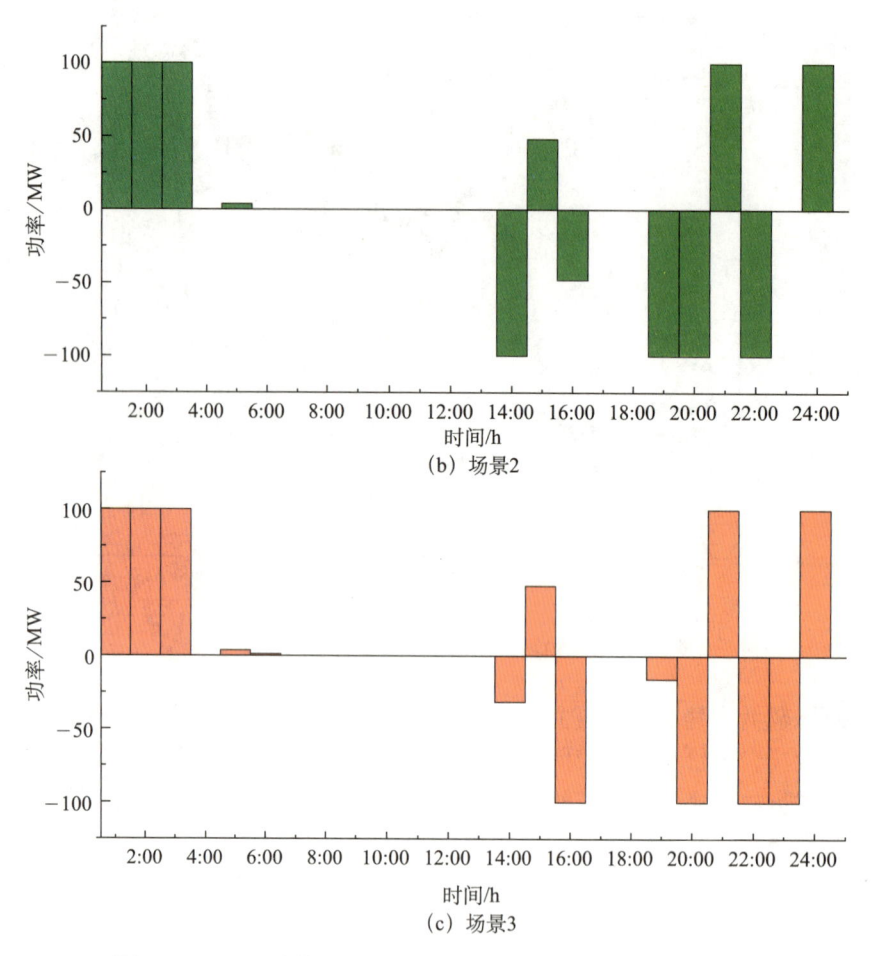

(c) 场景3

图 5-60 里程价格下不同场景储能最优充放电上报功率（续）

(a) 场景1

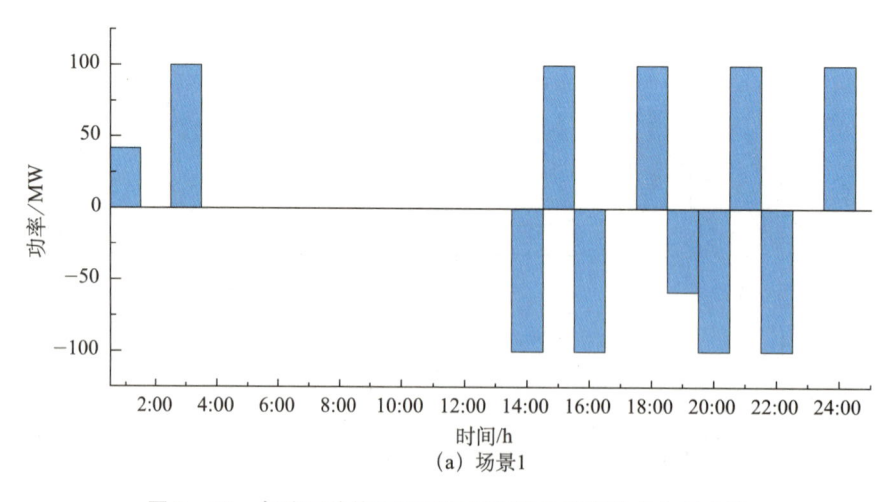

图 5-61 每兆瓦价格下不同场景储能最优充放电上报功率

(b) 场景2

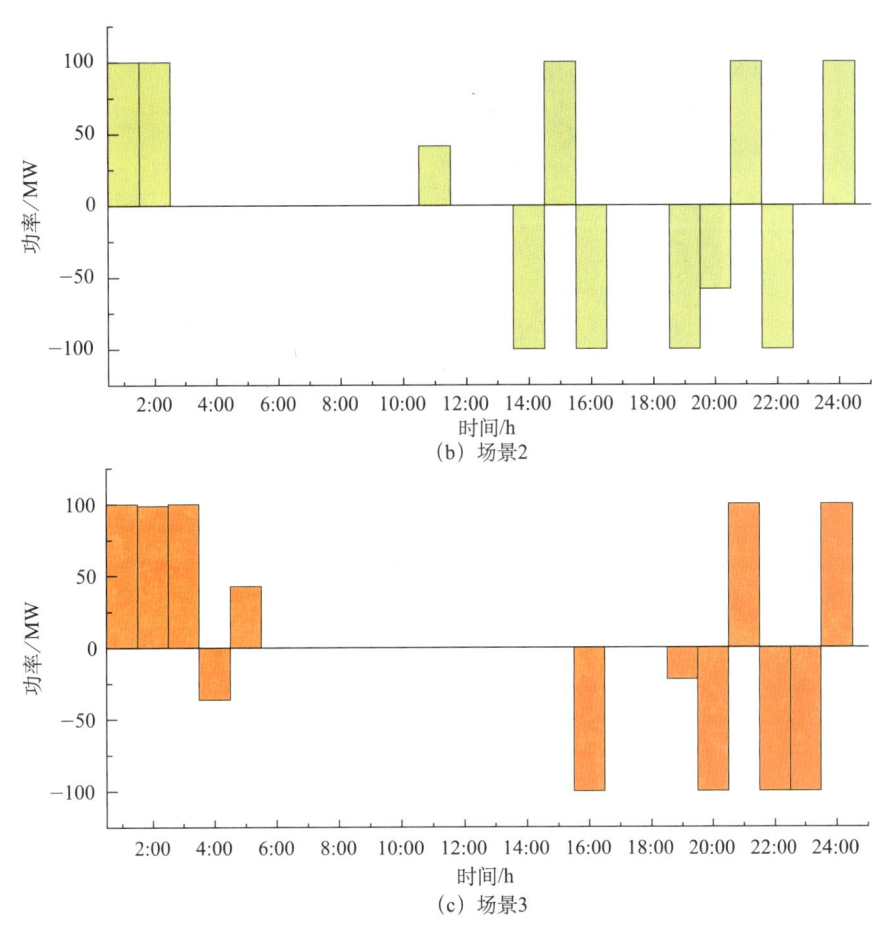

(c) 场景3

图 5-61　每兆瓦价格下不同场景储能最优充放电上报功率（续）

(a) 场景1

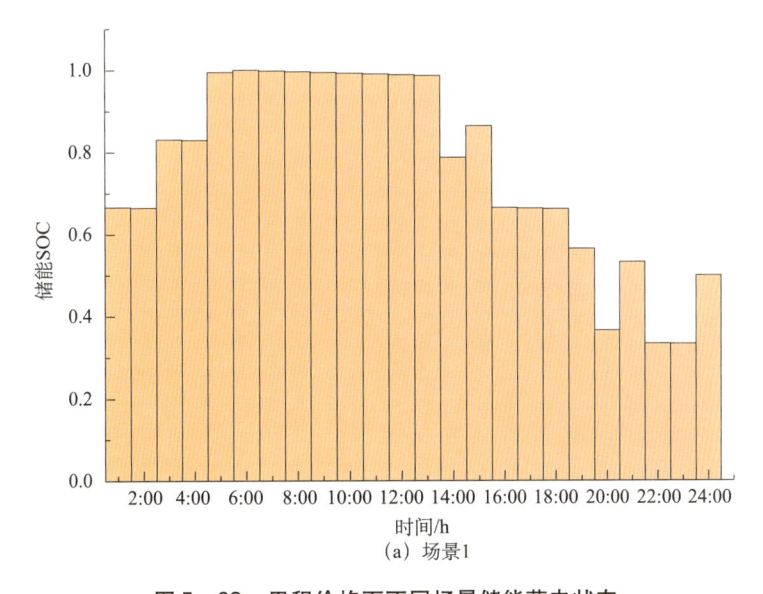

图 5-62　里程价格下不同场景储能荷电状态

(b) 场景2

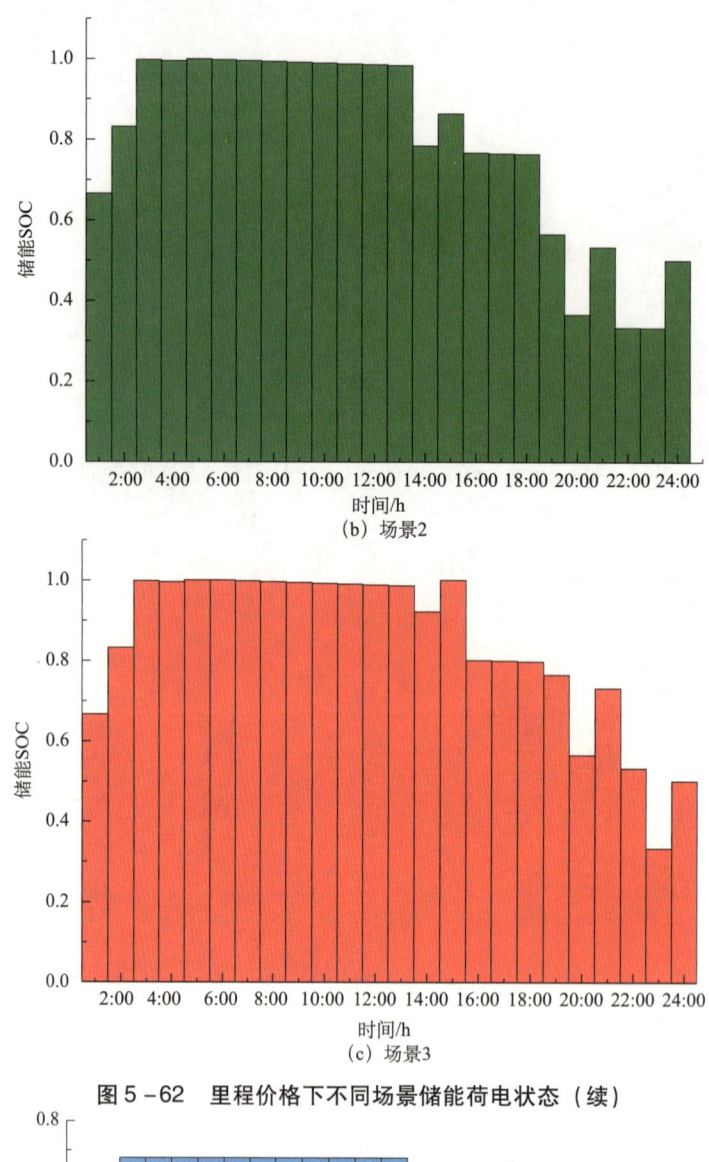

(c) 场景3

图 5-62 里程价格下不同场景储能荷电状态（续）

(a) 场景1

图 5-63 每兆瓦价格下不同场景储能荷电状态

(b) 场景2

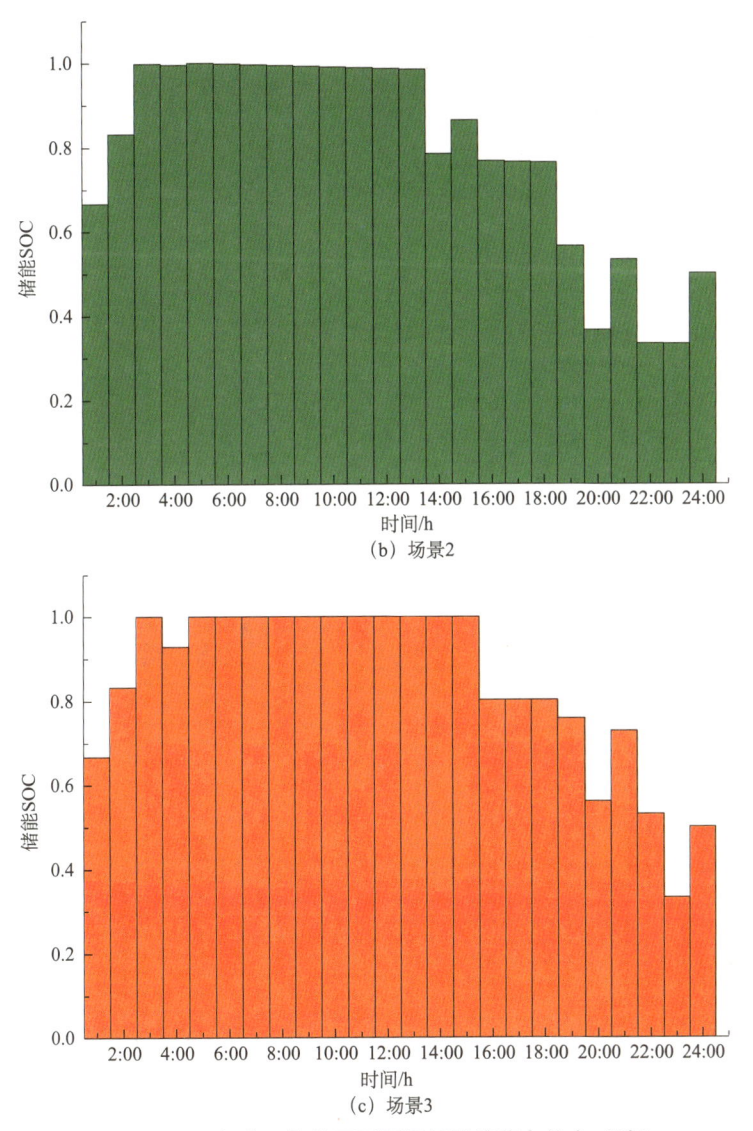

(c) 场景3

图 5-63　每兆瓦价格下不同场景储能荷电状态（续）

综上所述可知，火电机组种类不同时，若使用里程价格进行优化，差别并不是很大，但若使用每兆瓦出清价格进行优化，则差别较大。在实际运行过程中，我们往往无法获知市场中其他机组的种类和类型，因此，虽然使用里程价格优化时，每个价格折算的都是储能的历史调频容量里程比，但是考虑到风险性，使用里程价格进行优化仍然最优。

5. 场景4（寿命损耗约束）多源协同场站参与调频市场的最优上报功率分析

如图 5-64、图 5-65 所示分别为场景4 中有无寿命损耗约束下，按照直接里程价格优化得到的储能充放电功率和荷电状态。从图 5-64 可知，当没有寿命损耗约束时，储能在 0:00—6:00 的充放电功率和次数都要比有寿命损耗的大，且在 6:00—14:00，储能也会尽可能多响应上下调服务进行充放电的上报；在有寿命损耗约束时，在这一时段几乎没有充放电行为的上报。而在价格较高的 14:00—24:00，无寿命损耗约束时储能会频繁地满充满放，这对储能的循环寿命造成的损害极大。从图 5-65 也可看出，无寿命损耗约束时储能 SOC 的变化次数和幅度都要比有寿命损耗时大。所以，在没有寿命损耗约束时，储能可以获得更多的利润，但其实从长时间尺度来看，对储能来说不一定是较优的选择。

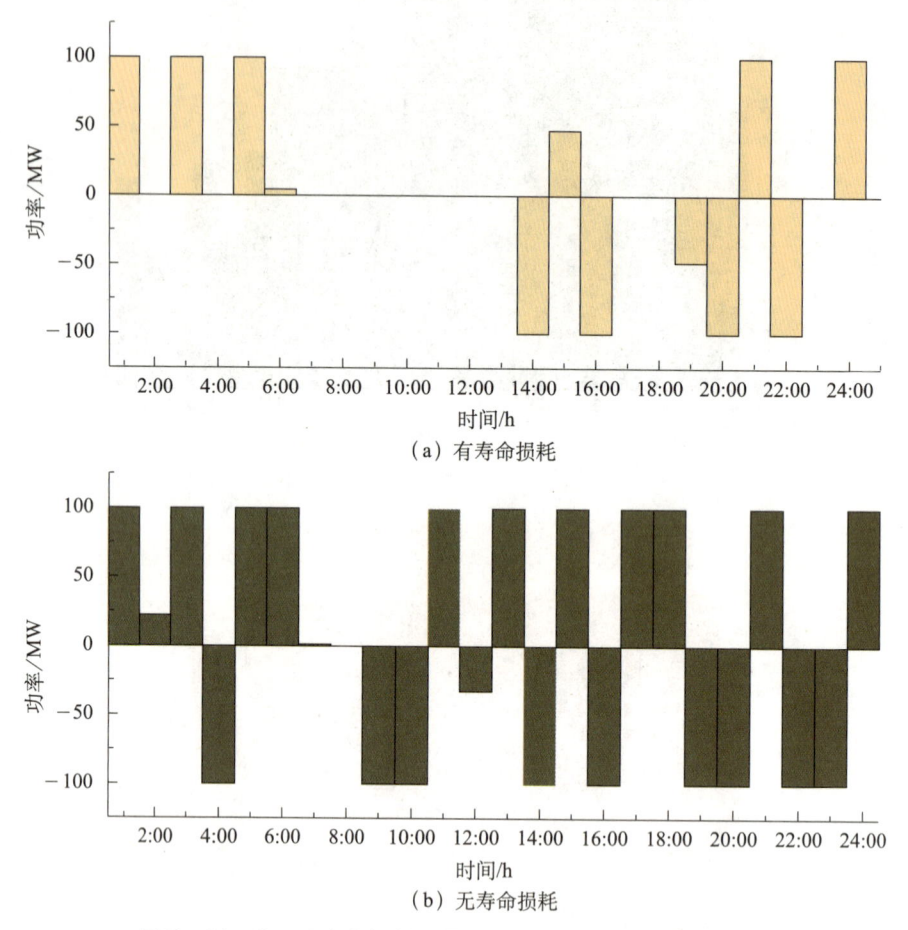

图 5-64　有、无寿命损耗场景 4 里程价格下储能充放电功率

6. 场景 5（申报价格固定）多源协同场站参与调频市场的最优上报功率分析

1）申报价格固定与非固定对出清价格的影响

在此场景下，各机组的报价均为恒定值，具体报价见表 5-20。

表 5-20　各机组固定报价

机组类型	燃煤机组		燃油机组		燃气机组		储能
	1	2	1	2	1	2	
额定容量/MW	585	859	1009	1005	641	768	550
容量报价/（元/MW）	12		15		18		6
里程报价/（元/MW）	18		12		15		20

由此得出的基于场景 5 的申报价格固定里程出清价格与每兆瓦价格情况如图 5-66、图 5-67 所示。由图 5-66、图 5-67 分析可得，当机组报价固定时，里程出清价格与每兆瓦价格均呈现阶梯状。在 10:00—24:00，与图 5-33 中调频需求的 3 个高峰期相吻合，出现了

(a) 有寿命损耗

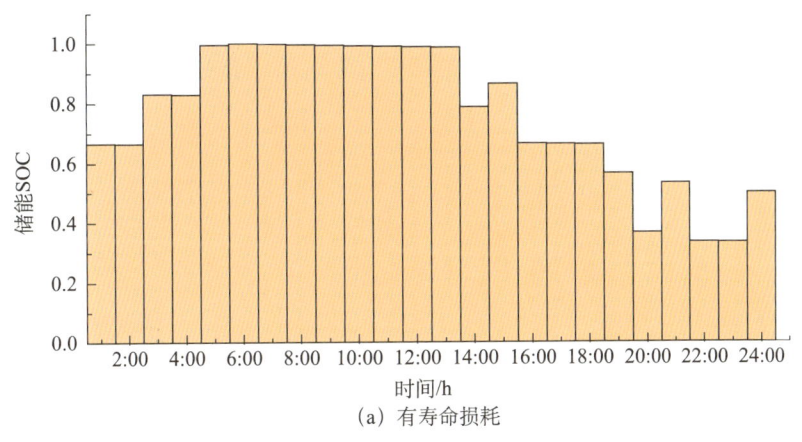

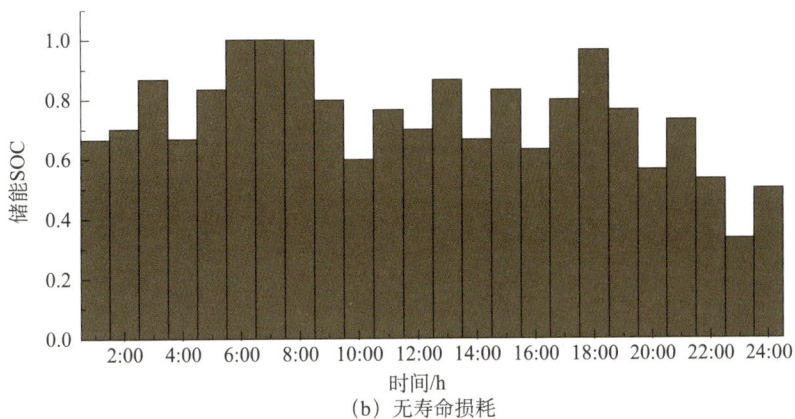

(b) 无寿命损耗

图 5-65　有、无寿命损耗场景 4 里程价格下储能荷电状态

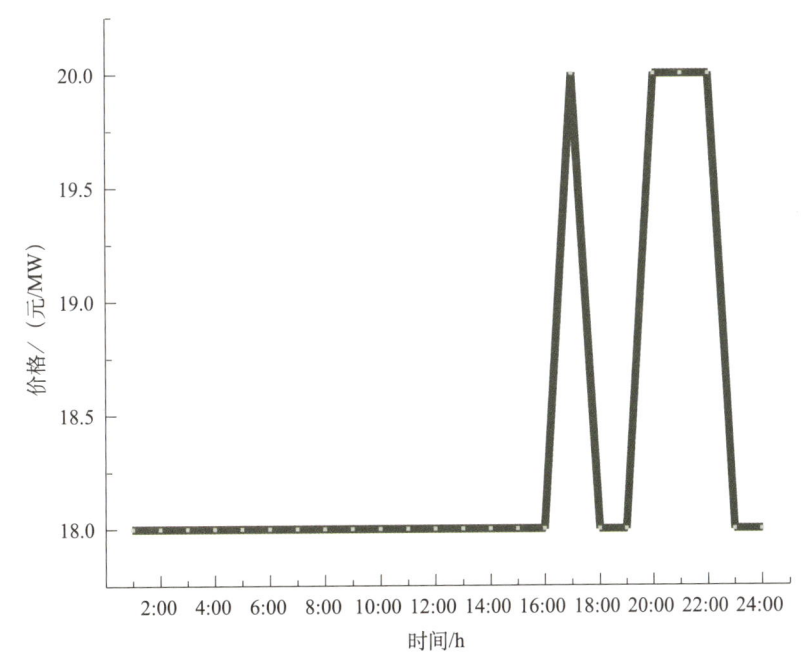

图 5-66　场景 5 申报价格固定里程出清价格

3个价格高峰。不同的是，在 0:00—8:00，里程出清价格是恒定值，但每兆瓦出清价格非恒定。原因是在出清时，由表 5-20 可知，此时的边际机组应该是燃煤机组。然而，每兆瓦出清价格由于需要考虑综合调频性能指标与历史调频容量里程比，所以并不是燃煤机组最高。因此边际出清机组并非总是燃煤机组。但从图 5-66、图 5-67 可以看出，固定报价的出清价格与非固定报价的出清价格总体趋势保持一致，均与调频容量及里程需求呈现正相关。

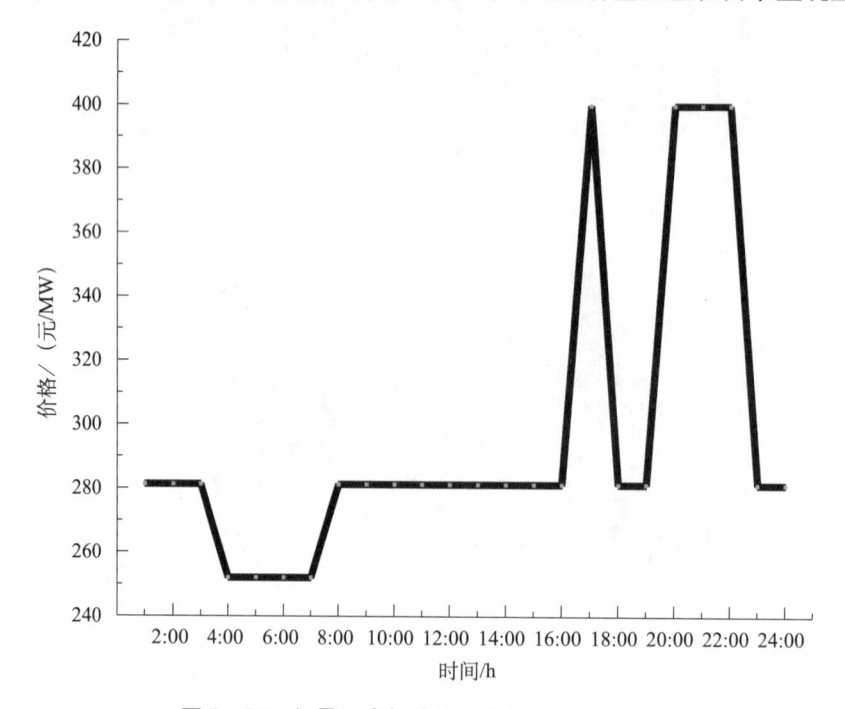

图 5-67　场景 5 申报价格固定每兆瓦出清价格

2）申报价格固定与非固定时最优上报容量的对比

里程结算价格与每兆瓦价格和分时电价的对比如图 5-68 所示。储能的充放电严格对应价格的正负即上下调。且受到寿命损耗约束的影响，满足调频价格较高且分时电价相对调频价格低的时候，储能会对应进行充放电。由图 5-69、图 5-70 可知，申报价格固定时，无论是按照里程价格还是每兆瓦价格进行优化得到的储能充放电功率在 0:00—6:00 的充放电功率及次数都要比不固定时要多，而在 14:00 之后的充放电功率及次数都要比申报价格不固定时要少。

结合图 5-66~图 5-70 可知，在 0:00—6:00 时申报价格固定时的里程价格及每兆瓦价格都要比申报价格非固定时要高，而非固定报价之后的峰值高度和次数都要比申报价格固定时的里程价格及每兆瓦价格要高，因此造成了上述结果。从图 5-71、图 5-72 所示的两种价格下对应的优化之后的储能荷电状态也可验证这一点。并且可以看出由于储能的 SOC 均处于 0.2~1 之间，且一天内满充放的次数并不多。

7. 场景 6（使用历史预测数据下）多源协同场站参与调频市场的最优上报功率分析

将历史调频价格按照储能的历史调频容量里程比折算为历史里程结算价格，与分时电价的对比如图 5-73 所示。按照历史里程结算价格进行优化得到的储能最优充放电上报功率及对应的 SOC 如图 5-74、图 5-75 所示。储能的充放电严格对应价格的正负即上下调。且受到寿命损耗约束的影响，满足调频价格较高且分时电价相对调频价格低的时候，储能会对应

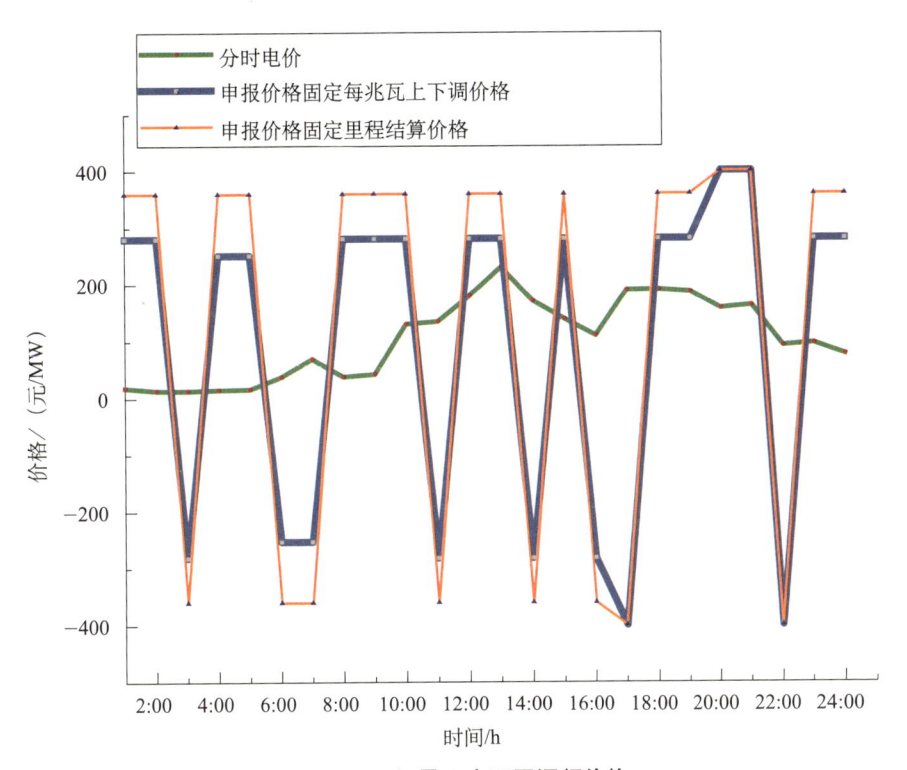

图 5-68　场景 5 中不同调频价格

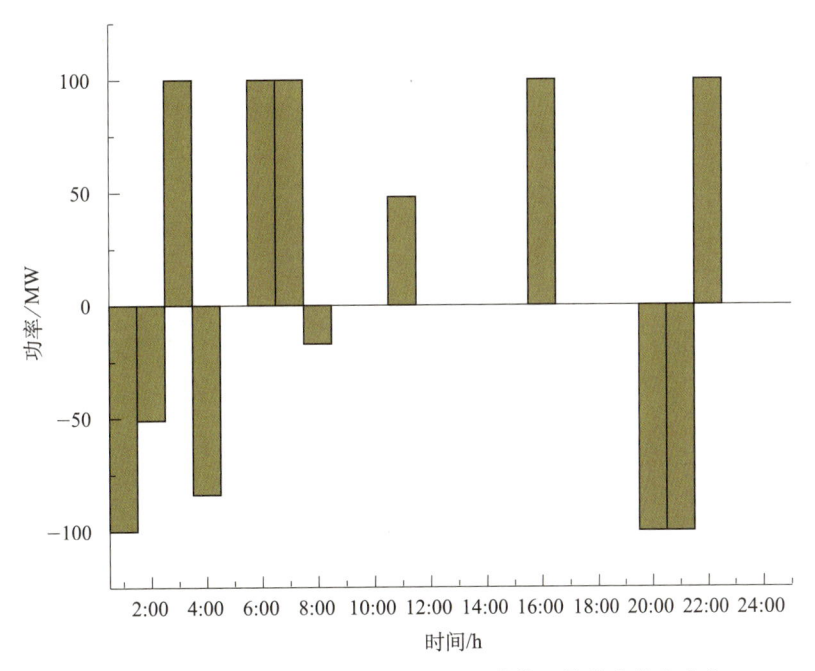

图 5-69　申报价格固定时场景 5 里程价格下储能充放电功率

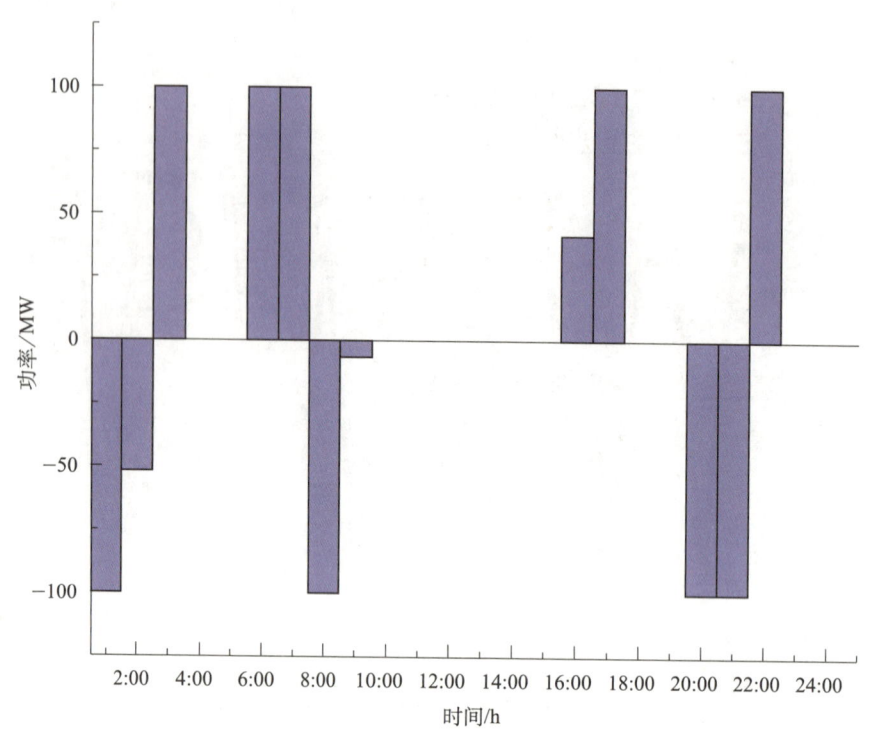

图 5-70 申报价格固定时场景 5 每兆瓦价格下储能充放电功率

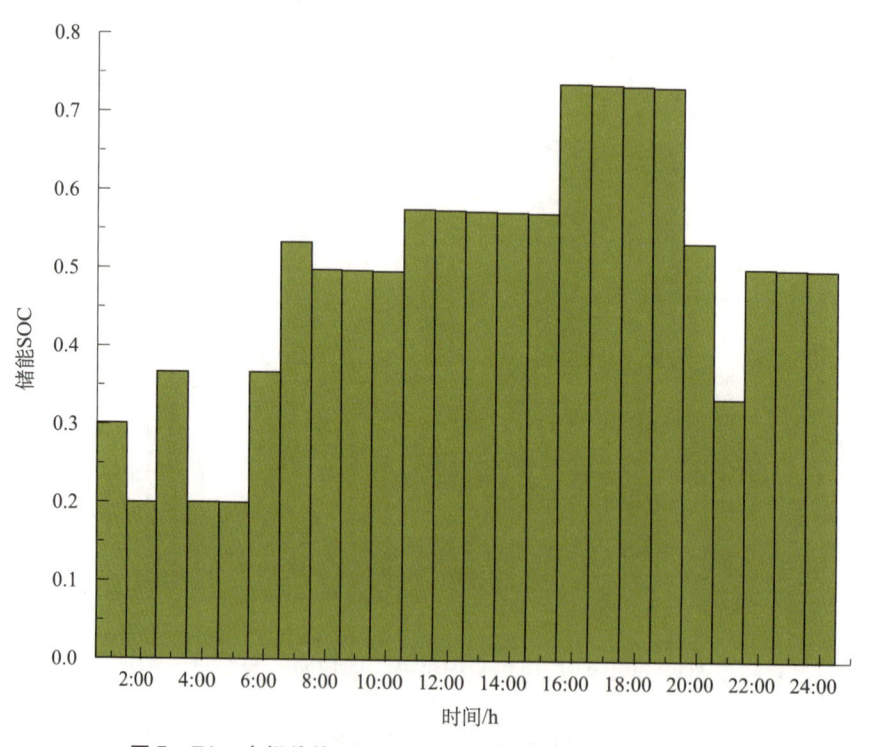

图 5-71 申报价格固定时场景 5 里程价格下储能荷电状态

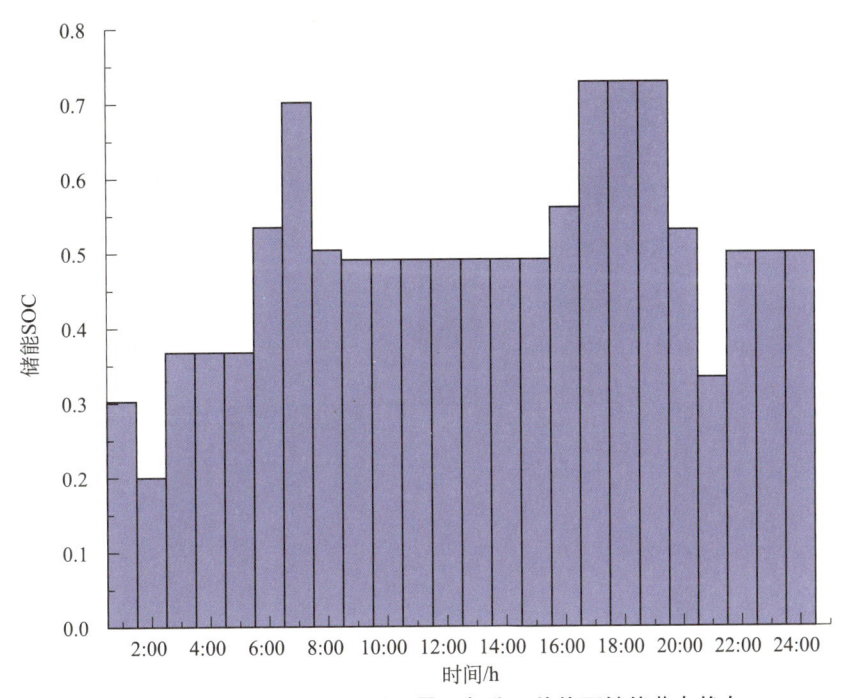

图 5-72　申报价格固定时场景 5 每兆瓦价格下储能荷电状态

进行充放电。且可看出，0:00—12:00 时段内，5:00—6:00、8:00 和 10:00—11:00 下调价格处于高点且分时电价并不高时，储能会进行充电上报，且 5:00—6:00 和 10:00—11:00 的两个峰值储能满充。历史价格的五个上调价格峰值分别对应储能的五次放电，其中 2:00、16:00、18:00 和 20:00 四个价格较高的点储能进行满放。足以验证在使用历史价格时优化结

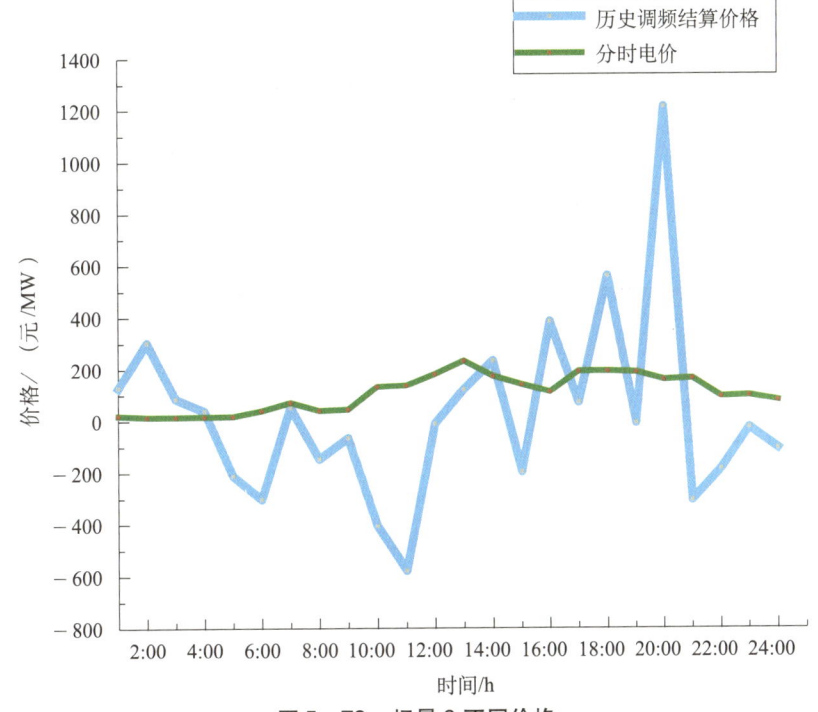

图 5-73　场景 6 不同价格

果的合理性和正确性。从图 5-75 所示的储能荷电状态也可以印证上述分析,并且可以看出由于储能的 SOC 均处于 0.2~1 之间,且一天内满充放的次数并不多。

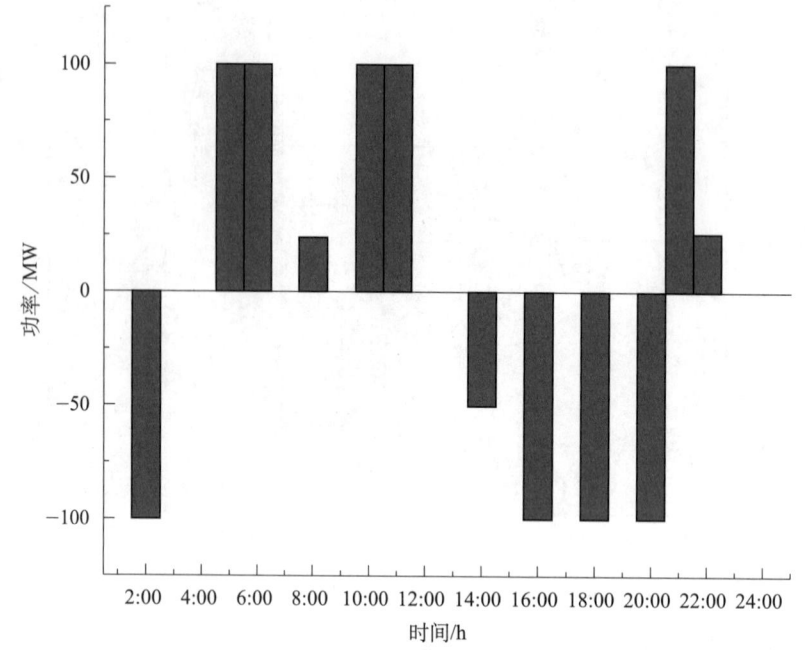

图 5-74 使用历史价格下的储能最优充放电上报功率

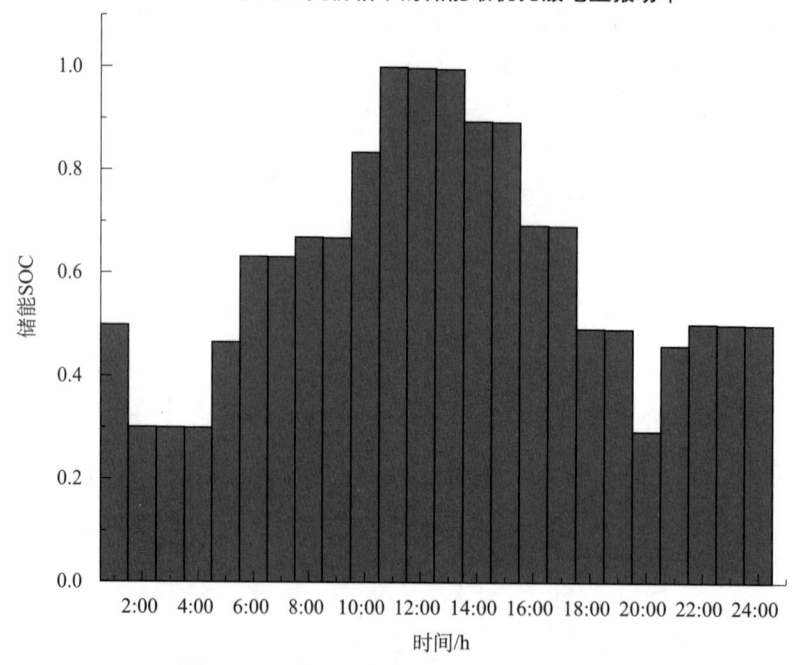

图 5-75 使用历史价格下的储能荷电状态

8. 场景 7(时间尺度为 15min 且火电机组种类为 3 种)多源协同场站参与调频市场的最优上报功率分析

1)机组报价分析

场景 7 中火电机组种类和相关参数与场景 1 一致。由于机组类型不同,在出清时其申报的里程价格也各不相同。不同机组报价的比较结果如图5-76所示。由不同机组里程价格申报曲线可知，在0:00—4:00，此时负荷需求小，因此调频容量需求和调频里程需求均较小，储能在此时的报价明显低于燃煤机组和燃气机组，因此燃气机组和燃煤机组具有启停成本，因此在需求量小的时段，需要将报价提高来弥补启停带来的损失。从6:00开始，储能的报价明显提高，因为此时负荷的需求快速增长，随之调频容量需求和调频里程需求均随之增长。同时，燃煤和燃气机组的报价也随之增加。而燃油机组的调频性能和容量均为最高，因此燃油机组希望在此时段就可以获利，因此可见到燃油机组的报价最高。在12:00—18:00之间，由于此阶段负荷需求相对处于较高的时段，储能和火电机组的报价均处于较高的价格。在负荷需求最大的18:00—23:00间，此时的调频需求为一天之中的最大值，从图5-76中可以观察到，此时储能的申报里程价格最高，说明此时是储能获益的最佳时段。

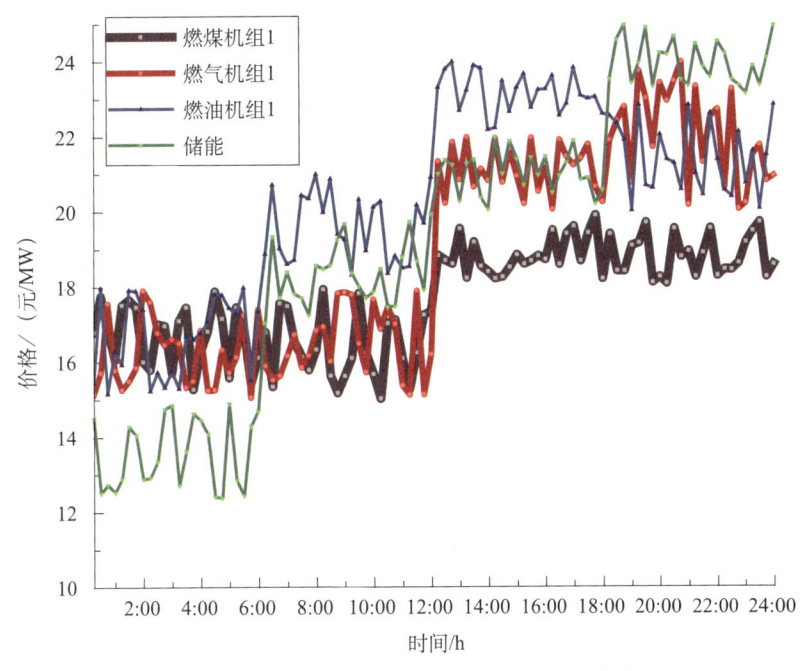

图5-76　场景7不同机组里程价格申报曲线

2）出清价格分析

场景7中的里程出清价格及每兆瓦出清价格分别如图5-77、图5-78所示。

比较图5-33、图5-77、图5-78可以看出，里程出清价格与每兆瓦出清价格的趋势均与调频容量和里程的需求相对应。不同的是，里程出清价格中，价格的较大提升出现在12:00，从12:00开始里程出清价格均处于较高的状态。而每兆瓦出清价格的较大提升有3次，分别出现在6:00、12:00和18:00。结合图5-76分析可知，在12:00时，储能、燃油和燃气机组的里程报价均有较大的提升，因此里程出清价格在12:00时有较大的提升。而每兆瓦的出清价格和各机组的历史调频容量里程比有关，说明0:00—6:00边际机组为燃煤或燃气机组，然而其历史调频容量里程比最低，之后6:00、12:00、18:00边际机组出现改变，导致每兆瓦出清价格出现了三次较大的提升。

3）储能最优充放电上报功率的分析

将里程出清价格和每兆瓦价格按照实际上下调需要进行调整，其中上调价格为正，下调

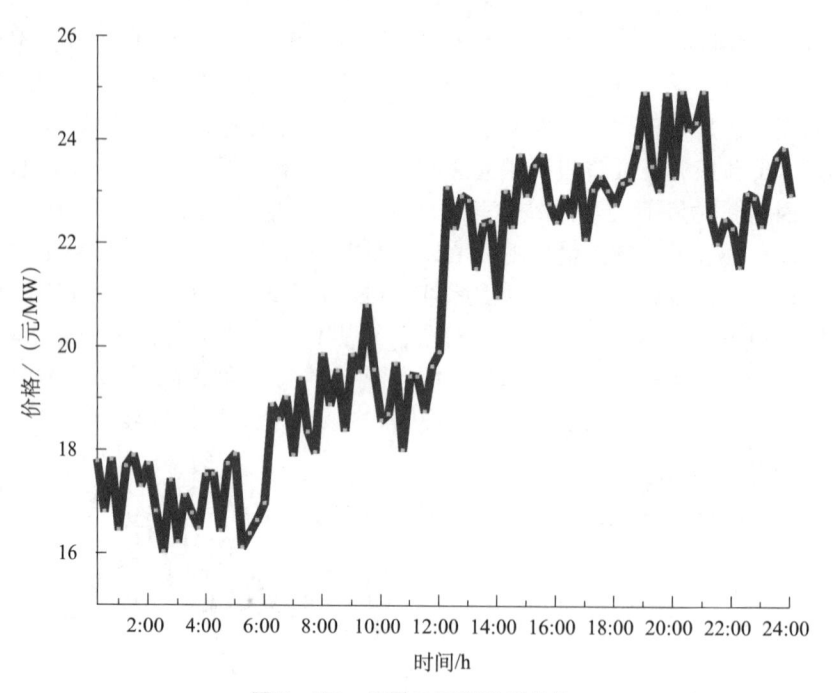

图 5-77 场景 7 里程出清价格

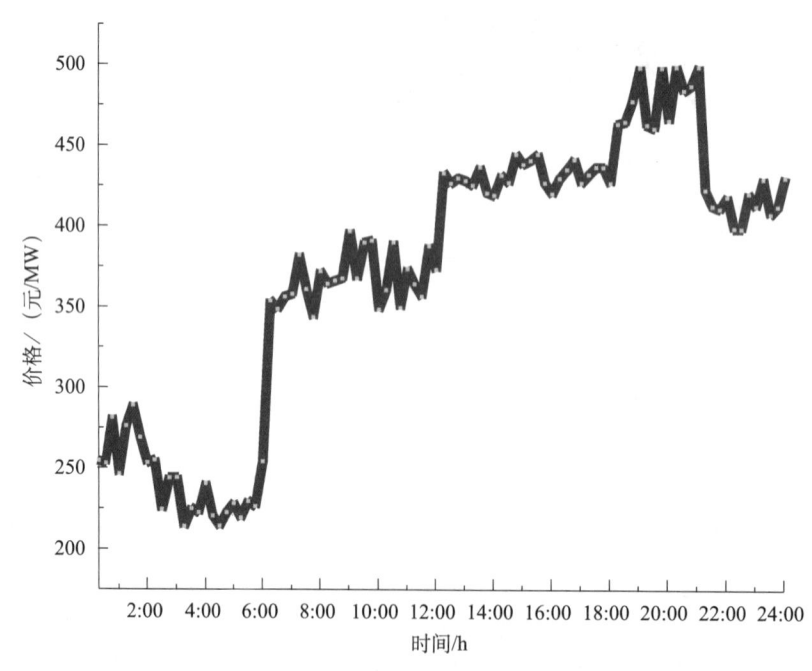

图 5-78 场景 7 每兆瓦出清价格

价格为负。再将里程出清价格按照储能的调频历史容量里程比折算为里程结算价格,与每兆瓦价格和分时电价的对比如图 5-79 所示。可以看出,每兆瓦价格和里程结算价格之间的差异来自于每兆瓦价格是出清时提前按照边际机组对应的调频历史容量里程比折算之后的价格,而里程结算价格是全部按照储能自己的调频历史容量里程比进行折算之后的价格。

储能的最优充放电上报功率如图 5-80、图 5-81 所示。首先,从图 5-80、图 5-81 中可

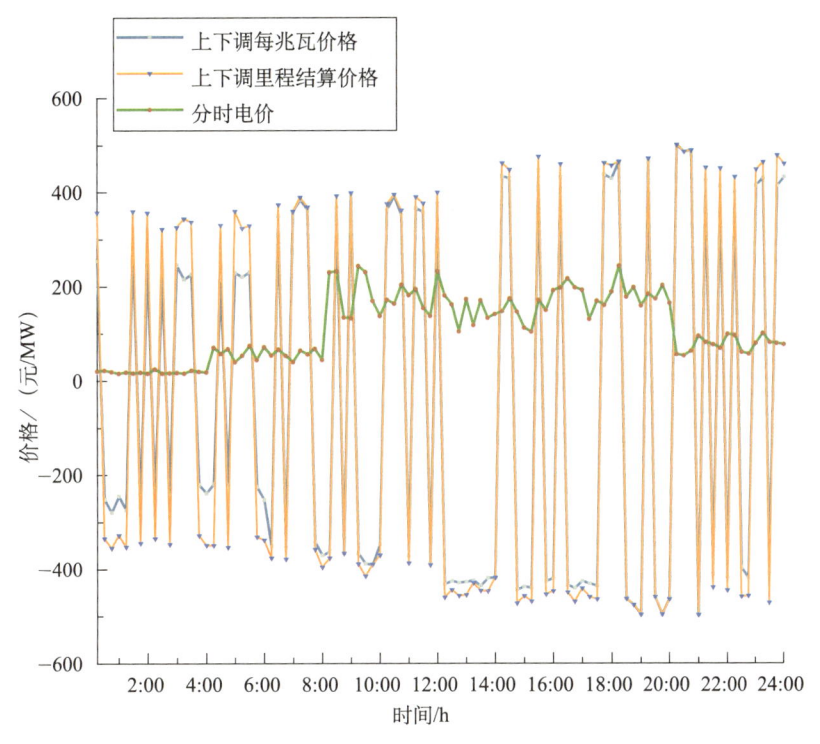

图 5-79　场景 7 中不同调频价格

以看出，储能的放电严格对应价格为正时，也就是储能的放电对应上调；而储能的充电严格对应价格为负时，也就是储能的充电对应下调。而受到寿命损耗约束的影响，储能的充放电次数有限，因此，满足调频价格较高且分时电价相对调频价格低的时候，储能会对应进行充放电。

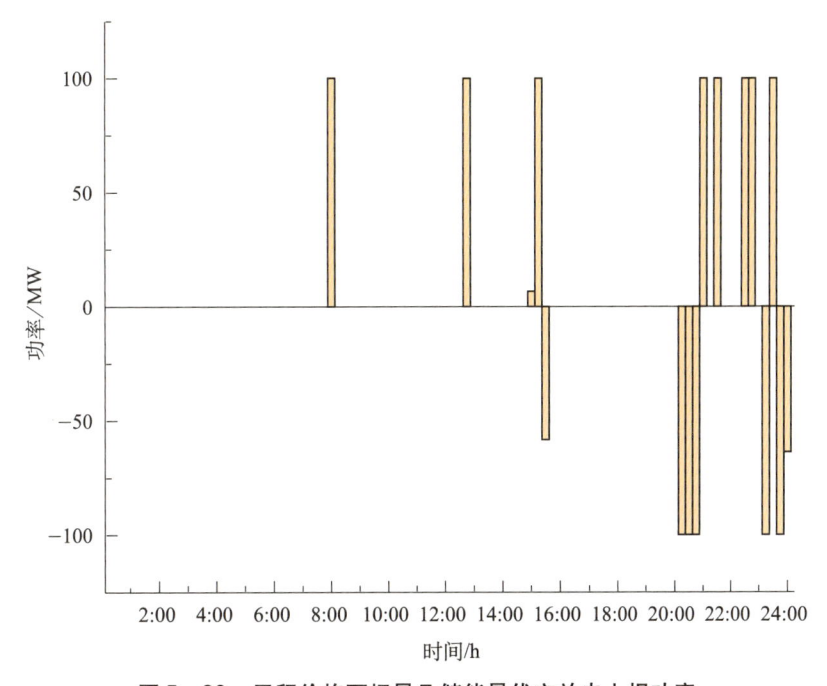

图 5-80　里程价格下场景 7 储能最优充放电上报功率

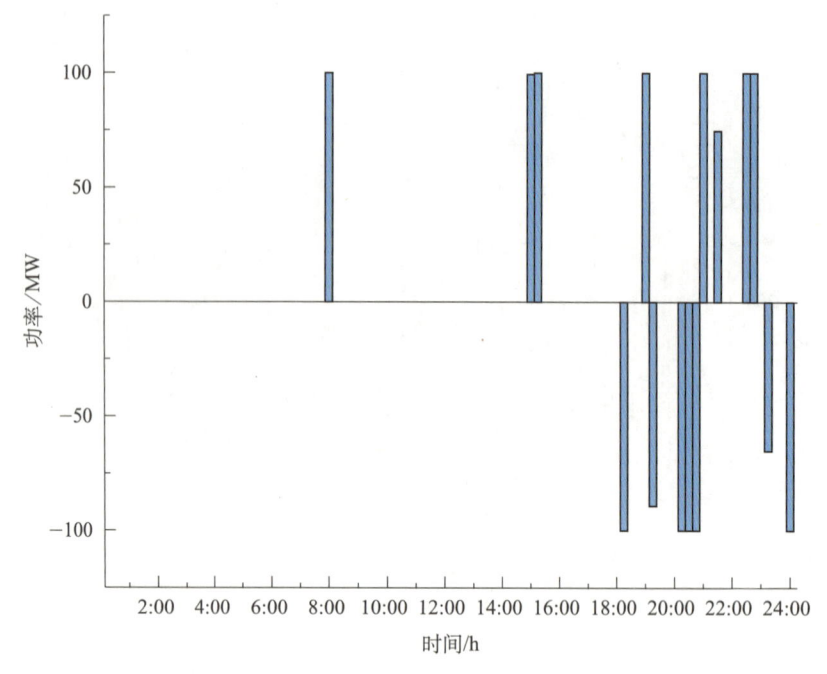

图 5-81　每兆瓦价格下场景 7 储能最优充放电上报功率

但由于在 0:00—18:00，下调的里程结算价格比每兆瓦价格要高，因此图 5-80 中 0:00—16:00 的充电次数和对应功率要比图 5-81 中多，且还有一次放电。在上调价格较高的时段，图 5-80、图 5-81 中的充放电功率和次数基本一致，但由于图 5-81 中在 0:00—18:00 的充电次数不够，因此在此时段，图 5-81 需要比图 5-82 先充电以保证可以在下调价格高时连续放电，但因此其所获得的利润也将更低。从如图 5-82、图 5-83 所示的两种

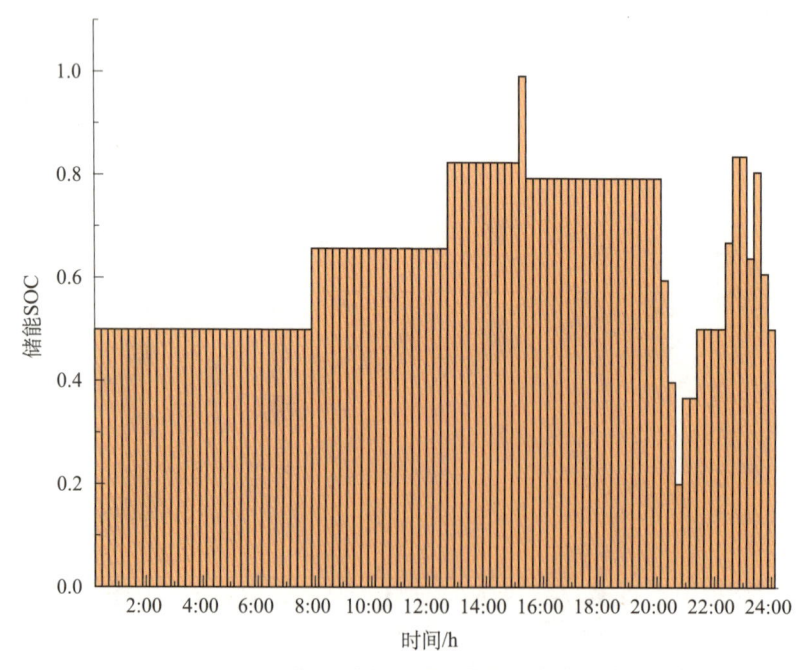

图 5-82　里程价格场景 7 储能的荷电状态

价格下对应的优化之后的储能荷电状态也可验证这一点。并且可以看出由于储能的 SOC 均处于 0.2~1 之间，且一天内满充放的次数并不多。

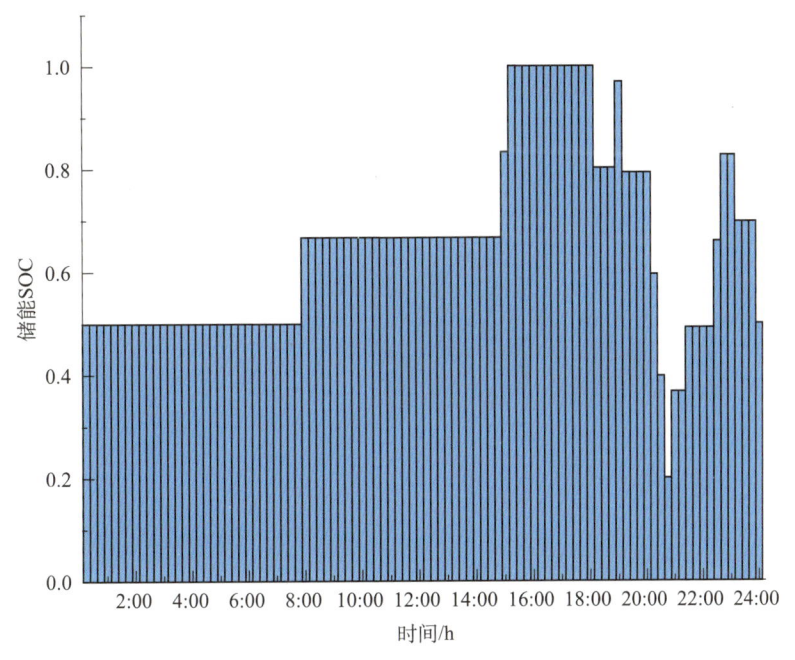

图 5-83　每兆瓦价格下场景 7 储能的荷电状态

9. 场景 8（时间尺度为 15min 且火电机组种类为 2 种）的多源协同场站参与调频市场的最优上报功率分析

1）机组报价分析

不同机组报价的比较结果如图 5-84 所示。由不同机组里程价格申报曲线可知，在 0:00—4:00，此时负荷需求小，因此调频容量需求和调频里程需求均较小，储能在此时的报价明显低于燃油机组和燃气机组，燃气机组和燃油机组由于具有启停成本，在需求量小的时段需要将报价提高来弥补启停带来的损失。从 6:00 开始，储能的报价明显提高，因为此时负荷的需求快速增长，随之调频容量需求和调频里程需求均随之增长。

同时，燃油和燃气机组的报价也随之增加，其中燃油机组的报价最高。在 12:00—18:00 之间，由于此阶段负荷需求相对处于较高的时段，储能和火电机组的报价均处于较高的价格。在负荷需求最大的 18:00—23:00 间，此时的调频需求为一天之中的最大值，从图 5-84 中可以观察到，此时储能的申报里程价格最高，说明此时是储能获益的最佳时段。

2）出清价格分析

场景 8 中的里程出清价格及每兆瓦出清价格分别如图 5-85、图 5-86 所示。从图 5-33、图 5-85、图 5-86 可以看出，里程出清价格与每兆瓦出清价格的趋势均与调频容量和里程的需求相对应。里程出清价格中，价格的较大提升出现在 12:00，从 12:00 开始里程出清价格均处于较高的状态。而每兆瓦出清价格的较大提升有 3 次，分别出现在 6:00、12:00 和 18:00。因为在 12:00 时，储能、燃油和燃气机组的里程报价均有较大的提升，因此里程出清价格在 12:00 时有较大的提升。而每兆瓦的出清价格和各机组的历史调频容量里程比有

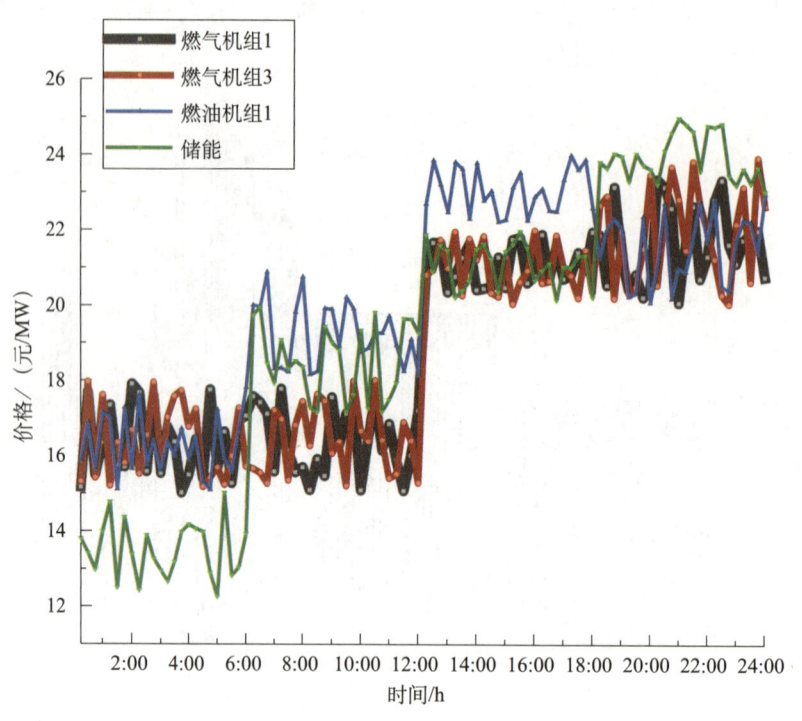

图 5-84 场景 8 不同机组里程价格申报曲线

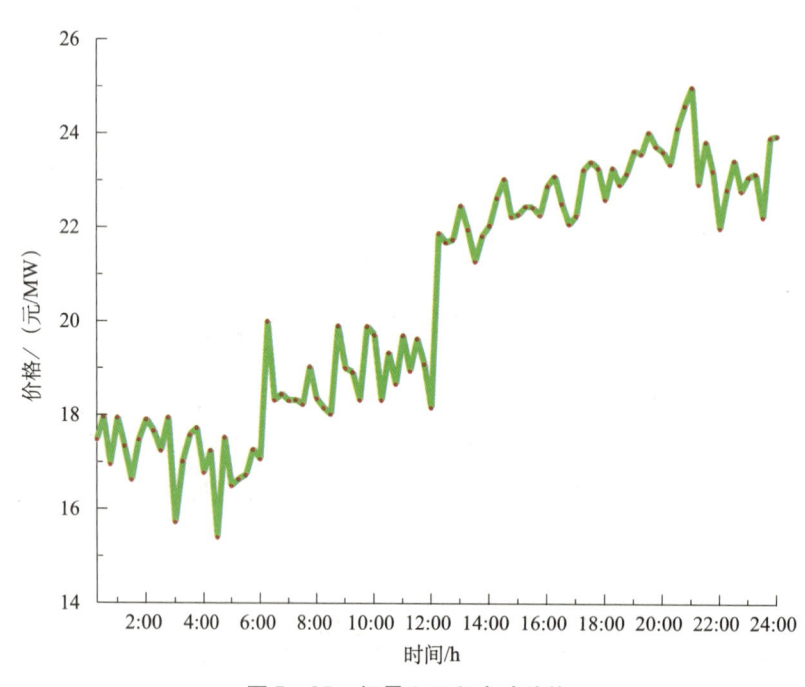

图 5-85 场景 8 里程出清价格

关,说明 0:00—6:00 边际机组为燃气机组,然而其历史调频容量里程比最低,之后 6:00、12:00、18:00 边际机组出现改变,导致每兆瓦出清价格出现了三次较大的提升。

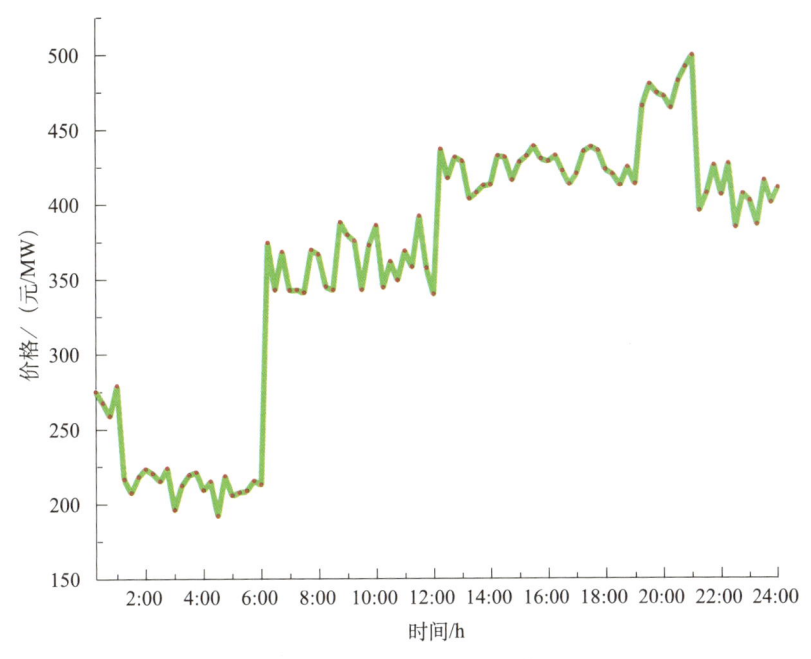

图 5-86 场景 8 每兆瓦出清价格

3）储能最优充放电上报功率的分析

里程结算价格与每兆瓦价格和分时电价的对比如图 5-87 所示。

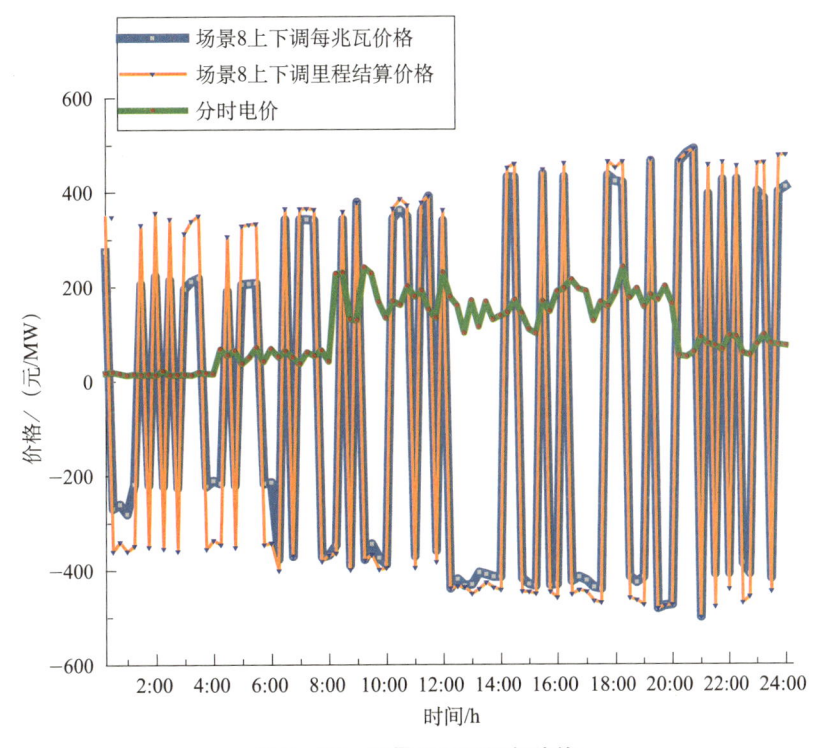

图 5-87 场景 8 不同调频价格

同样可以看出，由于储能的历史调频容量里程比最高，因此里程结算价格在非储能机组为边际机组时要比每兆瓦的价格要高。使用两种价格优化所得的储能最优充放电上报功率如图5-88、图5-89所示。同理储能的充放电严格对应价格的正负即上下调。且受到寿命损耗约束的影响，满足调频价格较高且分时电价相对调频价格低的时候，储能会对应进行充放电。由于在0:00—6:00时段内，里程结算价格的下调价格的第一个高点出现在1:00，因此图5-88中储能会在此时刻进行一次充电，而此时段内，里程结算价格和每兆瓦价格的下调价格的最高点都出现在6:00，因此图5-88和图5-89中均显示储能在此时刻满充。在6:00—14:00时段内，因为调频价格的高点处于16:00之后，图5-89中由于储能在0:00—6:00的充电次数不够，因此为了保证在价格高峰期可以满放，储能进行了充电。而在价格高峰期，可以看到图5-88、图5-89的充放电功率和次数基本一致。所不同的是，由于在15:00时每兆瓦的上调价格基本就已经处于次高点，因此储能会在此时刻进行一次放电上报来增加总经济性。

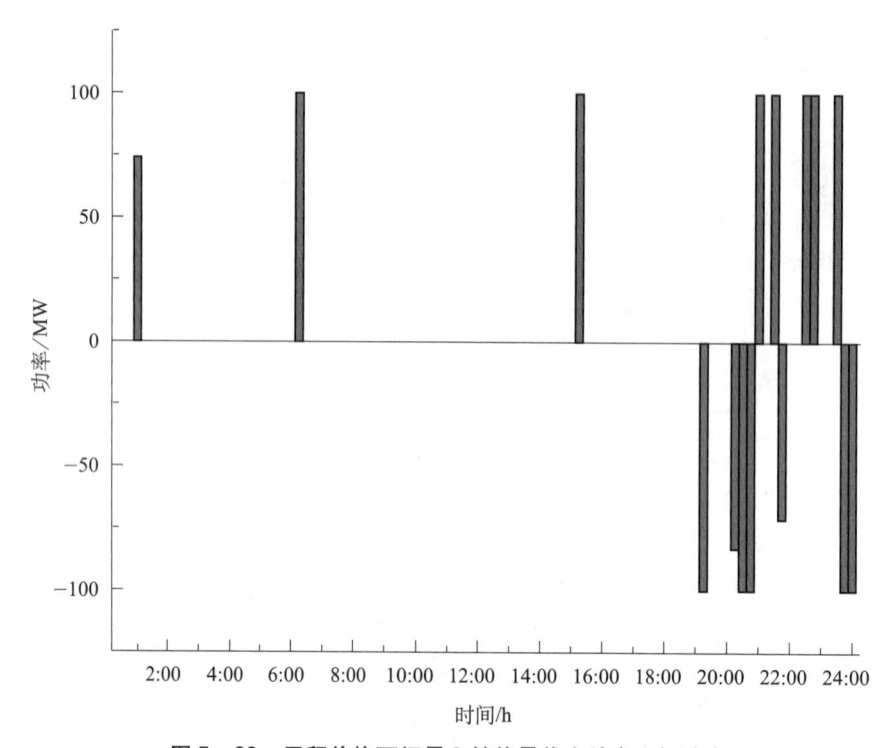

图5-88 里程价格下场景8储能最优充放电上报功率

从图5-90、图5-91所示的两种价格下对应的优化之后的储能荷电状态也可验证这一点。并且可以看出由于储能的SOC均处于0.2~1之间，且一天内满充放的次数并不多。

10. 场景9（时间尺度为15min且火电机组种类为1种）多源协同场站参与调频市场的最优上报功率分析

1）机组报价分析

不同机组报价的比较结果如图5-92所示。由不同机组里程价格申报曲线可知，在0:00—4:00，此时负荷需求小，因此调频容量需求和调频里程需求均较小，储能在此时的报

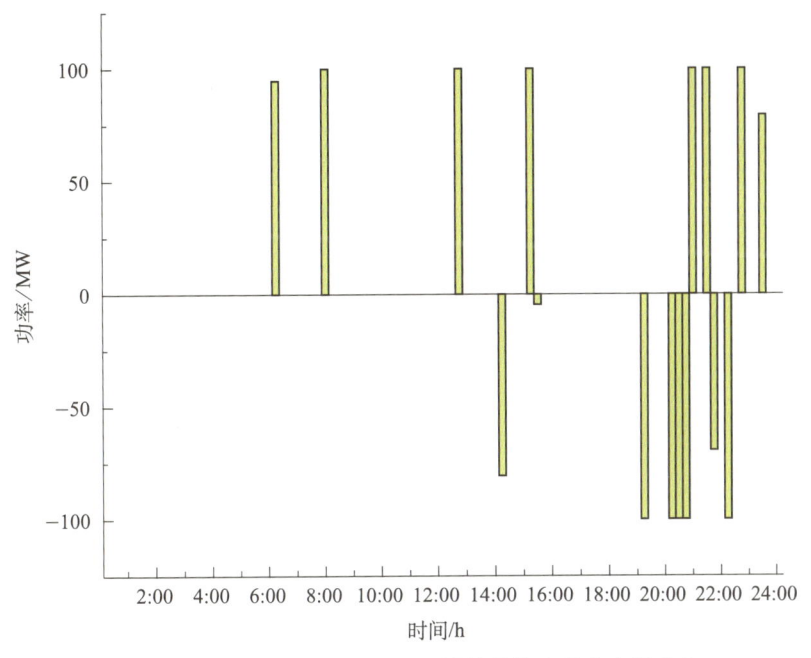

图 5-89 每兆瓦价格下场景 8 储能最优充放电上报功率

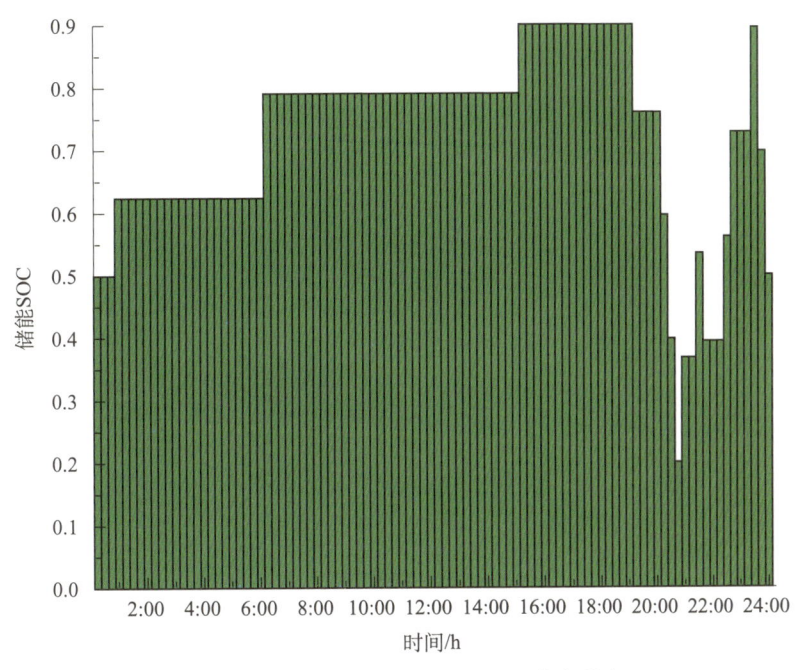

图 5-90 里程价格下场景 8 储能荷电状态

价明显低于燃气机组，燃气机组由于具有启停成本，在需求量小的时段需要将报价提高来弥补启停带来的损失。从 6:00 开始，储能的报价明显提高，因为此时负荷需求快速增长，随之调频容量需求和调频里程需求均随之增长。同时，燃气机组的报价也随之增加。在 12:00—18:00 之间，由于此阶段负荷需求相对处于较高的时段，储能和燃气机组的报价均处

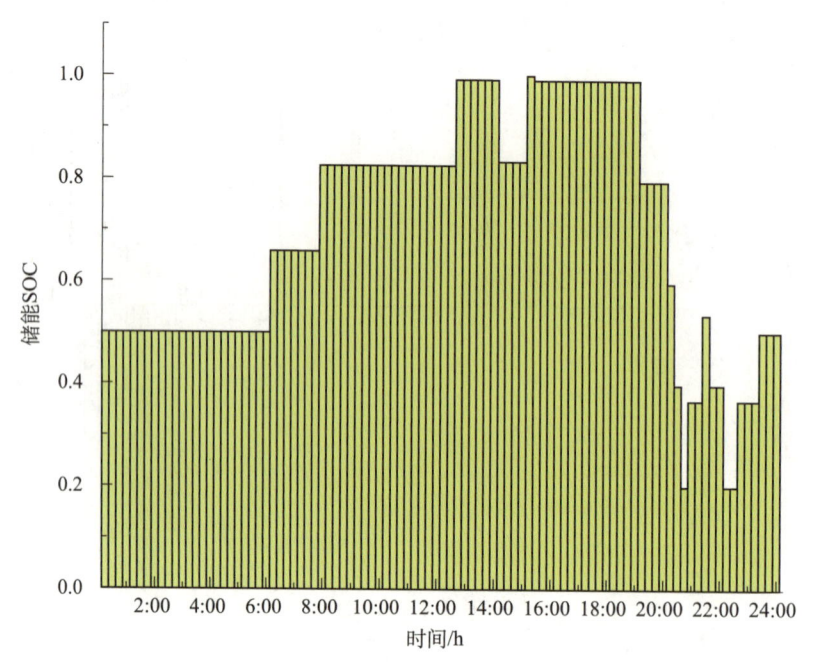

图 5-91　每兆瓦价格下场景 8 储能荷电状态

于较高的价格。在负荷需求最大的 18:00—23:00 间，此时的调频需求为一天之中的最大值，从图 5-92 中可以观察到，此时储能的申报里程价格最高，说明此时是储能获益的最佳时段。

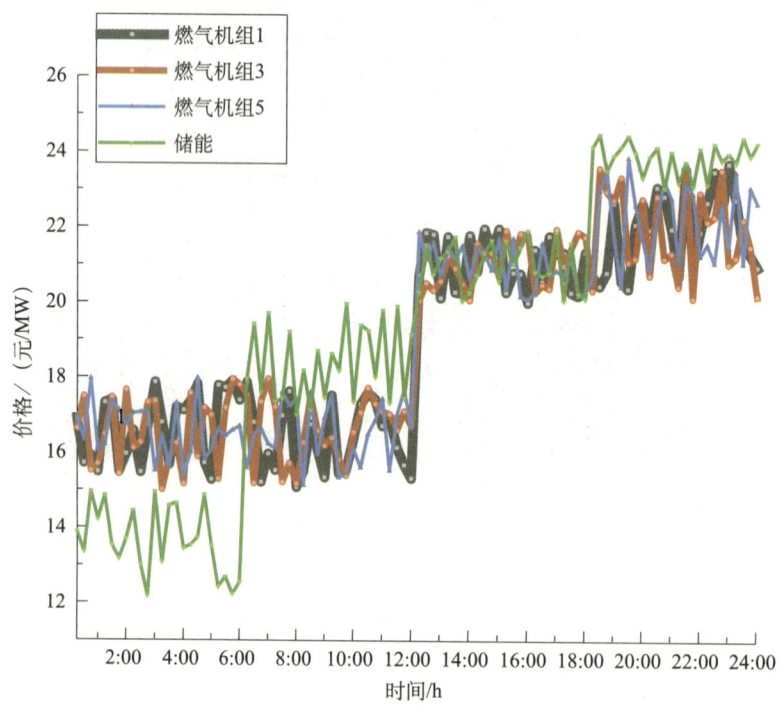

图 5-92　场景 9 不同机组里程价格申报曲线

2）出清价格分析

场景 9 中的里程出清价格及每兆瓦出清价格分别如图 5-93、图 5-94 所示。比较图 5-33、图 5-93、图 5-94 可以看出，里程出清价格与每兆瓦出清价格的趋势均与调频容量和里程的需求相对应。里程出清价格中，价格的较大提升出现在 12:00，从 12:00 开始里程出清价格均处于较高的状态。而与场景 1、3 不一样的是，每兆瓦出清价格的较大提升有 1 次，出现在 18:00。因为在 12:00 时，储能、燃油和燃气机组的里程报价均有较大的提升，因此里程出清价格在 12:00 时有较大的提升。而每兆瓦出清价格和各机组的历史调频容量里程比有关，说明 0:00—18:00 的边际机组为燃气机组和储能，燃气机组报价高但历史容量里程比低，储能报价低但容量里程比高，导致价格虽有上涨然而并不明显。而 18:00—23:00，由于储能的报价最高且其历史调频容量里程比最高，导致每兆瓦出清价格出现了非常大的提高。

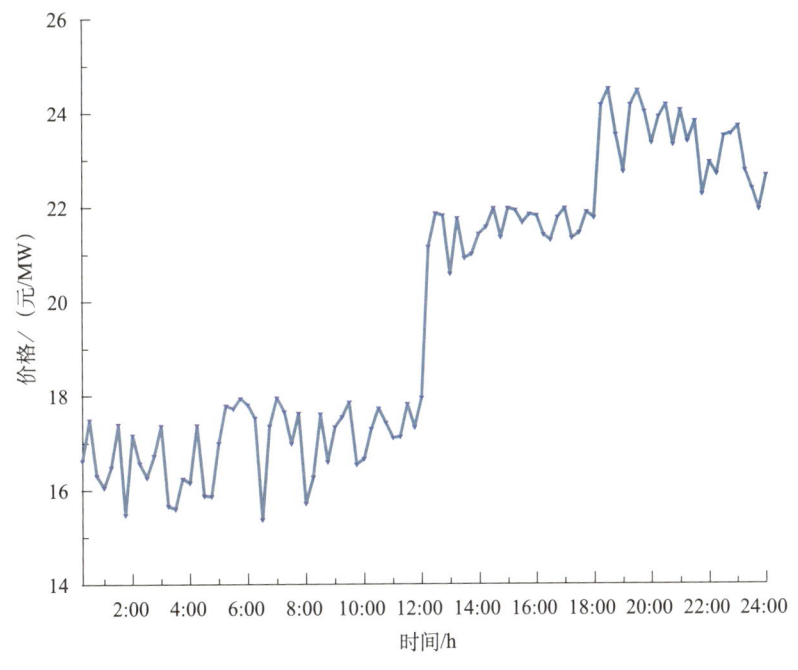

图 5-93 场景 9 里程出清价格

3）储能最优充放电上报功率的分析

将里程出清价格和每兆瓦出清价格按照实际上下调需要进行调整，其中上调价格为正，下调价格为负。再将里程出清价格按照储能的调频历史容量里程比折算为里程结算价格，与每兆瓦价格和分时电价的对比如图 5-95 所示。

由图 5-95 可以看出，在场景 9 中，在一天中的大部分时刻由于燃气机组的报价也很高，使得边际机组多为燃气机组，除了储能的价格最高且能中标的时刻，由于储能的历史调频容量里程比是燃气机组的两倍，因此里程结算价格比每兆瓦价格高的幅度要更大。使用两种价格优化所得的储能最优充放电上报功率如图 5-96、图 5-97 所示。储能的充放电严格对应价格的正负即上下调。且受到寿命损耗约束的影响，满足调频价格较高且分时电价相对调频价格低的时候，储能会对应进行充放电。结合图 5-95，场景 9 中在 12:00 之前的时段，

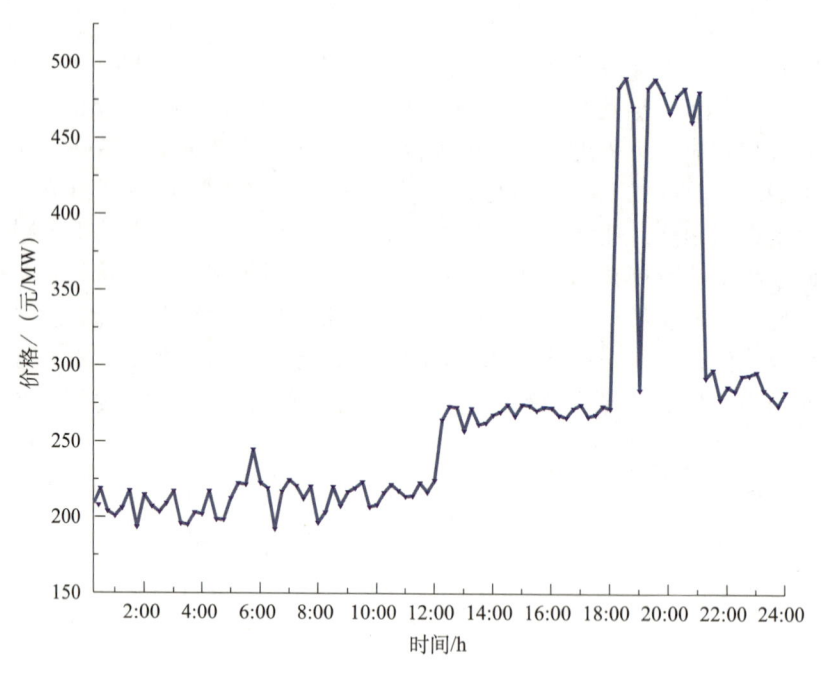

图 5-94 场景 9 每兆瓦出清价格

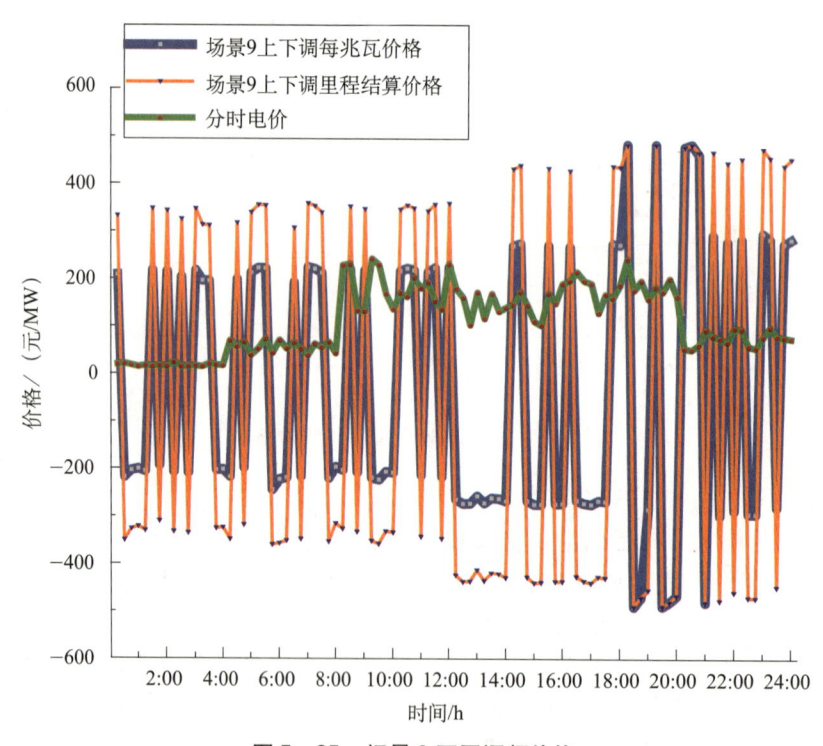

图 5-95 场景 9 不同调频价格

无论是里程结算价格还是每兆瓦价格都要比 12:00 之后的时段差得多，这一点从图 5-93、图 5-94 及前述分析中也可获知，因此在场景 9 中储能的充放电行为集中在 12:00—24:00。不同的是，在 12:00—16:00，里程结算价格的下调价格已经处于较高值，且比每兆瓦价格大得多，因此，图 5-96 中储能会选择在此时段进行充电上报。而图 5-97 为了增加经济性，储能选择在此时段的上调价格高点进行放电上报。在 18:00—24:00 的价格高峰期，储能会尽可能以满功率响应每一次上下调价格来进行相应的充放电上报。而从图 5-96、图 5-97 也可看出，二者的充放电次数和功率基本一致。

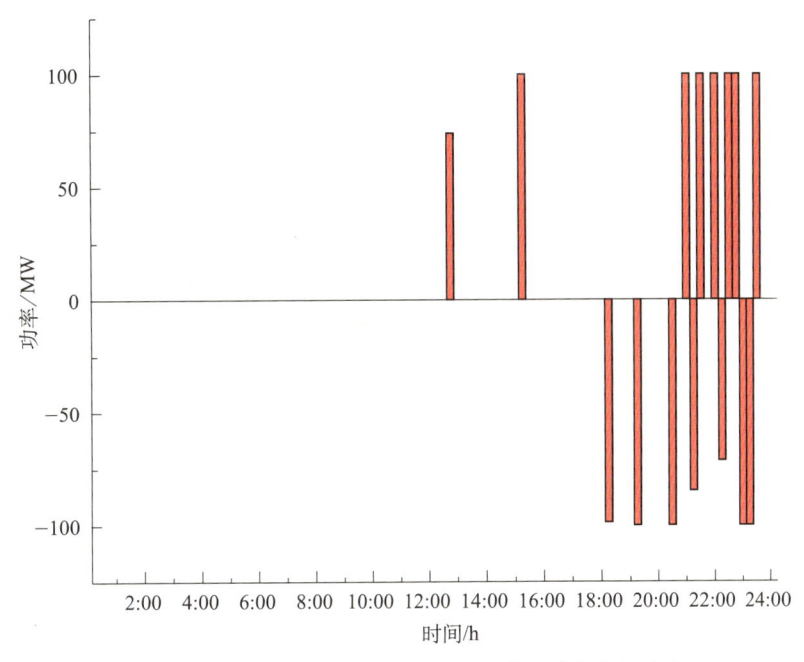

图 5-96 里程价格下场景 9 储能最优充放电上报功率

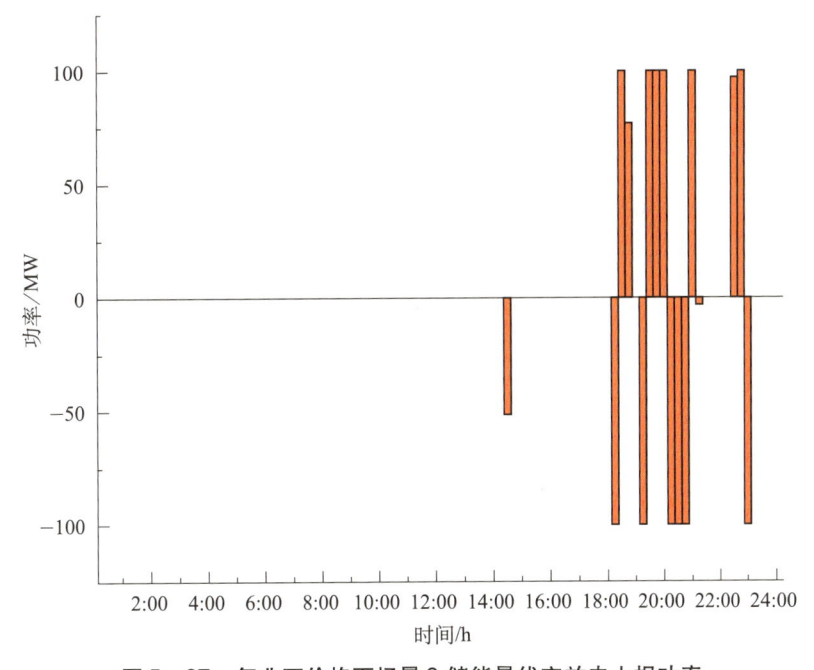

图 5-97 每兆瓦价格下场景 9 储能最优充放电上报功率

从如图 5-98、图 5-99 所示的两种价格下对应的优化之后的储能荷电状态也可验证这一点。并且可以看出由于储能的 SOC 均处于 0.2~1 之间，且一天内满充放的次数并不多。

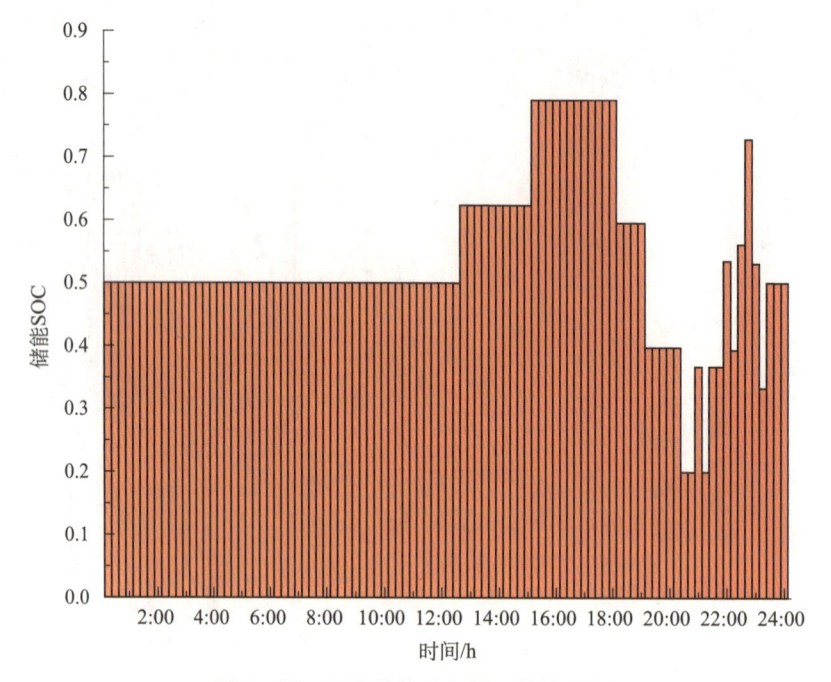

图 5-98　里程价格下场景 9 储能 SOC

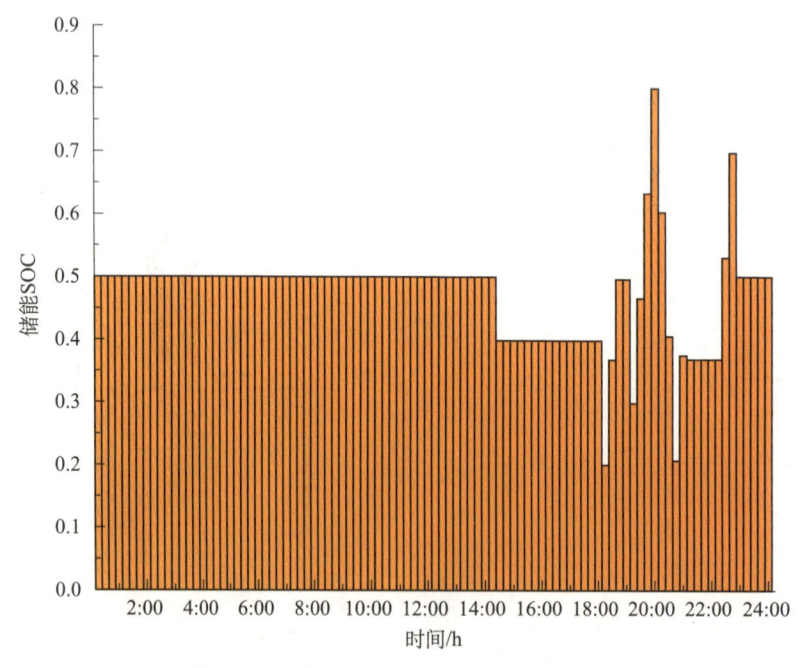

图 5-99　每兆瓦价格下场景 9 储能 SOC

对多源协同场站参与调频辅助服务市场的案例分析进行总结，可得出以下主要结论：

虽然多源协同场站在调频辅助服务市场中大部分都处于价格接受者，但从经济性的角度来说，本研究所提出的考虑预出清的优化模型依然要优于只考虑历史价格的优化模型。因为本研究的服务对象定位为大规模的集中式多源协同场站，这是未来解决双碳问题发电侧发展的方向。而大规模的电站在调频市场中的占有份额一定会较高，且未来随着火电机组比重的降低，未来大规模的多源协同场站不会在调频辅助服务市场中只做价格接收者，其必参与市场的出清过程，成为影响价格决策的参与者。因此本研究的优化模型中，在进行优化前先模拟预出清过程，从一定程度上保证了优化所使用的市场价格的准确性。且虽然模拟出清过程中机组未知，以及使用储能的历史调频容量里程比换算会带来一定风险，但通过案例分析可知，使用预出清价格进行优化后的效果仍然要优于使用历史价格进行优化的结果。这对于之后从事多源协同场站参与调频辅助服务市场的优化集控研究的从业人员提供了一条可以借鉴的思路。但有一点需要注意的是，受限于案例数据的来源，本研究在预出清的模拟机组中只设置了火电机组，而通常水电站或抽水蓄能电站也是调频辅助服务市场中的有力竞争者，因此未来在设置预出清机组中，还需考虑得更加全面。

储能的寿命损耗通常在更长时间尺度的规划中是主要的约束条件，在时间尺度更短的日优化中往往被忽略。而本研究则证明寿命损耗对于大规模储能参与调频辅助服务市场的日优化而言依然重要。考虑寿命损耗可以有效限制储能充放电次数及充放电深度。虽然从短时间来看这样做不利于追求日利润的最大化，但从长远的角度考虑这样做可以使储能的使用年限更长，且对其性能的损害也更小。长远来看考虑寿命损耗有利于储能在调频辅助服务市场中保持高水平的综合调频性能指标，也能使其历史调频容量里程比保持稳定，从而从长远角度持续保持较高的竞争力，获取更多的利润。这一点对于从事储能优化集控的从业人员来说是需要考虑的。

对于调频辅助服务市场的规则制定者，本研究对于交易时段长短的案例对比也值得引起他们思考。从案例结果来看，交易时段越短，储能的获利越高；反之，储能的获利越低。因此，交易时段制定得相对较短更有利于快速响应的储能中标与获利。然而本研究鉴于蒙西调频辅助服务市场的规则，并未将风光纳入调频机组的范畴。未来，考虑到风光利用自限电或其他方式提供调频辅助服务的可能性，该如何设置交易时段，是值得调频辅助服务市场的规则制定者思考的问题。

第6章 市场模式下规模化风光储电站集控策略高级应用模块开发与应用

本章主要展示以三峡乌兰察布新一代电网友好绿色电站示范项目为对象开发的风光储电站参与电力市场的应用情况。具体而言，首先介绍了该风光储电站的具体情况及配套储能的参数等信息，然后从系统架构、硬件架构、软件架构等方面介绍了其现有程序搭载的基础支撑平台设计，最后介绍了以此为框架搭建的市场平台的界面设计和端口设计，并以储能场站群的功率分配程序为案例作为市场部分高级应用模块的场景实例分析。

6.1 三峡乌兰察布新一代电网友好绿色电站

本研究所选案例为位于内蒙古乌兰察布市的三峡乌兰察布新一代电网友好绿色电站示范项目。该项目的建设目标是成为全球规模最大的风光储一体化电站，完全建成后将拥有巨大的储能能力。该项目采用了新能源、电网、储能和负荷之间相互协同优化的供电技术，能够精确控制用电负荷和储能资源，解决清洁能源消纳及由此产生的电网波动性等问题，有效缓解了当地快速增长的电力缺口问题。该项目的建成将为乌兰察布地区新增约100万kW的高峰时段供电能力，提供约310万kW的就地新能源消纳空间，年发电量可达97亿kW·h，大大提升了当地清洁能源消纳水平，并为该地区提供了大量的绿色低价电力。具体而言，该风光储电站的总建设规模为200万kW，其中包括170万kW的风电项目和30万kW的光伏发电项目，同时配套建设了55万kW×2h的储能系统。整个项目划分为4个"风光储"单元，还建设了1个智慧联合调度中心和4个升压储能一体化站。这是国内首个储能配置规模达到千兆瓦时的新能源电站，为实现清洁能源的高效利用和储能技术的推广应用树立了良好示范。通过该示范项目的建设，可以有效推动新能源产业的发展。这不仅有助于推进可持续发展，降低环境污染，还为未来能源转型提供了经验和借鉴。该项目的成功将对全球清洁能源行业的发展产生积极的示范效应，为更多地区实现绿色低碳发展提供借鉴。

本项目风光储电站中的储能总容量为550MW，设置储能的充放电速率为50MW/h，充放电效率均为0.95，储能SOC的最大值、最小值分别设置为1和0.2。储能在一天的第一个时刻和最后一个时刻的SOC值设置为50%。储能的自放电率设置为0.02%，储能所允许单日最大寿命损耗值为0.01%。出清和交易的时段间隔均为15min。

6.2 电力市场高级应用基础支撑平台设计

乌兰察布项目使用了以凝思系统为基础的服务器，并针对现场环境设计了具体的软硬件架构，本节将以此为基础介绍相关调度分区的结构和平台软硬件部署情况。

为使电力市场的集控模块能在该硬件平台上使用，乌兰察布项目开发了集控系统，并将平台的不同模块部署在电网不同分区上。该集控系统由中心协调控制器、场站群算法服务器、电力市场应用模块组成，其中中心协调控制器与位于电网调度Ⅰ区的电网调度系统直接相连，负责分配调度指令，而电力市场应用模块与位于电网调度Ⅲ区的电力市场技术支持系统相连，电力市场技术支持模块又与电网调度系统相连，由此该系统在不同分区组成了闭环整体。

该模块所使用的服务器基于凝思系统 6.0.80 版本搭建，凝思系统是一款基于 Linux 内核开发的、拥有完全自主知识产权、具备等级保护四级要求并且达到军 B 级安全级别的操作系统，具备高安全性、可用性、高效性和兼容性，凝思系统发布前进行了长时间的压力测试，能够保证在高内存和 CPU 负载环境下稳定运行，为各类应用提供稳定的运行平台。为进一步提高操作系统稳定性，凝思系统还提供多种冗余容错机制，降低部件故障引起的整机失效。凝思系统的 API 接口和实用工具完全遵循 POSIX 标准，并支持 LSB 和 FHB 等 Linux 相关标准，能够二进制兼容各类为 Linux 系统开发的应用软件，并可在二进制保持与其他 Linux 发行版的兼容。

电力市场应用模块部署在集控系统Ⅲ区集控系统的节点上，可访问集控系统Ⅲ区实时库、关系库。电力市场应用模块和电网调度Ⅲ区的电力市场技术支持系统进行交互，确定市场交易结果，电网调度Ⅰ区的调度系统根据市场交易结果给集控系统中心协调控制器下发功率控制指令。电力市场应用模块也可将结果通过反向隔离装置送至集控系统Ⅰ区，由场站群算法服务器解析结果并转至中心协调控制器用于指导场站群控制。图 6-1 为电力市场应用模块总体部署及交互结构。

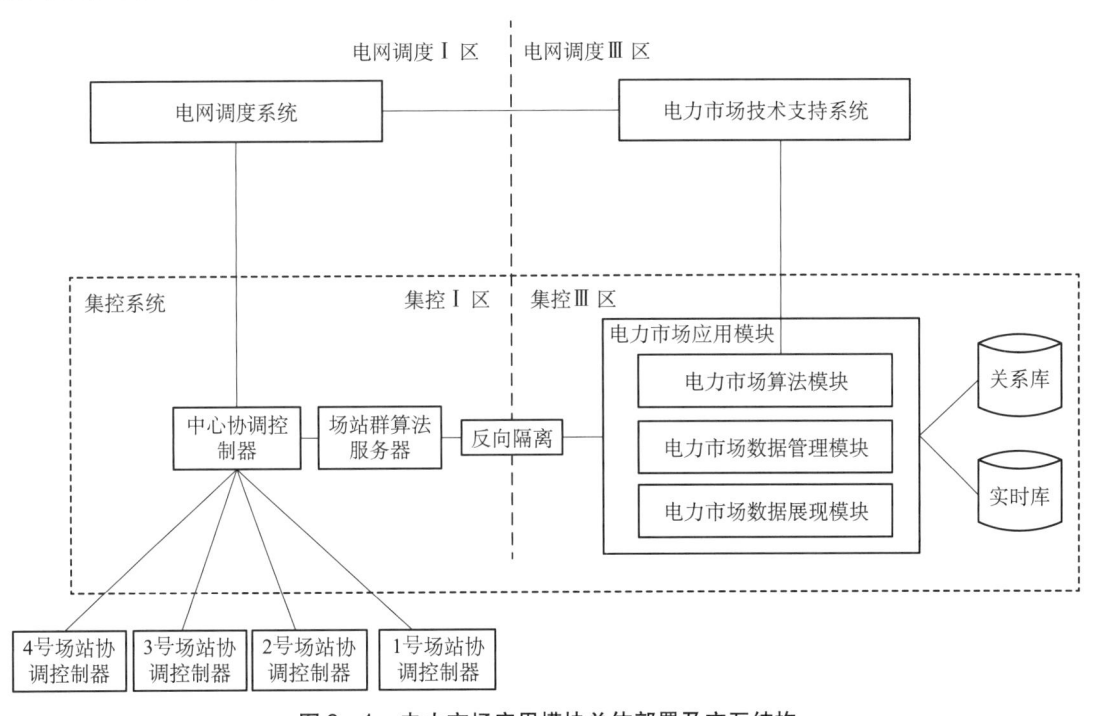

图 6-1 电力市场应用模块总体部署及交互结构

电力市场应用模块分为以下几个子模块：电力市场算法模块、电力市场数据管理模块、电力市场展现模块。其中,电力市场算法模块主要实现电力市场核心算法,和电力市场技术支持系统进行交互;电力市场数据管理模块主要实现电力市场相关的配置、输入输出数据的接口及存储管理功能;电力市场展现模块主要实现电力市场相关数据展现,以独立部署或嵌入集控Ⅲ区系统的 Web 形式存在。

在大体介绍完电力市场应用模块后,将针对该模块的具体构成进行介绍。如图 6-2 所示,电力应用市场模块由数据导出模块、数据解析模块、后台数据处理模块、Web 接口模块、分布式文件服务（minio 服务）模块以及算法模块构成,其中数据导出模块、数据解析模块以及后台数据处理模块打包在一起,minio 服务模块、Web 接口模块独立部署,算法模块独立部署,算法模块和其他模块间通过文件进行数据交互。

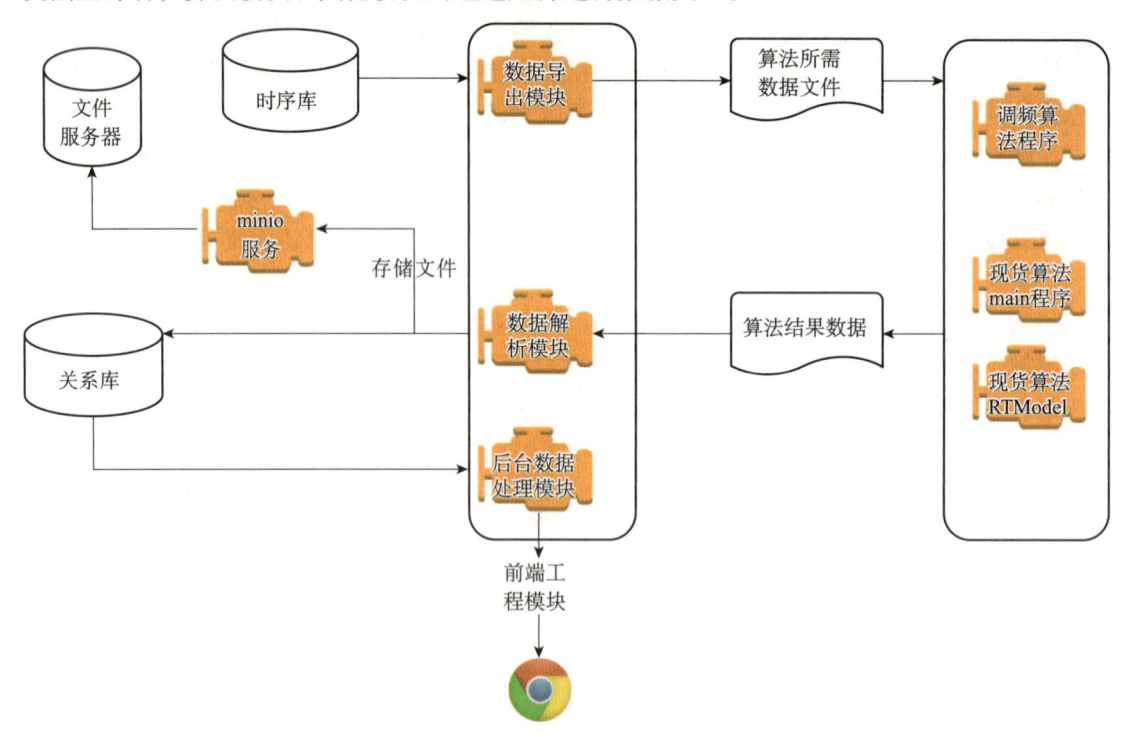

图 6-2 电力市场应用模块内部程序流程图

各模块分工及功能如下：分布式文件服务模块主要作用为备份存储文件服务；数据导出模块主要作用为从时序库中查询实时及历史数据,处理并导出为文件；数据解析模块主要作用为从文件中解析算法结果,将可用结果存入关系库中；后台数据处理模块主要作用为通过前端工程请求,查询处理关系库中的算法输出结果；前端工程模块主要作用为处理动态网页请求,展示算法结果；算法模块主要作用为通过数据文件的算法计算,输出算法结果文件。

6.3　电力市场高级应用模块设计及应用

基于本研究采用的电力市场应用模块的算法架构,本节将介绍基于该架构的电力市场相关高级应用模块设计。

1. 功能架构设计

电力市场的高级应用模块是为了展示市场的决策过程而设计的,其功能架构见表 6-1。

表6-1　电力市场高级应用模块的功能架构

一级菜单	二级菜单	功能
首页		展示参与电力市场的总体信息，包括成交信息、合同信息、当前执行情况、市场需求、市场价格等
电力市场辅助决策	现货市场辅助决策	结合市场行情和自身发电能力分析，提供多种现货市场交易方案，形成交易决策库
	调频辅助服务市场辅助决策	结合市场行情和自身发电能力分析，提供多种调频辅助服务市场交易方案，形成交易决策库
市场仿真	现货市场仿真	基于模拟场景及数据，对参与现货市场交易进行仿真
	调频辅助服务市场仿真	基于模拟场景及数据，对参与调频辅助服务市场进行仿真

在该软件平台下将整个系统分为三部分进行展示，首页展示了参与电力市场的总体信息，电力市场辅助决策负责根据市场数据对储能当日充放电操作进行建议，市场仿真部分可以基于历史数据和模拟场景，模拟在不同出力、不同市场价格等情况下对储能充放电进行仿真，以获取充放电操作建议。

2. 前端页面设计

1）首页

系统首页界面设计如图6-3所示。

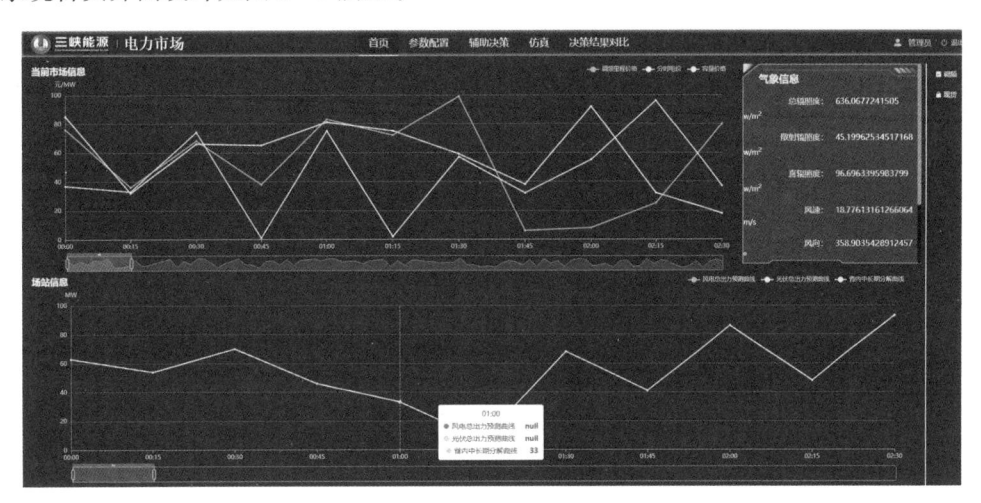

图6-3　系统首页界面设计

该界面展示了整个储能充放电系统的首页设计，该界面分为现货市场与调频市场，主要包含当日该市场的价格信息、场站的出力预测信息及气象信息，方便场站调度人员监控和了解总体情况。

2）电力市场辅助决策

电力市场辅助决策主要分为现货市场辅助决策与调频市场辅助决策，以下为不同市场辅助决策的具体介绍。

（1）现货市场辅助决策。

现货市场辅助决策界面设计如图6-4所示。

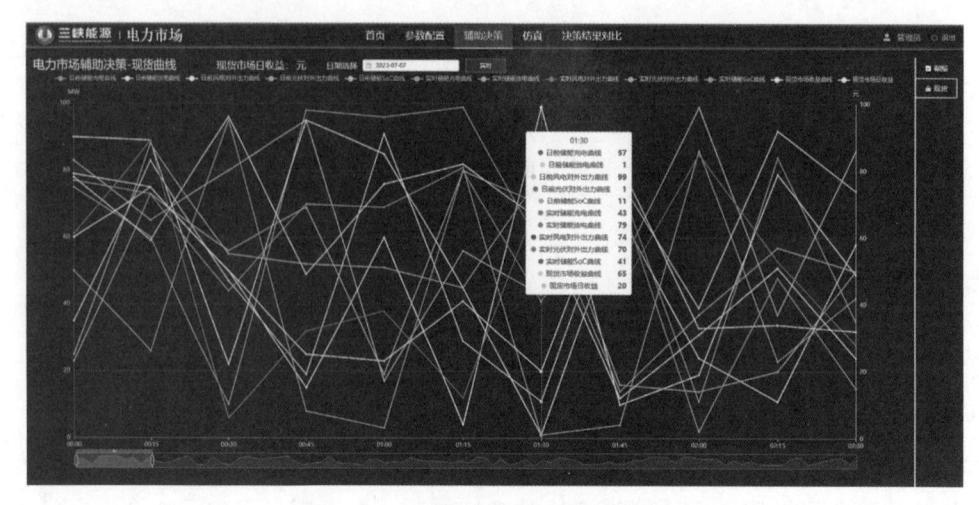

图 6-4 现货市场辅助决策界面设计

现货市场辅助决策将当日信息输入系统并在程序中进行求解，然后将收益最大化下的储能充放电集控策略展示在界面中，在现货市场中该信息主要包含日前和现货两部分，其中每部分主要有当前周期内储能充放电情况、SOC 变化情况、风光出力情况和收益情况。

（2）调频辅助服务市场辅助决策。

调频辅助服务市场辅助决策界面设计如图 6-5 所示。

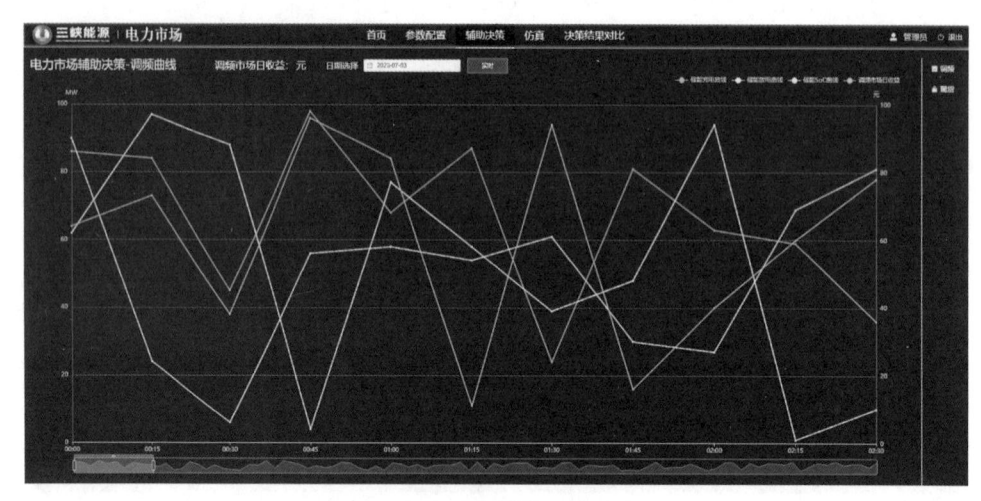

图 6-5 调频市场辅助决策界面设计

与现货市场类似，调频市场辅助决策将当日信息输入系统并在程序中进行求解，然后将收益最大化下的储能充放电集控策略展示在界面中，在调频市场中该信息主要包含当前周期内储能充放电情况、SOC 变化情况和收益情况。

3）市场仿真

市场仿真的目的主要是根据不同的仿真参数模拟不同出力和电价下储能的动作情况，可以对实际中的储能集控决策起参考作用。

（1）现货市场仿真。

现货市场仿真界面设计如图 6-6 所示。

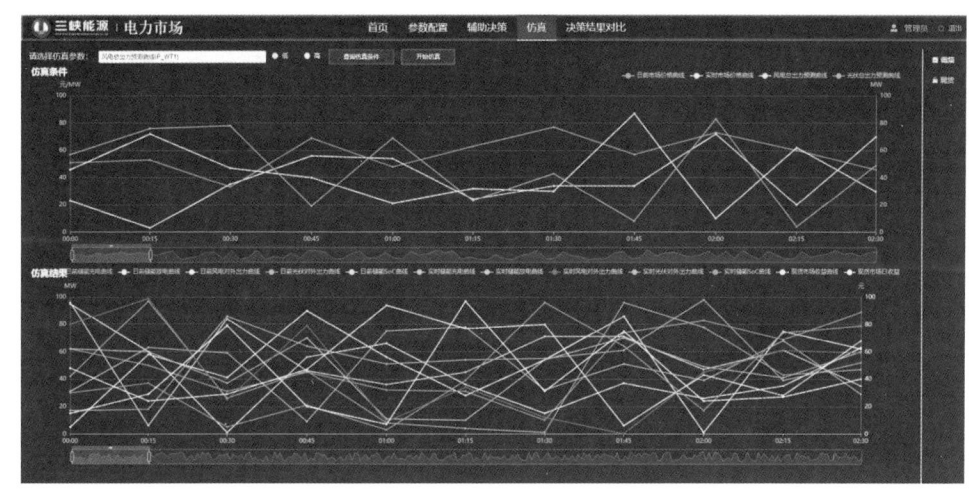

图 6-6 现货市场仿真界面设计

在现货市场仿真设计中,首先需要选择需要的仿真参数,然后系统将该仿真参数输入程序中,在最大化收益的情况下进行仿真,得出的仿真结果主要包含日前和实时环节两个部分的数据,其中每部分都包含充放电情况、风光对外出力情况、SOC 情况和当前周期下的收益情况。

(2) 调频辅助服务市场仿真。

调频辅助服务市场仿真界面设计如图 6-7 所示。

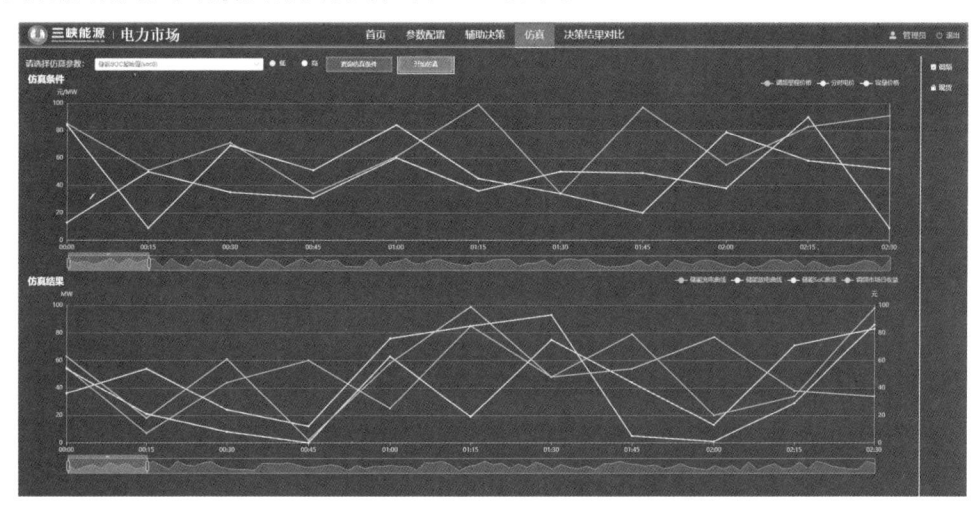

图 6-7 调频市场仿真界面设计

在调频市场仿真设计中,首先需要选择需要的仿真参数,然后系统将该仿真参数输入程序中,在最大化收益的情况下进行仿真,得出的仿真结果主要包含储能充放电情况、SOC 情况和当前周期下的收益情况。

3. 后端信息

前端页面的展示中需要大量信息,这些信息在后端接口中被使用,本部分内容将介绍不同页面需要展示的信息。

1) 首页

根据首页信息,需要在后端提供对应接口,以供后端程序进行数据输入,对应信息见表

6-2、表6-3。

表6-2 首页展示的调频市场信息

序号	数据项	备注
1	日前调频容量价格	来自市场
2	日前调频里程价格	来自市场
3	分时电价	来自市场
4	实时调频容量价格	来自市场

表6-3 首页展示的现货市场信息

序号	数据项	备注
1	中长期市场价格	来自市场
2	日前现货价格	来自市场
3	实时现货价格	来自市场

2）电力市场辅助决策

调频市场、现货市场决策信息见表6-4、表6-5。

表6-4 调频市场决策信息

序号	数据项	备注
1	储能充电功率	算法输出
2	储能放电功率	
3	储能SOC	
4	参与调频市场总出力	

表6-5 现货市场决策信息

序号	数据项	备注
1	储能充电功率	算法输出
2	储能放电功率	
3	风电对外输出功率	
4	光伏对外输出功率	
5	储能SOC	
6	参与现货市场总出力	

3）市场仿真

仿真算法触发机制：

（1）前端在收集用户的仿真表单输入参数后，生成数据文件到指定仿真输入文件夹中。

（2）算法程序在收到需要仿真计算的消息后，进行仿真计算，将结果输出到指定仿真输出文件夹中。

（3）后台设定一个时段，每个时段对算法结果进行扫描，监测到扫描结果后，将结果解析返回到前端来。

仿真场景设置见表6-6。

第6章 市场模式下规模化风光储电站集控策略高级应用模块开发与应用

表6-6 仿真场景设置

序号	功能模式	场景设置
1	参与调频市场模式	调频市场里程价格远高于分时电价
2		调频市场里程价格远低于分时电价
3		调频市场里程价格和分时电价差别不大
4		储能SOC初始值处于SOC上限值
5		储能SOC初始值处于SOC下限值
6		1h内即连续四个交易时段均为频率上调
7		1h内即连续四个交易时段均为频率下调
1	现货市场模式	现货市场日前价格远高于实时价格
2		现货市场实时价格远高于日前价格
3		风电出力为零的极端情况
4		光伏出力为零的极端情况
5		风电、光伏出力均为零的极端情况
6		储能SOC初始值处于SOC上限值
7		储能SOC初始值处于SOC下限值

曲线文件内容举例见表6-7。

表6-7 曲线文件内容举例

数值	1×96 曲线	288×1 或 96×1 曲线	1×288 曲线

表6-7中图片展示的即为仿真场景中需要输入数据的格式示例。

调频市场和现货市场仿真决策结果展示见表6-8、表6-9。

表6-8 调频市场仿真决策结果

序号	功能模式	输入/参数名称（符号）	选项
1	参与调频市场	储能SOC起始值（soc0）	低□ 高□
2		调频里程价格（Price_ □fr_ □mileage）	低□ 高□
3		分时电价（Price_ □em_ □energy）	低□ 高□

表6-9 现货市场仿真决策结果

序号	功能模式	输入/参数名称（符号）	选项
1	参与现货市场	储能SOC起始值（soc0）	低□ 高□
2		日前市场价格曲线（lamda1_ □da）	低□ 高□
3		实时市场价格曲线（Lamda_ □E_ □RL）	低□ 高□
4		风电总出力预测曲线（P_ □WT1）	低□ 高□
5		光伏总出力预测曲线（P_ □PV1）	低□ 高□
6		用户结算价格曲线（Lamda_ □E_ □D）	低□ 高□
7		中长期价格（Lamda_ □E_ □L）	低□ 高□

通过选择不同的选项，自由组合形成不同场景。

4) 参数配置

配置参数时也通过文件进行数据交互，算法每次执行时可以通过约定路径访问算法所需要数据文件进行数据获取。

当参数配置变更时，界面将生成参数变更标识文件 newflag，算法扫描该文件并完成更新后删除该文件。

调频市场和现货市场参数配置见表 6-10、表 6-11。

表 6-10 调频市场参数配置

名称	符号/数值	数据项	单位
充放电功率上限	Pd_max/Pc_max	50/50	MW
储能自放电率	apha	0.002	
日寿命损耗上限	D	0.002%	
储能 SOC 起始值	soc0	0.5	
储能 SOC 上下限	SOC_max/SOC_min	0.9/0.2	
储能充放电效率	eta_c/eta_d	0.95/0.95	
储能总容量	cap	550	MW
储能历史调频容量里程比	ses	20	

表 6-11 现货市场参数配置

名称	变量	数值	单位
储能充电效率	eta_c	0.95	
储能放电效率	eta_d	0.95	
储能 SOC 初始值	SOC_q_1	0.5	
储能 SOC 上限	SOC_max	0.9	
储能 SOC 下限	SOC_min	0.2	
储能总容量	cap	550	MW
储能放电功率上限	Pd_max	50	MW
储能充电功率上限	Pc_max	50	MW
储能自放电率	apha	0.002	
储能日寿命损耗上限	D	0.002%	
储能单位损耗成本	ccc	0.035 5	元/MW

4. 电力市场实际场景应用分析

该部分内容为根据市场价格产生储能集控策略的延伸环节，在该部分储能将在上面所描述市场模块的基础上将产生的集控指令分配给不同场站内以实现场站内部的协同优化控制，具体的流程图如图 6-8 所示。

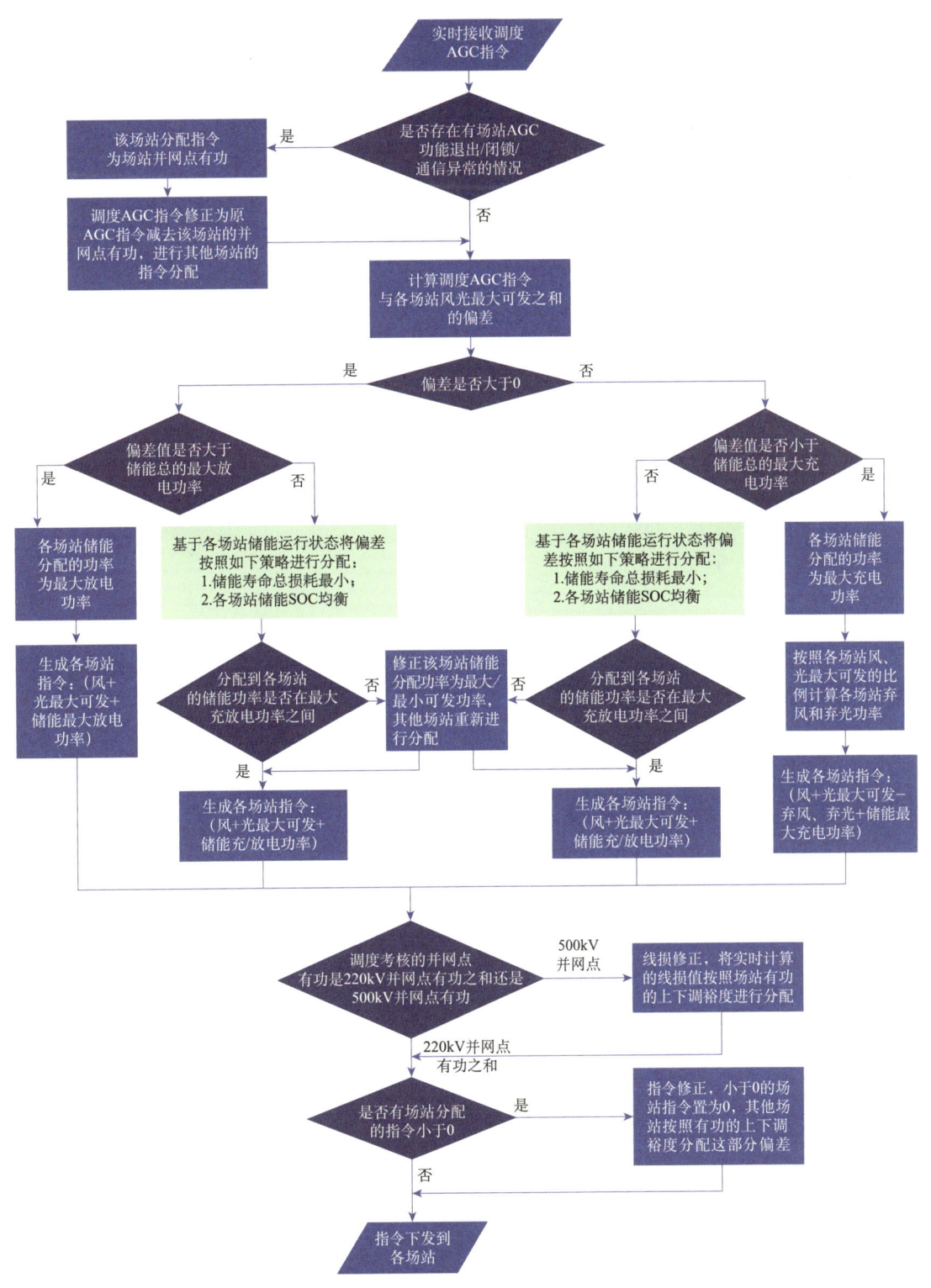

图 6-8 功率跟踪模式下场站群实时协同优化控制流程

在功率跟踪模式下进行场站群实时协同优化控制时,系统首先接受实时的 AGC 指令,计算调度 AGC 指令与各场站风光最大可发之和的偏差,然后查看偏差的绝对值是否大于储能总的最大放电功率的绝对值,如果大于说明此时储能无法完全满足 AGC 要求,此时场站群下的各个场站将强制满发;若小于说明场站间需要进行发电功率分配,目标是储能寿命的总损耗最小,然后各场站的 SOC 需要实现均衡,且分配给不同场站的功率不能超过最大限额,由此进行功率分配,并将调度指令下发到各个场站。在该种模式下的场站控制可以更好地均衡各个场站间的充放电情况,以实现储能站寿命的最大化。

第7章 总结和展望

本研究在《广东电力市场交易基本规则》《蒙西电力市场运营基本规则》《浙江电力现货市场基本规则》等国内电力市场相关规则的基础上，结合国内外调频市场、现货市场的市场运行机制，分析了美国、澳大利亚、欧洲以及我国广东、浙江、内蒙古的电力市场定义、准入原则、交易规则和出清原则。本研究提出了调频辅助服务市场模式与现货市场模式下多源协同一体化电站的仿真建模技术，分别建立了多源协同场站群参与调频市场及现货市场的优化逻辑、收益模型、出清模型以及风险评估模型；模拟市场出清，多源协同场站群作为价格接受者，以多源协同场站群的利润最大为目标，设计单独参加调频市场和现货市场的多源协同场站优化集控方法。最后以三峡乌兰察布新一代电网友好绿色电站多源协同场站这一案例为切入点介绍实际运行情况下电力市场的应用开发与平台设计，并以场站群集控为目的开发电力市场的高级模块设计。本研究根据蒙西电力市场的特点，建立以考虑由预测价格、出清价格等风险因素带来的条件风险成本和精细化寿命损耗成本为基础的精细化成本模型；在现有市场规则下，模拟作为价格接受者在调频市场、现货市场获取最大收益的集控方式。因此，多源协同一体化电站参与电力市场的发展困境和未来的探索方向可以从以下几点进一步探究，以为促进新能源消纳做出贡献。

1. 新能源发电与市场信息的精确预测

从国内外电力市场改革的实践结果来看，更为成熟的电力交易市场类型更为细分。交易品种越多，新能源发电的选择就越多，能够进行风险对冲的选项就越多。但同时对新能源发电与市场信息预测准确性的要求也大大提高了。在我国传统电力市场模式下，风电、光伏等新能源发电与市场预测主要是为了满足电网调度而服务，功能单一。在我国传统的"新能源发电保障性收购"制度下，预测准确率对收益的影响并不十分明显。但来到市场化阶段，预测的准确性则往往和收入直接相关。而在交易品种愈发复杂、交易类型持续细化的大背景下，对风电、光伏等新能源发电与市场信息的精准预测关系到新能源每一次交易的损益。

为加强新能源企业功率预测技术和管理水平，应建立和改进功率预测工作机制，改进工作措施；为进一步丰富天气预报数据渠道，提升气象监测数值准确度和极端天气预测水平，保证数据传输准确性，不断适应系统管理要求和市场运行需要，应开展相关技术攻关，加强现场核查，鼓励风电、光伏等新能源企业之间进行数据共享，持续推动新能源功率预测精度提升工作。建议整合国家和区域新能源功率预测资源，建立国家级新能源功率预测系统，采取新能源购买系统服务的方式，减少单个企业建设成本，使风电、光伏等新能源企业专注于数据挖掘和策略优化，提高电网运行稳定性；同时，以国家级功率预测为依托，建设有大量功率预测厂家及新能源发电企业深度参与的功率预测集成平台，结合研究机构理论研究成果及行业实践经验，促进功率预测核心算法的迭代和升级，提高功率预测准确率。

精准的新能源发电与市场信息预测，能够辅助企业更准确地报量、报价，降低两个细则考核，这是对风电、光伏等新能源发电预测的常规理解。加上精准的价格预测，不仅能够让风电、光伏等新能源在市场条件下减少弃电，更能够进一步放大收益。因此，依据调频市场精确实时价格信号以及现货市场日内、实时精确信号，修正第一阶段预测信号。考虑市场价格预测的不确定性，建立多源协同场站参与调频、现货市场的条件风险成本模型，在此基础上研究多源协同场站参与调频、现货等市场服务的精细化成本模型。

2. 新能源配建储能的精细化建模、配置与选型

风、光等可再生能源受气候变化影响明显，存在出力不确定性高、波动性大等典型问题，导致电力供应紧张、电力系统安全运行不稳定、弃风弃光等实际情况同时存在。受制于市场机制，风电、光伏等新能源无法作为独立主体参与辅助服务市场、现货市场等电力市场获取收益。而目前储能的盈利主要来源于电能量收益、辅助服务收益。在目前机制下，储能受电价差低、调用次数不足、辅助服务价格低等因素影响，收益无法得到有效保障。因此，新能源配建储能既有利于新能源的市场行为，又有利于储能的规模化发展。

但在储能的建模、配置与选型阶段，多数多源协同一体化电站建设单位忽略储能产品的安全和性能，采取最低价中标的方式来压缩初始采购成本。投产后储能也大多处于空置的状态，并未真正发挥其与新能源的协调互动以及对电力系统的友好支撑。2022 年 6 月，国家发展改革委、国家能源局发布《关于进一步推动新型储能参与电力市场和调度运用的通知》，文件提出了以配建形式存在的新型储能项目，通过技术改造满足同等技术条件和安全标准时，可参与电力市场。

因此应基于充放电深度、次数和功率等构建全寿命周期储能模型。储能电站额定能量按照电芯、PCS 直流、PCS 交流、并网点等不同的考核点，以及循环使用寿命、充放电能量状态的不同要求，会导致储能单位价格的巨大差异。很多风电、光伏等新能源企业为降低初始采购成本，通过减少超配来降低成本，并不关心储能设备的全寿命周期成本；同时部分项目采取配置简易的消防设施和非节能型设备、采用非主流品牌设备、降低开关电器档次等方式来压缩设备投资成本，给后期储能系统的安全稳定运行带来极大的隐患。因此，为实现储能的最大化收益，储能应当基于全寿命周期的安全高效运行来建模、配置与选型。

3. 建立支撑新能源发展的引导机制和手段

根据相关政策要求，绿色电力交易优先组织无补贴的新能源电量参与交易，已纳入国家可再生能源电价附加补助政策范围内的新能源作为补充。带补贴的新能源电量参与绿色电力交易时，交易电量不计入其合理利用小时数，不领取补贴。因此，在更多以价格信号为导向的绿色电力交易市场中，参与绿色电力交易的风电、光伏等新能源发电企业主要以平价项目为主，另外还有少量的补贴较低的竞价项目；而带补贴的新能源电量参与绿色电力交易的溢价空间有限，降低了其参与绿色电力交易的积极性，导致参与绿色电力交易的风电、光伏等新能源规模有限。

发展可再生能源本身的目的有发展战略性新兴产业、加强能源基础产业、成为经济支柱、减少二氧化碳排放、降低环境污染问题等。《中华人民共和国可再生能源法》明确规定了不同主体在促进风电、光伏等新能源发展中的法律责任，从这个意义上讲，为绿电核发绿

证、分配绿电消费配额、开展绿证交易都是合法、合理的。但在绿电证书上标明它的环境属性如减排了多少碳、减排了多少二氧化硫以及氮氧化物，则为画蛇添足。因为核算环境属性的参照物本身的选取是否合理就很难回答，且参考物本身也是变化的，不能简单地把风电、光伏等新能源属性划分为能量价值和环境价值，风电、光伏等新能源价值就是其本身，包括了生态文明价值和能源转型价值等，这个价值是法律赋予的，当然它也是有显著缺点的。如果把近零碳作为风电、光伏等新能源电力的主要环境属性，必然会产生水电、核电这些能源的近零碳环境属性如何体现的问题。

4. 开发和完善适应新能源特性的市场机制与高级应用

在可再生能源市场交易方面，我国的经验做法是鼓励可再生能源发电参与中长期市场交易和现货交易。中长期市场提前锁定收益，现货市场助力挖掘更高的市场价值，形成可再生能源发电不断调整出力、匹配负荷的发展机制，激励可再生能源发电不断提升负荷预测和管理水平。因此，可根据不同地区现货市场试点情况稳妥推进可再生能源发电进入现货市场，完善相关交易规则，积极推动可再生能源发电在预测出力准确性方面的能力建设，加强可再生能源相关市场主体与气象机构的合作，鼓励可再生能源电力相关市场主体提供输电、计量和交易结算等技术支持，探索建设基于区块链等技术应用的交易平台，支持分布式发电与同一配电网内的电力用户通过电力交易平台就近进行交易。可再生能源发电进入现货市场可配套采取"溢价"补贴或差价合约的方式，规避市场价格波动风险，并给予适当激励。

我国还通过完善的辅助服务市场为高比例可再生能源的电力系统调节提供支撑，为灵活性手段的应用引入市场竞争机制。我国实行以实时报价为基础或以招标为基础的调频、调峰、调压、快速爬坡、黑启动等辅助服务市场。辅助服务市场主体可包括传统电源、灵活负荷、储能、区域性质的虚拟电厂等多元化的灵活资源。建议对于没有享受"溢价"等补贴的可再生能源发电，可加入绿证市场，形成合理的绿色价值收益。在电力市场与碳市场衔接方面，逐步完善电–碳市场的顶层设计，实现相关数据和机制的贯通，在促进绿色电力发展的同时，一方面要厘清绿电交易和绿证交易之间的衔接关系，另一方面也要避免绿电交易、绿证交易等环境收益再以其他形式在碳市场售卖。可以园区为试点单位进行分布式光伏的整体开发，培育分布式能源聚合商、综合能源服务商，整合分布式能源打捆参与绿电交易。

与此同时，在电力辅助服务市场和现货市场完善的基础上，需要进一步现货市场和调频市场的不同时序价格耦合性及现货市场和调频市场之间不同市场价格的耦合性，充分考虑多源协同场站群参与电力辅助服务市场和现货市场的身份，完善多源协同场站群参与市场服务的收益方式，设计多源协同场站群同时参加调频市场和现货市场多源协同场站群优化集控方法。

在电力市场机制进一步优化的基础上，目前存在的一个问题是相关商业化路径和储能在市场中的实际应用有待开发，需要明确储能在电力市场的具体应用模式，设计和开发相关应用模块，充分考虑储能在参与不同市场时的优化集控方法，健全储能运行的商业模式，以获取更高的收益，加速收回投资成本。

参 考 文 献

[1] JOODE J D, KINGMA D, LIJESEN M. Energy policies and risks on energy markets: a cost – benefit analysis [J]. Cpb Special Publication, 2004.

[2] 国家能源局南方监管局. 广东电力市场运营基本规则（征求意见稿）[Z/OL].（2018 – 08 – 31）[2024 – 12 – 10]. http: //nfj. nea. gov. cn/file_ upload/20180831/1361535676178792_ 2ae4b038 – 2a49 – 45a0 – 8360 – 16e7f10477a2. pdf.

[3] North American Electric Reliability Corporation (NERC). Special Report: Accommodating High Levels of Variable Generation Executive Summary [R]. Princeton, NJ, USA, 2009.

[4] 梁子鹏, 陈皓勇, 雷佳, 等. 考虑风电不确定度的风 – 火 – 水 – 气 – 核 – 抽水蓄能多源协同旋转备用优化 [J]. 电网技术, 2018, 42 (7): 2111 – 2119.

[5] DICORATO M, FORTE G, PISANI M, et al. Planning and Operating Combined Wind – Storage System in Electricity Market [J]. IEEE transactions on sustainable energy, 2012, 3 (2): 209 – 217.

[6] USAOLA J. Operation of concentrating solar power plants with storage in spot electricity markets [J]. Iet Renewable Power Generation, 2012, 6 (1): 59 – 66.

[7] VARKANI A K, DARAEEPOUR A, MONSEF H. A new self-scheduling strategy for integrated operation of wind and pumped – storage power plants in power markets [J]. Applied Energy, 2011, 88 (12): 5002 – 5012.

[8] THATTE A A, XIE L, VIASSOLO D E, et al. Risk Measure Based Robust Bidding Strategy for Arbitrage Using a Wind Farm and Energy Storage [J]. IEEE transactions on smart grid, 2013, 4 (4): 2191 – 2199.

[9] 王杰, 方日升, 温步瀛. 风储联合系统参与能量市场和调频辅助服务市场协同优化 [J]. 电器与能效管理技术, 2019 (20): 51 – 57, 63.

[10] 高政南, 刘康平, 辛力, 等. 考虑新增实体的电力现货市场多方交易出清模型研究 [J]. 自动化技术与应用, 2020, 39 (2): 103 – 107.

[11] 武昭原, 周明, 姚尚润, 等. 基于合作博弈论的风储联合参与现货市场优化运行策略 [J]. 电网技术, 2019, 43 (8): 2815 – 2824.

[12] 黄远明, 陈青, 韦薇, 等. 考虑风 – 储参与直接交易的中长期 – 现货市场物理交割建模及快速求解算法 [J]. 电力建设, 2020, 41 (1): 55 – 63.

[13] BIRGE J R, LOUVEAUX F. Introduction to Stochastic Programming [M]. Berlin:

Springer-Verlag，1997.

[14] BERTSIMAS D，SIM M. Robust discrete optimization and network flows［J］. Mathematical Programming，2003，98（1）：49 – 71.

[15] CONEJO A J，MORALES J M，MARTINEZ J A. Tools for the Analysis and Design of Distributed Resources—Part Ⅲ：Market Studies［J］. IEEE Transactions on Power Delivery，2011，26（3）：1663 – 1670.

[16] PANDZIC H，MORALES J M，CONEJO A J，et al. Offering model for a virtual power plant based on stochastic programming［J］. Applied Energy，2013，105（may）：282 – 292.

[17] CARDOSO G，STADLER M，SIDDIQUI A，et al. Microgrid reliability modeling and battery scheduling using stochastic linear programming［J］. Electric Power Systems Research，2013.

[18] THATTE A A，VIASSOLO D E，XIE L. Robust bidding strategy for wind power plants and energy storage in electricity markets［C］//2012 IEEE Power and Energy Society General Meeting，July 22 – 26，2012，San Diego，CA，USA. IEEE，2012.

[19] 赵宗政，刘一欣，郭力，等. 基于剩余需求曲线的风电 – 储能一体化电站投标决策方法［J］. 电力系统自动化，2023，47（8）：99 – 108.

[20] 德格吉日夫，谭忠富，李梦露，等. 考虑不确定性的风储电站参与电力现货市场竞价策略［J］. 电网技术，2019，43（8）：2799 – 2807.

[21] YANG X Y，LIU Y X，XING G T. Analysis of wind farm participation in the frequency regulation market considering wind power uncertainty［J］. International journal of electrical power and energy systems，2021.

[22] HE G，CHEN Q，KANG C，et al. Optimal Offering Strategy for Concentrating Solar Power Plants in Joint Energy，Reserve and Regulation Markets［J］. IEEE Transactions on Sustainable Energy，2016，7（3）：1245 – 1254.

[23] HULST R D，VERBEEC K J，CAERTS C，et al. Frequency Restoration Reserves：Provision and activation using a multi – agent demand control system［C］//2015 International Symposium on Smart Electric Distribution Systems and Technologies（EDST），September 8 – 11，2015，Vienna，Austria. IEEE，2015.

[24] WANG J，ZHONG H，XIA Q，et al. Robust bidding strategy for microgrids in joint energy，reserve and regulation markets［C］//2017 Power and Energy Society General Meeting，July 16 – 20，2017，Chicago，IL，USA. IEEE，2018.

[25] 谢云云，谷志强，王晓丰，等. 光储系统参与实时能量 – 调频市场的运行策略［J］. 电网技术，2020（5）：1758 – 1765.

[26] AHO J，PAO L Y，FLEMING P，et al. Controlling Wind Turbines for Secondary Frequency Regulation：An Analysis of AGC Capabilities Under New Performance Based Compensation Policy［R/OL］. https：//www. nrel. gov/docs/fy15osti/62815. pdf.

[27] AHO J，PAO L，FLEMING P. An Active Power Control System for Wind Turbines Capable of Primary and Secondary Frequency Control for Supporting Grid Reliability［C］//Aiaa Aerospace Sciences Meeting Including the New Horizons Forum & Aerospace Exposition. 2013.

[28] CHANG–CHIEN L R, SUN C C, YEH Y J. Modeling of Wind Farm Participation in AGC [J]. IEEE Transactions on Power Systems, 2014, 29 (3): 1204–1211.

[29] RODRIGUES T, RAMÍREZ P J, STRBAC G. The value of storage for a wind farm offering energy and spinning reserve [C] //5th IET International Conference on Renewable Power Generation (RPG) 2016. IET, 2016.

[30] TENG F, STRBAC G. Assessment of the Role and Value of Frequency Response Support From Wind Plants [J]. IEEE Transactions on Sustainable Energy, 2017, 7 (2): 586–595.

[31] SAIZ–MARIN E, GARCIA–GONZALEZ J, BARQUIN J, et al. Economic Assessment of the Participation of Wind Generation in the Secondary Regulation Market [J]. IEEE Transactions on Power Systems, 2012, 27 (2): 866–874.

[32] LIANG J, GRIJALVA S, HARLEY R G. Increased Wind Revenue and System Security by Trading Wind Power in Energy and Regulation Reserve Markets [J]. IEEE Transactions on Sustainable Energy, 2011, 2 (3): 340–347.

[33] 毕素玲. 储能参与大规模风电并网系统辅助调频控制方法研究 [D]. 长沙：湖南大学, 2018.

[34] 马美婷. BESS 参与风电辅助服务综合经济效益研究 [D]. 乌鲁木齐：新疆大学.

[35] 匡生, 王蓓蓓. 考虑储能寿命和参与调频服务的风储联合运行优化策略 [J]. 发电技术, 2020 (1): 73–78.

[36] 董力. 适合我国电力市场发展不同阶段的调频备用市场设计 [D]. 南京：东南大学, 2018.

[37] 杨光. 电能量主市场与辅助服务市场联合优化决策研究 [D]. 上海：上海交通大学, 2011.

[38] WANG X, PENG P, CHEN N. Review and Reflection on New Energy Participating in Electricity Spot Market Mechanism [C] // 2021 IEEE Sustainable Power and Energy Conference, December 23–25, 2021, Nanjing, China. IEEE, 2022.

[39] 樊宇琦, 丁涛, 孙瑜歌, 等. 国内外促进可再生能源消纳的电力现货市场发展综述与思考 [J]. 中国电机工程学报, 2021 (5): 1729–1751.

[40] LI J, LI G, ZHAO P. Research on the market-oriented trading of renewable energy power based on BlockChain technology under the new quota system [J]. IOP Conference Series Earth and Environmental Science, 2021, 702 (1).

[41] 钟声, 张志翔, 郭雁珩, 等. 可再生能源电力超额消纳量交易定价机制研究 [J]. 价格理论与实践, 2020 (6): 52–55, 128.

[42] 王风云, 陈清铌, 李思宇, 等. 德国、日本可再生能源电价机制和市场化发展演进的经验及其借鉴 [J]. 价格理论与实践, 2022 (3): 68–71, 203.

[43] 康重庆, 杜尔顺, 张宁, 等. 可再生能源参与电力市场：综述与展望 [J]. 南方电网技术, 2016 (3): 16–23.

[44] APARICIO N, MACGILL I, RIVIER ABBAD J, et al. Comparison of Wind Energy Support Policy and Electricity Market Design in Europe, the United States, and Australia [J]. IEEE Transactions on Sustainable Energy, 2012, 3 (4): 809–818.

[45] BAO M, GUO C, WU Z, et al. Review of Electricity Spot Market Reform in China: Current Status and Future Development [C] // 2019 IEEE Sustainable Power and Energy Conference, November 21 – 23, 2019, Beijing, China. IEEE, 2020.

[46] 何翔路, 娄素华, 吴耀武, 等. 双结算模式下风储一体化电站两阶段市场投标调度策略 [J]. 电力系统自动化, 2022 (4): 47 – 55.

[47] ZUGNO M, MORALES J M, PINSON P, et al. Pool Strategy of a Price-Maker Wind Power Producer [J]. IEEE Transactions on Power Systems, 2013, 28 (3): 3440 – 3450.

[48] 安麒, 王剑晓, 武昭原, 等. 高比例可再生能源渗透下的电力市场价值分配机制设计 [J]. 电力系统自动化, 2022 (7): 13 – 22.

[49] 杨家琪, 喻洁, 田宏杰, 等. 考虑新能源性能风险的调频辅助服务市场出清与调度策略 [J]. 电力系统自动化, 2020, 44 (8): 66 – 73.

[50] 王斯妤, 喻洁, 滕贤亮, 等. 考虑新能源 AGC 性能风险的调频市场出清策略研究 [C] //中国电机工程学会电力市场专业委员会 2018 年学术年会暨全国电力交易机构联盟论坛论文集. 2018.

[51] 何洁, 金骆松, 赵雯, 等. 电力市场环境下考虑可再生能源保障性消纳的电价风险评估 [J]. 现代电力, 2022, 39 (6): 631 – 639.

[52] 肖云鹏, 关玉衡, 张兰, 等. 集中式电力现货市场风险规避机制机理分析及建设路径 [J]. 电网技术, 2021, 45 (10): 3981 – 3991.

[53] 和军梁, 米晨旭, 许爽, 等. 基于电力现货市场风险管理的新能源电力现货辅助决策系统设计 [J]. 中外能源, 2020, 25 (11): 33 – 38.